国家图书馆文津出版基金资助项目

中文图书编目理论与实践

朱青青 编著

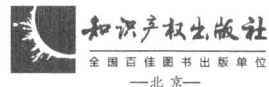

知识产权出版社
全国百佳图书出版单位
—北京—

图书在版编目（CIP）数据

中文图书编目理论与实践/朱青青编著．—北京：知识产权出版社，2020.7
ISBN 978-7-5130-7051-5

Ⅰ.①中… Ⅱ.①朱… Ⅲ.①中文图书－图书编目－编目工作－研究 Ⅳ.①G254.3

中国版本图书馆 CIP 数据核字（2020）第 122485 号

内容提要

本书主要从理论及实践层面介绍了中文图书编目工作，主要内容包括以下几方面："引言"部分介绍了文献编目的内涵、标准、原则等基本知识；"著录"部分讲解了中文图书题名、责任说明、版本等信息的著录；"标引"部分阐述了标引规则及方法，并通过几类典型文献加以解析；"名称规范"部分介绍和阐述中文名称规范工作，并分析规范数据的功能需求（FRAD）带给名称规范工作的一些启示；"编目相关问题研究"部分探讨了实践中的一些常见问题并提出了编目的应对之策。本书可供图书馆编目人员阅读参考。

责任编辑：彭喜英　　　　　　　　　　　责任印制：孙婷婷

中文图书编目理论与实践
ZHONGWEN TUSHU BIANMU LILUN YU SHIJIAN

朱青青　编著

出版发行：知识产权出版社 有限责任公司		网　　址：http://www.ipph.cn
电　　话：010－82004826			http://www.laichushu.com
社　　址：北京市海淀区气象路 50 号院		邮　　编：100081
责编电话：010-82000860 转 8539		责编邮箱：laichushu@cnipr.com
发行电话：010-82000860 转 8101		发行传真：010-82000893
印　　刷：北京中献拓方科技发展有限公司		经　　销：各大网上书店、新华书店及相关专业书店
开　　本：720mm×1000mm　1/16		印　　张：17.25
版　　次：2020 年 7 月第 1 版		印　　次：2020 年 7 月第 1 次印刷
字　　数：265 千字		定　　价：79.00 元
ISBN 978-7-5130-7051-5			

出版权专有　侵权必究

如有印装质量问题，本社负责调换。

自　　序

　　文献编目是图书馆的基础业务，被认为是一项技能型的业务工作。就编目员而言，需要具备特定的理论素养和操作实践才能很好地适应其岗位工作。从理论素养方面来看，编目员需要学习的内容包括：编目理论、工具，在书目系统中应用有关概念框架、标准与原则，元数据编制方法，了解索引和图书馆自动化系统。这些知识和技能构成了编目能力的基础。从实际操作方面来看，编目员需要掌握在编文献类型知识、编目规则知识、对过去规则的理解知识。编目员良好的判断力在于能够权衡所有这些因素，当规则存有歧义或含糊不清时，也能基于规则的实质做出判断。随着传统编目在网络时代不断面临技术的挑战，编目员不仅要埋头苦干，还需仰望星空，关注编目及图书馆发展的演变趋势。

　　编目员只有真正理解编目工作的价值所在，才能制作真正规范的记录，以满足全世界的目录用户和图书馆用户。面向未来的编目发展方向、真正的编目之道，应该是让编目员实现自由思考，并达到数据完善和质量提高的相对平衡。编目员应该具有创新的理念，弹性（灵活性），在含糊不清的状态下具有适应、独立、终身学习的能力。

　　本书的内容是作者平日工作中所思所想的一种书面呈现。在叙述方式上，未采用逐个字段讲解的纵向叙述体例，而从文献编目的著录、标引、规范、相关问题研究四个命题角度来阐述和分析图书编目工作，对文献编目的基本理论知识和实际操作技能进行简明而系统的论述。本书期望通过文献编目的背景与脉络关系介绍及更为丰富的编目实例解析，突出实践指导意义，供编目人员参考。

　　本书在引言部分介绍文献编目的内涵、标准、原则等基本知识；"著录"部分为第 2 至第 6 章，结合内容规则与格式标准，重点讲解题名、责任说明、版本信息、出版信息的著录；"标引"部分为第 7 至第 8 章，主要阐述标引规则及方法，并通过几类典型文献加以解析;"名称规范"部分为第 9 至第 10 章,介绍和阐述名称规范工作,并分析规范数据的功能需求(FRAD)带给中文名称规范工作的一些启示;"编目相关问题研究"部分为第 11 至第 13 章,探讨了实践中的一些常见问题并提出了编目的应对之策。

从范围来讲,文献的外延大于图书。但文献编目的相关概念、原则、方法、标准多以图书为主体加以考虑和阐述。因此,文献的相关概念和原则适用于图书,本书并未区分两者。从狭义角度来讲,文献等同于图书,本书不再进一步区分,视为同义词。

在本书写作过程中,感谢中文采编部王洋主任对本书写作的殷切指导,感谢朱芊和曹玉强老师对标引部分内容的帮助,感谢孙凤玲和郝嘉树老师对目录修改提出宝贵意见。由于编者水平所限,疏漏和不足之处在所难免,敬请批评指正。

目　　录

第 1 章　引言 ··· 1
1.1　文献编目的内涵与范畴 ··· 1
1.2　文献编目领域的标准 ·· 2
1.3　文献编目的原则 ·· 9
1.4　文献编目的等级 ·· 11
1.5　文献编目与图书馆目录的关系 ·· 12

第一篇　著录

第 2 章　文献著录相关概念 ··· 19
2.1　著录方式 ·· 20
2.2　著录项目 ·· 22
2.3　著录信息源 ··· 32
2.4　著录级次 ·· 34
2.5　著录原则 ·· 36
2.6　著录标识符 ··· 39

第 3 章　题名著录 ·· 40
3.1　题名的定义和类型 ·· 40
3.2　正题名的选取和著录 ·· 42
3.3　并列题名的选取和著录 ·· 51
3.4　统一题名的选取和著录 ·· 54

第4章 责任说明著录 ········· 59
4.1 责任说明的内涵及构成 ········· 59
4.2 责任说明著录的一般规则 ········· 61
4.3 责任说明的著录格式 ········· 67
4.4 主要款目 ········· 68
4.5 责任者检索点的选取 ········· 71
4.6 责任说明著录实例 ········· 74
4.7 小结 ········· 77

第5章 版本信息著录 ········· 79
5.1 版本的定义 ········· 79
5.2 版本学视角的"版本" ········· 80
5.3 版本说明的著录规则 ········· 82
5.4 版本项的规定信息源 ········· 87
5.5 常见版本说明及著录实例 ········· 89
5.6 思考与建议 ········· 93

第6章 出版信息著录 ········· 96
6.1 出版者名称存在的差异 ········· 97
6.2 出版者名称差异的原因分析 ········· 102
6.3 国内外著录规则 ········· 105
6.4 思考与建议 ········· 107

第二篇 标引

第7章 文献标引概略 ········· 113
7.1 文献标引的定义与方法 ········· 113
7.2 分类法概述 ········· 114
7.3 主题法概述 ········· 126

- 7.4 分类法与主题法的差异 ... 132
- 7.5 文献标引的一般步骤 ... 135
- 7.6 基于内容的标引方式 ... 136
- 7.7 标引字段分析 ... 137

第8章　各类文献标引 ... 144
- 8.1 文艺作品 ... 144
- 8.2 传记文献 ... 151
- 8.3 志书类等涉及地名的文献 ... 159
- 8.4 历史类等论及时代的文献 ... 163
- 8.5 教材教参 ... 165
- 8.6 英语类文献 ... 167
- 8.7 绘本类少儿文献 ... 171
- 8.8 特殊编辑形式类文献 ... 172

第三篇　名称规范

第9章　名称规范工作 ... 177
- 9.1 名称规范控制的概念与意义 ... 177
- 9.2 名称规范控制的内容 ... 179
- 9.3 中文名称规范工作的历史发展 ... 180
- 9.4 中文名称规范工作存在的问题 ... 186
- 9.5 思考与建议 ... 193

第10章　FRAD与中文名称规范控制 ... 199
- 10.1 FRAD概念模型概述 ... 199
- 10.2 FRAD对中文名称规范控制的启示 ... 202
- 10.3 规范数据的用户分析与建议 ... 207
- 10.4 小结 ... 216

第四篇 编目相关问题研究

第 11 章 基于采访视角的图书编目工作 ······ 219
11.1 图书采编工作的基本内容 ······ 219
11.2 图书采访工作对编目工作的影响 ······ 220
11.3 图书采编流程中的特殊问题探讨 ······ 225
11.4 思考与建议 ······ 230

第 12 章 多卷书编目 ······ 234
12.1 多卷书的特征和类型 ······ 234
12.2 多卷书的著录 ······ 235
12.3 多卷书的标引 ······ 240
12.4 多卷书编目现状调研 ······ 242
12.5 思考与建议 ······ 244

第 13 章 FRBR 化与文献编目 ······ 248
13.1 FRBR 的内涵 ······ 248
13.2 FRBR 化的缘起与内涵 ······ 249
13.3 书目 FRBR 化的应用现状 ······ 252
13.4 书目 FRBR 化开展过程中的问题 ······ 256
13.5 编目环节实现 FRBR 化的对策 ······ 260

参考文献 ······ 266

第 1 章

引　　言

1.1 文献编目的内涵与范畴

编目作为图书馆最古老、最基本的业务活动之一,是图书馆开展文献服务的基础,是揭示图书馆馆藏文献的主要手段,是实现无序信息资源有序整合操作方法中的重要部分,是帮助用户有效查询目录的关键。文献编目是根据文献检索的需要,以文献及各类型信息源为对象,对文献的形式与内容特征进行分析、选择、记录,通过著录、标引、规范等步骤,形成题名、著者、出版机构名、分类号、主题词等信息集合,并将这些信息按照一定的次序编排,使其成为有序化集合的过程。其核心内容是编制书目以汇集成图书馆目录,即按照一定的标准与原则,组织成目录并进行维护的过程。其核心价值是对文献资源的信息提取与序化,通过提取文献载体的外在信息和内容信息,再通过不同形式的排序和组织,为用户利用文献资源提供便利,从而提高文献的有效利用程度。

在当前信息技术环境不断变化的背景下,元数据在图书馆中发挥的作用越来越大,文献编目工作的沁畴日益扩展。文献编目的范畴几乎可囊括所有产生元数据的环节,包括书目数据、规范数据、馆藏数据等制作的各个环节。

国际编目原则声明[❶]（Statement of International Cataloguing Principles，ICP），将文献编目划分为描述性编目和主题编目。描述性编目提供描述性数据和非主题检索点。主题编目提供受控的主题词和分类号。

描述性编目包括著录和非主题检索点控制两部分。著录主要依据 ISBD 和著录条例等相关标准而产生，形成书目描述。所谓检索点控制，是为了最大限度地提高书目记录的可检索度，同时尽量降低处理、存储和管理维护编目信息的成本，编目规则规定了选择检索点的标准和选取数量。当书目信息的相同实体存在多个检索点形式时，需要根据不同的检索点信息，确定一个特定的检索点形式作为目录的缺省形式。检索点的选取数量和检索点形式的确定都是由编目规则规定的，习惯上被认为是标目法的范畴，属于规范控制的范畴。非主题检索点控制重点涉及题名、责任者等检索点数量和形式的选取。

主题编目也称为标引，是根据文献的内容特征，分析、提炼、取舍主题概念，赋予检索标识的过程。主题指知识的基本单元，可以是人、事、物等实体，也可是抽象的概念。标引包括主题标引和分类标引。以主题词表、标题表等为工具，赋予文献语言词汇标识的过程称为主题标引。以分类法为工具，赋予文献数字或字母号码标识的过程称为分类标引。主题编目一直是信息组织的重要课题。对图书馆而言，主题编目就是应用分类法与主题法。这两种方法在功能上各有所长、各有所短，若能使分类法与主题法结合，相互取长补短、相辅相成，将更能发挥其功能。

1.2　文献编目领域的标准

文献编目是采用编目规则、受控词汇，提供图书馆目录内容，以促进馆藏的检索与利用。文献编目需要遵循许多标准来建立书目记录，包括编目规

[❶] 指导编目国际标准化的纲领性文件，旨在指导国际范围内编目规则的制定工作。国际图书馆协会联合会于 2003 年发布草案，2009 年正式出版，2015 年发布修订版征求意见稿，2017 年 2 月在 IFLA 官网正式发布 2016 年版。

则、机读目录格式、分类法、主题词表等。文献编目领域的标准可划分为基于理解标准的概念模型、描述标准、格式标准、知识组织体系标准四大类。

1.2.1 概念模型（FRBRs-LRM）

书目记录功能需求（Functional Requirements for Bibliographic Records，FRBR）、规范数据的功能需求（Functional Requirements for Authority Data，FRAD）、主题规范数据的功能需求（Functional Requirements for Subject Authority Data，FRSAD）是功能需求（FR）家族的三个概念模型，以实体、属性、关系为基础构建概念框架，将书目世界的事物予以抽象描述，为资源的描述、组织、定位提供了完整的思考框架。其中，实体是书目世界用户关心的主要对象，包括有形实体和无形实体。属性是实体的识别特征。关系是描述一个实体和其他实体之间链接的表达工具。属性与关系都是书目记录的数据元素，是资源描述的关键。FRBR 关注的重点是书目记录的内容和检索点，基本不涉及书目记录的规范控制。FRAD 主要关注包括个人、家族、团体、题名等名称规范记录，为体现责任关系的规范记录的相关数据提供明确定义的结构框架。FRSAD 主要研究书目记录主题的规范控制，包括书目数据中的主题词、地理名称等的规范控制。这三个模型所描述的书目关系的概念成为构建编目规则及设计书目系统的基础。

FRBR 定义了三组共 10 个实体。第一组实体指通过智慧和艺术创作的产品，包括作品（work）、内容表达（expression）、载体表现（manifestation）和单件（item）。第二组实体包含对智慧和艺术创作产品负责任的个人（person）和团体（corporate body），与第一组实体是责任关系。第三组实体包括概念（concept）、实物（object）、事件（event）、地点（place），与第一组实体是主题关系。

FRAD 定义了 16 个实体。其中 11 个实体是以 FRBR 的三组核心实体为基础，并在第二组实体中加入了家族（family）这一实体。另外 5 个实体分别是名称（namc）、标识符（identifier）、受控检索点（controlled access point）、规则（rules）、机构（agency）。

FRSAD 定义了 2 个实体，主题（thema）和主题表述（nomen）。主题指一件作品主题的任意实体，对应 FRBR 和 FRAD 中的三组核心实体。主题表述指任何一个已知、被引用、被标记的主题的符号或符号序列。

为消除三个模型因各自独立发展所导致的歧义、形成统一模型，国际图书馆协会联合会（以下简称"国际图联"）于 2017 年 3 月正式发布图书馆参考模型（Library Reference Model，LRM）。LRM 是书目世界的高层级概念模型，引入超类（superclass）和子类（subclass）的概念。仅包括 11 个实体，弃用并重新定义部分实体，但 FRBR 的第一组实体仍然是 LRM 的核心。唯一顶层实体是 Res（Latin for thing），为 FRSAD 实体 thema 的一般化，意指书目世界的任何物质、事物、概念。其他 10 个实体都是 Res 的直接或间接子类实体。LRM 一共描述了 36 种关系，比 FRBR 更强调关系，允许属性与关系互换使用，即属性可由关系来实现。

1.2.2 描述标准

1.2.2.1 《国际标准书目著录》（ISBD）

《国际标准书目著录》（*International Standard Bibliographic Description*，ISBD）是国际图联（IFLA）主持制定的一套关于书目著录（也可称为描述）的国际标准，也是我国编制编目规则的主要依据。ISBD 最初是在书目控制的自动化和共享编目的经济性要求下提出的。作为国际编目领域所有类型出版资料的参照标准，ISBD 为不同机构著录的书目记录打下了共享的基础，可以帮助编目人员了解以不同语言文字著录的书目记录，并能与其他的内容描述规则兼容互通。ISBD 容纳不同的著录级别，包括国家书目机构、国家图书馆和其他图书馆所需要的著录级别。但 ISBD 著录只规定了形成完整书目记录的部分内容，构成完整书目记录的检索点和主题信息等其他单元在 ISBD 中并无规定，关于这些单元的规则一般在编目规则和其他标准中规定。

为贯彻 ICP 及 FRBR 的理念，使其更适应描述具有多种格式共同特点的资源，对各种类型资源的著录形成尽可能一致的规定，解决以往 ISBD 著录规则册数多，规则、语言及范例不统一、更新困难等一系列问题，IFLA 于 2007 年出版了 ISBD 统一版预备版，2011 年 7 月正式出版了 ISBD 统一版。ISBD 统一版新增了第 0 项"内容形式和媒介类型"取代一般资料标识（GMD），辅助各种不同内容形式和媒介类型资源的描述。ISBD 规定了统一的九大著录项目，每个大项内又分若干著录单元，规定了各大项的先后顺序以及各著录项目与单元的标识符。

1.2.2.2　《资源描述与检索》（RDA）

《资源描述与检索》（*Resource Description and Access*，RDA）于 2009 年编制完成，2010 年 6 月以联机版，即网络工具包的形式正式发布。其目标定位于成为数字环境下适用于图书馆目录和其他信息组织用户进行资源描述与检索的依据，适用于对所有内容和媒介进行编目。

RDA 脱胎于《英美编目条例》（第二版）（*Anglo-American Catalouing Rules*，2nd Edition），遵循 ICP，继承了 FRBR 家族的书目世界观。它以两个概念模型《书目记录的功能需求》（FRBR）和《规范数据的功能需求》（FRAD）为基础，将书目资源划分为多个概念层次，规定了如何描述书目世界中的实体及其关系的指引。RDA 属于内容标准，只关注记录数据的内容，不规定采用何种格式记录，也不限制以何种形式呈现。

RDA 的章节组织和术语、词汇与 AACR2 相比，有了很大的变化。RDA 颠覆了 AACR2 以文献类型为纲、以八大著录项为序的做法，其正文由 10 个部分 37 章组成。RDA 首先区分书目对象相关实体，再确定各类实体所需描述的属性，以及各类实体、属性、取值等要素之间的关系，并对各类规范取值词表进行规定。RDA 称属性为元素（elements），与语义网和 RDF 架构一致。

RDA 从编制到问世，一直是国际编目界瞩目的焦点。目前已经被翻译成德语、法语、意大利语、西班牙语、芬兰语及汉语等多种语言，在美国、英国、加拿大、德国、澳大利亚等国家得到实施。中国国家图书馆外文编目于 2018 年 1 月 1 日全面正式实施 RDA。

1.2.2.3　《中国文献编目规则》

《中国文献编目规则》于 1996 年初版，2005 年发布第二版，是一部适用于各类型中文文献编目的综合性编目条例，对中国文献编目工作的标准化、规范化产生了极大的推动作用。它的编制和修订遵循 ISBD 的原则（国际性原则）、参照 AACR2 的编制体例，并依据中国文献著录规则国家标准（GB/T 3792 系列），尽力体现中国文献编目的特色（民族性原则）。规则主体内容包括著录法和标目法两大部分。著录法就如何著录各类型文献资料，设有总则一章，作为制定各类型文献著录规则的指导性文件。总则之后是不同文献类型的著录规则。标目法部分主要阐释书目记录检索点的选取和如何确定检索点的规范形式，也参照了规范记录和参照指南（GARR）。

1.2.3 格式标准

1.2.3.1 机读目录（MARC）

机读目录（Machine-Readable Catalogue，MARC）是一种以代码形式和特定结构记录的，可供计算机识别和处理的数据格式。MARC 产生于 20 世纪 60 年代，最初由美国国会图书馆（Library of Congress，LC）牵头研制。MARC 作为一种格式标准，可细分为书目数据格式、规范数据格式、馆藏数据格式、分类数据格式等。国际上最广泛应用的两种 MARC 格式是 MARC21 和 UNIMARC。

MARC21 的前身是 LCMARC，1983 年更名为 USMARC。1994 年，英国、美国、加拿大三国的图书馆对各自的机读目录格式 UKMARC、USMARC、CANMARC 进行整合协调，以期形成一种统一的能够满足英语世界编目需要的机读目录格式。后来由于英国的退出，美国国会图书馆和加拿大国家图书馆于 1999 年推出的 MARC21，只实现了 USMARC 和 CANMARC 两种格式的融合。MARC21 的命名标示其是一种面向 21 世纪的 MARC 格式，目前为美国、英国、加拿大、德国、日本等多个国家所使用。中国香港在 1997 年回归前后放弃 UKMARC，采用了 USMARC/MARC21。日本国立国会图书馆于 2010 年放弃 JapanMARC 而改用 MARC21。德国国家图书馆于 2004 年 12 月决定用 MAB 代替 MARC21，后于 2013 年转换完成开始重启使用 MARC21。中国台湾的部分图书馆于 2011 年放弃 CMARC 而改用 MARC21。MARC21

在国际上的应用越来越广泛。

UNIMARC 由国际图联于 1977 年首次公布，由 IFLA 的情报技术部和编目部联合组成的工作组制定，其目的是形成一个国际通用的格式结构用于书目数据交换。UNIMARC 遵循 ISBD，能够处理多种文献类型的著录，并且可以容纳各种级别的书目。目前使用 UNIMARC 格式的国家主要有中国和法国。中国的机读目录格式 CNMARC 就是依据 UNIMARC 编制的。

MARC 格式共同遵守的数据传递与交换标准是 ISO 2709，它采用头标区、目次区及数据区的顺序排列方式，由于字段名与字段数据分列在目次与数据区，要获取有意义的数据，需要用专业软件进行处理。UNIMARC 与 MARC21 都遵照了 ISBD 和 ISO 2709 标准，它们在总体结构上有着相似之处，但是在适应文献编目的过程中又有着各自的特别之处，在具体的字段和子字段的设置上也不太一样。至于使用哪种 MARC 格式及采用的程度，取决于许多因素，包括在编文献的类型、编目系统的要求、形成记录时所遵循编目规则的要求、编目机构对记录完整性的认定。

一方面，MARC 以其数据的专业性和规范性促进了图书馆行业内部的交流和共享；另一方面，也因其严谨扁平的架构而难以用于描述数字资源，无法适应在网络环境下展现复杂的语义及书目实体的层次关系。即便如此，MARC 的价值并未因诸多批评而被完全抹掉，图书馆界对 MARC 不断进行修订，以提高其在新的编目环境中的适用性，使其能适应新技术、新的编目规则。

1.2.3.2 书目框架（BIBFRAME）

MARC 格式作为图书馆书目数据的储存交换格式，因其格式封闭、静态、粗粒度和缺乏语义等方面的不足，已不能满足当前的技术趋势，成为图书馆资源融入网络的障碍。2011 年，美国国会图书馆正式发布了"书目框架"（Bibliographic Framework，BIBFRAME）计划。该计划旨在为图书馆重新设计和完成一个新的书目数据格式，既能取代 MARC 格式，同时又能够兼容现有的元数据标准（如 DC、RDA 等），从而提高书目数据的网络能见度，使书目数据、书目资源更易被发现，提高书目资源使用率。

2012年年底，BIBFRAME 1.0发布，提出了由作品、规范、实例、注释四个核心类构成的框架模型。2016年4月，BIBFRAME 2.0模型发布，将核心类由以前的四个变成三个，将书目数据分为作品—实例—单件（work-instance-item）的核心实体层，提供了对各类型文献进行描述的核心的、基础性的词表。作品是最高层级的抽象的存在，是被编目资源的核心本质。实例是作品的具体化表达，反映了作品多样的表现形式和载体形态。单件是实例的物理或电子的单一复本。BIBFRAME的词汇主要由RDF类、属性及其关系组成。

BIBFRAME作为新兴的元数据标准，采用了实体—关系（E-R）模型，对所涉及的实体、实体属性、实体关系等进行了分析和标识，使得机器能够理解和处理这些实体及其关系，从而实现对书目数据进行结构化的描述和关联，让其能够跳出图书馆的藩篱，摆脱图书馆OPAC的限制，真正成为Web数据。

1.2.4 知识组织体系标准

编目领域最常用的知识组织体系标准包括主题词表和分类法。主题词表和分类法是按照学科门类和知识体系辅助用户浏览和检索文献、实现内容检索的标准和工具，可以对信息资源中的自然语言、标引语言、检索语言以及它们客观上表达的知识概念系统或知识分类系统进行统一控制。其特点是规范化的、严格受控，面向图书馆员使用的，同时也是体系和规则都较为复杂的。主题词表是自然语言与系统语言之间的媒介，是编目员与用户之间标引和检索用语的桥梁。分类法同时还是图书馆用于目录组织和分类排架的重要工具。

国际上常见的主题词表包括适用于大型图书馆的《美国国会图书馆标题表（LCSH）》、适用于中小型图书馆的《希尔斯标题表（Sear's）》，主要的分类法包括《美国国会图书馆分类法（LCC）》《杜威十进分类法（DDC）》《国际十进分类法（UDC）》等。中国大陆地区影响最大、使用最广泛的是分类主题一体化的《中国分类主题词表》和《中国图书馆分类法》，中国台湾地区使用较多的是《中文主题词表》和《中国图书分类法》。

1.3 文献编目的原则

编目工作须遵循相应的原则和规则。编目原则属于提纲挈领、共同遵循的规则说明，可应用于书目数据和规范数据，其立于编目规则之上，主要用于指导编目规则的制定及编目员的决策。编目规则属于具体指导、因地制宜的标准说明。一部编目规则的制定或修订应将编目原则贯穿始终。但由于文献编目的复杂性和灵活性、用户需求的多样性，编目规则不可能也不必要对各种细节一一做出规定。因此，编目规则有时解决不了编目过程中存在的特殊性问题。对于一个具体的编目机构而言，为保证编目工作的规范化，还应在基本规则的基础上，结合本机构的实际情况制定更具体、实用的编目细则，作为本机构文献编目工作的准则。

2009年发布的国际编目原则声明，提出了编目的9个原则，即用户的便利性、通用性、表达性、准确性、充分性与必备性、有意义、经济性、一致性与标准化、集成性。ICP的目标是为所有类型的书目资源提供统一的资源描述和主题编目方法。ICP 2016版立足于世界强大的编目传统及国际图联功能需求家族概念模型，增加了3个与目录服务有关的原则，即互操作性、开放性、可访问性，并将2009年版强调却未专门编号的合乎理性与逻辑列为最后一个原则，即合理性原则。13个原则的具体说明如下。

（1）用户的便利性："用户"包括所有查询目录、使用书目数据和规范数据的任何人。在对著录及检索点名称的受控形式做出抉择时应考虑到用户。应当全力保持所有数据对用户可理解且适用。

（2）通用性：在著录与检索中使用的词汇应与大多数用户所用的词汇相一致。

（3）表达性：著录应当如资源本身所示加以表达。个人、团体和家族名称的受控形式应按实体描述其本身的方式来确定。作品题名的受控形式应当按原始内容表达的首个载体表现所呈现的形式来确定。如果按照上述原则确定的受控形式不可行，应当使用参考源中所用通用形式。

（4）准确性：书目数据和规范数据应当是被著录实体的准确描述。

（5）充分性与必备性：应当包括方便所有类型用户获取的数据元素。

（6）有意义：数据元素应与著录相关，特别是应考虑实体间的区别。

（7）经济性：当达到某一目标存在多种途径时，应选择整体最方便可行的途径（即费用最少或方法最简单）。

（8）一致性与标准化：应尽可能实现著录与确立检索点工作的标准化，以取得更大的一致性。

（9）集成性：各类资源的著录以及各类实体名称的受控形式应尽可能基于一套共同的规则。

（10）互操作性：应该全力确保书目数据和规范数据在图书馆界内外的共享和重用。为数据交换和发现工具，高度推荐采用方便自动翻译和消歧的词表。

（11）开放性：对数据的限制应当最小，以促进透明度，遵循开放获取原则。对数据获取的任何限制应当充分说明。

（12）可访问性：获取书目数据和规范数据以及检索设备的功能，应当符合可访问性国际标准。

（13）合理性：编目条例中的规则应有可论证性而非随意性。如果在特定情况下无法遵循所有这些原则，则应当找到可论证的、实用的解决办法，并解释其合理性。

在编目的 13 个原则中，用户的便利性原则为最高原则，折射到编目工作的要求是：编目机构或编目员是否将有助于用户查找、识别、选择或获取资源作为编目决策的依据。互操作性原则居次，因为互操作性与编目数据的共建共享关系密切，与数据的一致性与标准化直接相关。其他原则无特定的优先顺序，当各原则发生矛盾时，用户的便利性与互操作性应优先于其他原则。

当今目录用户多层次、多领域的需求，要求编目规则不应停留于细化与琐碎之处，应具有相应的灵活性。编目原则需要加大指导编目员决策的力度，使编目员在遵照编目规则编目时，发挥自己的判断力，以用户利益为出发点，做出正确的决策。编目人员也需要灵活掌握编目原则，才不会对编目中所产生的具体问题无所适从，对编目差异的理解也会有新的视野。

1.4 文献编目的等级

在编制书目的过程中，书目的体例及其详略程度应适当，使未见文献只见书目的用户略知文献的内容与形式。在满足用户需求的前提下，书目可以适当地、但并不一定是完整地揭示文献。于是在编目领域逐渐形成了对书目记录等级的划分，即编目等级。编目机构可依据本身的编目政策择定适当的编目等级，采用不同详简程度的方式编目，可以达到简化编目、控制编目成本以及提高编目效率的目的。编目等级一部分体现在著录单元，涉及描述文献资源的数据元素，由著录规则规定；另一部分体现在组织单元，涉及检索点的规范控制。编目的详简程度也可以通过MARC格式中字段、子字段的必备性与可选性予以体现。MARC的记录头标中就有表示编目等级的字符位。可以说，编目的等级也是MARC记录的等级。

国际上通常将编目划分为简要级、基本级（也称为核心级）、详细级（也称为完整级）三个等级。其中，简要级、详细级分别是编制书目记录的最低标准和最高标准，而核心级是介于最低标准和最高标准之间的一种详简适宜的编目等级标准。核心级和完整级都强调书目记录中的检索点应采用规范形式。从FRBR最终报告对用户使用书目记录的分析来看，全部采用完整级编目并无必要，建议不同类型的图书馆采用不同的编目等级。对于追求编目质量，而又受到待编文献积压、削减编目预算压力的图书馆而言，采用核心级作为编目等级有很大的吸引力。[1]核心级的目的是允许书目机构在必要时创建低于完全级的记录，而同时又能保证编制的所有记录能满足基本的用户需求，以降低书目机构的编目成本。

---

[1] 胡小菁.书目记录等级与核心记录标准的发展[J].中国图书馆学报，2003（2）：82-87.

现阶段，中国大陆地区对编目等级的划分还主要停留在著录层面，尚未建立核心级记录标准，也无编目机构实施核心级标准的原始编目。中国台湾地区基于编目人力不足、文献数量和文献类型不断增长，以及如何在兼顾书目质量的同时有效促进书目共建共享等多方面的考量，于 2000 年制定了"NBINET 合作编目书目资料处理原则"[1]。这个书目分级原则参考了美国国会图书馆的核心级书目记录标准。它的主要目的有三个：一是建立各类型书目记录不同层级著录标准，收录符合简略记录以上的书目记录，减少各馆书目著录详简的差距，以提升书目库的整体品质；二是鼓励合作编目馆在不同书目分级标准之内，自行依各馆对书目详简的不同需求建立书目记录，或从联合目录转录下载他馆建立的书目记录，以减少后续书目修改工作；三是在书目分级的最低要求之上取得折中标准，图书馆既能顾及书目的必备内容，亦能即时提供馆藏书目查询服务，提升对书目完备度的基本要求，也有助于未来发展 FRBR 型式的目录。

在不同时代，编目等级时而强调简化，时而强调强化，但从来没像现在这样，简化与强化两种趋势交织在一起。随着 MARC 格式的核心级的简化记录广泛应用，很多著录内容都可以省略，比如一些代码字段、附注字段。与此同时，有助用户使用的著录内容却在增加，比如目次、内容提要。

1.5　文献编目与图书馆目录的关系

文献编目的成果即形成目录，因此讨论文献编目与图书馆目录之间的关系，离不开对目录的讨论。本书在对目录和图书馆目录两个相近概念辨析的基础上，说明编目与图书馆目录之间的关系。

1.5.1　从目录到图书馆目录的历史演变

中国古人编制的目录，通常是具有古典目录学特征的书目，具有较高的

---

[1] 中国台湾地区书目分级原则。

学术性和思想性，讲求"辨章学术，考镜源流""论其指归，辨其讹谬"，以提供读书治学的门径。[1]而到近代，目录虽然在分类与学术上的性质与古典目录相近，但较古典目录不同的是其推荐与导读作用。导读书目是近代目录的主要特点。导读书目也称为推荐书目，在古典目录学上也称为举要书目。如龙启瑞的《经籍举要》被认为是现存最早的、以独立形式出现的成熟的推荐书目。但从总体来看，在现代图书馆体系形成之前，图书馆作为一种组织尚未形成多层级的体系。因此，在历史文献中，图书馆目录并不作为一个独立的概念被详细阐释和发展，但目录这一概念却普遍存在，并从一定程度上反映了当时对图书馆目录的理解，并展现了图书馆目录的历史演变。

随着西方目录学和日本目录学思想的传入，书目编纂方法得到了深入的研究，近代目录有了向现代图书馆目录过渡的基础。现代图书馆目录是在近代目录注重读者与编目法的基础上，深受西方目录学影响，并随着科学和文化的综合趋势而发展起来的。20世纪初，随着西方目录学思想的传入，我国图书馆目录历经了从书本式目录、卡片式目录，再到现代图书馆机读目录的发展历程。机读目录的产生与发展使得图书馆目录的组织形式和使用形式发生了深刻的改变，其逐步演变成为一种现代化的文献检索工具。由于西方目录学注重致用，其首要目标是帮助用户找到相关的文献资源，因此现代图书馆目录以索引为基础，更加重视检索。随着现代图书馆的发展，图书馆目录逐渐形成包括查找、识别、选择、获取、导航五大功能。

1.5.2 目录与图书馆目录的概念界定

目录是目和录的总称，有时也称为书目，即图书的目录或书籍和各种著作的表目，是读者与文献之间的桥梁。其中，"目"指篇章名或书名。"录"是对"目"的说明和编次，是关于书的内容、作者生平、校勘经过、书的评价等简明扼要的文字。书目中载有文献特性的各个项目：题名、著者、版本、出版地、出版者、ISBN、装订形式、价格、册/页数、主题等，其目的在于提

---

[1] 傅椿徽. 图书馆文献编目［M］. 北京：国家图书馆出版社，2014：16.

供使用者有关文献的基本资讯，以方便他们查找、选取与获得。

而图书馆目录是图书馆各种书目数据的总称，是图书馆为方便用户检索和利用而对馆藏文献进行揭示和报道的重要工具，也是根据一定的规则组织起来的用于描述、检索、获取馆藏文献的工具，是图书馆馆藏与用户之间的桥梁，是图书馆为用户提供文献服务的一种不可缺少的工具。它研究如何从用户的需求出发，运用规则将馆藏文献的特征和内容准确地记录下来，编制成目录并组成目录体系，供用户查找、识别、选择、获取文献。

1.5.3 编目与图书馆目录的关系

目录是图书馆的核心所在，是图书馆提供服务的基础。完备的目录系统提供图书馆采访、典藏、流通、阅览和参考服务，有了精确翔实的目录才可能有良好的图书馆服务。而完备的目录建置离不开扎实的文献编目工作，编目的良莠是关键。编目工作将图书馆馆藏资源呈现于线上公用目录，并应用相关标准、信息技术将馆藏资源提供给用户，是图书馆的一项基础性和关键性工作。编目工作的好坏直接决定图书馆的书目数据质量的高低，进而影响到书目检索的质量。文献编目为图书馆目录提供用于组织、描述、检索、保存、管理文献资源的基础元数据，是实现图书馆目录服务的路径。编目元数据通常包括目录服务所需的书目数据、规范数据、馆藏数据。所谓元数据（metadata），即关于数据的数据，一般指存储在数据库里的数据，是从资源中抽取出来的用于说明其特征、内容的结构化的数据。编目元数据同时为目录服务提供检索点，为了在目录中找到文献，就有必要选择一些检索点，如提供题名、人名、主题、分类检索等。

文献编目使图书馆收藏的大量包括有形的和无形的馆藏得以有序化的管理，并为用户提供便利的检索渠道，使馆藏资源得到尽可能的利用。图书馆最根本的作用是对承载知识的文献资源载体进行收集与传播，促进知识的应用和转化。[1]评价一个图书馆，不能只看它拥有多少文献，更要看它能否让

---

[1] 夏立新，白阳，张心怡. 融合与重构：智慧图书馆发展新形态［J］. 中国图书馆学报，2018（1）：35-49.

文献得到有效的利用和共享，而图书馆目录是文献揭示和利用的窗口。有专家指出，不同图书馆对文献的信息序化程度高低，大致决定了各个图书馆服务能力的强弱。❶编目品质与编目效率会直接影响用户的满意度与图书馆的利用率。文献编目质量影响图书馆目录服务的水平，编目形成的目录数据质量的高低，决定了图书馆服务能力的强弱。高质量的文献编目注重为用户提供更快捷、更优质、更深层次的书目服务，进而全面提升图书馆目录服务的品质。

---

❶ 王宗义.专业话语：实践描述与思维构建——关于当代图书馆活动的若干思考［J］.中国图书馆学报，2017（2）：13-23.

第一篇　著录

第 2 章

文献著录相关概念

著录（description）亦可称为书目描述，是文献编目的重要组成部分，也是编目工作的基础。它是在编制文献目录时，对文献的内容和形式特征进行分析、选择和记录的过程。文献的内容特征是指文献的知识内容，比如提炼文献主旨的提要。文献的形式特征是指文献的实体形式，包括题名、责任者、版本、出版者、出版年、标准书号、价格、数量、尺寸、丛编等。著录工作的核心内容是相对客观地记录文献的内容特征和形式特征。

由于书目著录一直以载体表现为著录对象，比较强调载体表现层的相关信息，缺乏从作品和内容表达层级上描述并组织书目信息的意识。多年来，著录的内容没有发生太大变化。书目著录普遍存在对内容关注不够的问题，使得著录工作乃至编目工作都变成了机械式的操作，这也是编目质量的瓶颈所在。编目工作似乎越来越重视从文献载体上著录信息，在格式中填空。另外，随着联机合作编目的发展，为合作编目、编目共享所制定的标准化著录规则已造成了著录条款的急剧增加，使得著录工作日趋复杂化。为了达到标准化，编目员的许多时间花在了一些机械化的操作上，在很多情况下并无助于目录功能的改善，反而导致编目效率的相对下降、待编文献积压等问题。与此同时，编目员花费较多时间来描述题名、责任者、出版者等取自哪里，书中有没有图，有没有索引，等等，但很少从描述和揭示文献的整体角度，来考虑如何妥善处理各种关系信息。

本章将结合图书馆目录的功能，从文献和用户两个角度出发，以图书为代表，重点梳理与书目著录息息相关的一些概念，从意识层面上明晰如何著录的问题。

2.1 著录方式

FRBR 概念模型将书目记录的实体分为三组。其中第一组实体包括作品、内容表达、载体表现和单件，呈现了一个将资源从概念到物质、从抽象到具体的层次结构。作品是独特的知识或艺术创作，是抽象的最高层面，反映了编目资源的概念精髓。作为一个抽象的实体，作品并不对应一个单独的物质对象。内容表达是作品的知识或艺术创作得以实现的方式，可以通过字母—数字、文字、声音、图像、音符、动作、物体等形式或这些形式的组合实现。内容表达没有物化到具体的物理形式，仍然是一个相对抽象的实体。载体表现则是作品内容表达的物理体现，比如一个特定的出版形式，反映了书目记录中出版者、出版地、出版日期等信息。单件是载体表现的一个样本。

当前的书目著录主要是以载体表现层作为著录对象。但载体表现层通常包含资源的其他实体信息以及这些实体之间的关系，比如反映了作品与作品之间的关系、作品的整体与部分关系、作品与载体表现、载体表现与单件的关系等。一部作品可能由多个部分组成，如多卷书、丛编。一个载体表现有时会包含多部作品或多个内容表达，将多部作品或描述作品的片段装订在一个载体表现上，如合订书、汇编等。这些关系的描述和揭示是书目著录着重需要解决的问题。解决的方法之一，是依据这些关系特征从选择著录对象的角度划分著录方式。

所谓著录方式，即根据著录对象的不同而选择的著录方法。著录方式与待编文献的发行模式息息相关。常用的著录方式可分为四种：基本著录、综合著录、分散著录、分析著录。其中基本著录是应用最为普遍的著录方式。综合著录和分散著录主要适用于多卷书、丛编等具有整体与部分关系的文献。

分析著录主要适用于有层次关系的文献或者各个组成部分都较为重要的文献。除基本著录外，其他三种著录方式都属于多层次著录。多层次著录将著录信息划分为两个或更多的层次。第一个层次包含文献的共同信息，第二个层次和后续层次包含各个可分离物理单元的相关信息。

（1）基本著录，也称为独立著录，是以单行出版的文献为著录单位的著录，主要适用于无层次关系的文献，比如单行本图书的著录。

（2）综合著录，也称为集中著录，是将多部分组成的文献作为一个整体进行描述的著录。比如对多卷书进行整体描述，以整套书为单位进行著录，重点记录其共同的书目信息，各分卷的内容信息可在某些著录单元或附注项中体现。

（3）分散著录是对文献的组成部分进行独立描述的著录。比如以多卷书的各分卷册为对象，记录各分卷册的特定信息，其共同的信息可在正题名或丛编等项中体现。

（4）分析著录是在综合著录或基本著录的基础上，再对文献的组成部分进行独立描述、另建书目记录的著录。也就是将描述整个文献的综合著录和描述文献的一个或多个部分的分散著录相结合的著录。待编文献的内容往往由若干部分组成，为使读者从目录中了解该作品包含的各部分内容，除将待编文献整体著录外，尚需分析其内容，制作分析记录。所谓分析，即为描述一部作品部分内容的过程。

比如为丛书建立一条总的书目记录，又对丛书下列的每部专著分别创建书目记录。再比如为国家标准的汇编本制作一条书目记录，同时又为汇编本中每篇单独的标准进行著录、制作书目记录。对于合订书，对除第一个作品以外的合订作品制作析出记录，也是分析著录。分析著录不仅使著录有了层次，而且也使得书目记录有了层次关系。一般在需要更深层次揭示文献信息的情况下，可采用分析著录。但如果现有检索点能够使用户找到所需的文献，就可以不采用分析著录。分析著录会造成编目成本的增加，各馆可根据自身的情况决定是否需做分析著录。目前，国内大多数编目机构都未采用分析著录，只有国家图书馆等少数大型编目机构采用。

2.2 著录项目

ISBD 统一版规定著录共分 9 大项：0 内容形式和媒介类型项；1 题名与责任说明项；2 版本项；3 资料或资源类型特殊项（也称为文献特殊细节项）；4 出版、制作、发行等项；5 载体形态项；6 丛编项；7 附注项；8 资源标识号与获得方式项。图书著录不使用文献特殊细节项，因此图书的著录项目共有 8 大项。本节简述图书著录 8 大项，重点就 8 大项的主要著录单元及著录中存在的问题进行阐述，而对于各项如何著录的问题将在后续章节中做深入探讨。

2.2.1 内容形式和媒介类型项

"一般资料标识"（General Material Designations，GMD）由 IFLA 于 1977 年首次提出，是用于说明文献所属资料类别的概括性术语，在我国也被称为"一般文献类型"。GMD 以方括号记载于正题名之后，其目的在于辨识作品的文献类型，显示在编文献的实体形态，区分同一作品的不同出版形式。例如，同一题名的作品，可能以图书、光盘等型式出版，若在正题名之后加注文献类型标识，一方面提示不同文献类型在图书馆的存放场所；另一方面告知读者某些类型的文献，需要特殊设备的配合才能使用。GMD 的著录为自由选用性质，各馆可视需要决定是否著录。就印刷型的图书资料而言，经常使用的 GMD 术语有"图书""专著"，也有一些编目机构选择不著录。

在传统文献时代，GMD 作为概括文献资源类别的重要标识，对文献的划分起到过一定的区分作用。但随着资源的内容形式日益复杂、媒介和载体类型日趋多样，越来越多的资源以多种载体形式出版，GMD 存在的概念交叉、功能不清等问题日益凸显。与此同时，各国对 GMD 的设置标准各异、变化频繁，致使 GMD 始终未能形成一套国际通用的方案。图书馆界普遍认为其文献分类的概念混合了 FRBR 阐述的内容表达与载体表现的元素❶，其规定的术语混淆了资源的发行方式、资料类型、内容形式、载体类型、标记符号（如盲文）等概念❷，降低了 GMD 的适用性。为解决 GMD 存在的各种问题，尤其是解决当前新型、多样、复杂的资源如何被更好地描述、识别、检索、选择与获取的问题，图书馆界不得不对 GMD 进行重新定位。

2010 年 6 月，RDA 正式发布，其中规定采用三个元素"内容类型""媒介类型"和"载体类型"替代 GMD 用于描述资源。2011 年，ISBD 统一版新增独立著录项第 0 项"内容形式和媒介类型项"，目的是在著录的最开始表示资源内容表现的基本形式以及承载该内容的载体类型，以期帮助用户识别和选择符合他们需求的资源。在此基础上，我国也完成了对《文献类型与文献载体代码》GB/T 3469—1983 的修订工作，并于 2014 年 4 月颁布新的国家标准《信息资源的内容形式和媒体类型标识》GB/T 3469—2013，希望采用内容形式和媒介类型组配的形式描述资源。该标准为图书馆对传统资源和数字资源类别划分和资源整合提供了依据。

在 RDA 中，内容形式则被表述为内容类型，是指"反映内容被表达的基本交流形式的类别以及被人类感知的感官类别"；与此同时，内容形式也指"对于在一种或多种图像形式中表达的内容，反映用于感知内容的空间维度数以及感知运动是否存在"。在 ISBD 中，内容形式是指"反映资源内容表达的基本形式的一个或多个术语，其后可以附加内容限定，表示所描述资源的类型、感官性质、维度、运动"。两种标准都将内容形式定义为反映资源内容表达的基本形式，将内容形式视为识别作品和内容表达的一个非常重要的属性，作为必备元素或核心元素。两者罗列的内容形式都包括文字资源、图像、声音、口述、音乐、数据集、程序等。但两者的区别在于：ISBD 的内容形式属于后组式，其只定义了 11 种基本的内容形式，但内容形式可以通过一个或多个"内容限定"来扩充。内容限定可以使用类型限定（如表演型、地图型、

---

❶ Dana M. Caudle, Cecilia Schmitz. Keep it Simple: Using RDA's Content, Media, and Carrier Type Fields to Simplify Format Display Issues [J].Journal of Library Metadata, 2014（11）: 222-238.
❷ 国家图书馆. 信息资源的内容形式和媒体类型标识: GB/T 3469—2013 [S]. 北京: 中国标准出版社, 2014: 6.

记谱型),运动限定(动态、静态),维度限定(2维、3维),感官限定(触觉、视觉、听觉、味觉、嗅觉)来表示。❶RDA则明确定义了22种内容类型❷,不允许组配描述,属于先组式。后组式较先组式而言,其内容形式的术语扩展受到较少的限制,应用起来更为灵活。

在 ISBD 中,媒介类型是指"用于描述承载资源内容的一种或多种载体的类型"。在 RDA 中,媒介类型被定义为"反映资源内容的浏览、播放、运行等所需中间设备的一般类型的分类"。两者罗列的媒介类型皆涵盖音频、视频、缩微、显微、电子(RDA 使用计算机)、立体、无媒介等。另外,RDA 还将媒介类型进一步细化,定义了一种用于描述资源载体表现的核心元素,即载体类型。简言之,媒介类型和载体类型都是用来描述资源的载体,只是媒介类型的术语比较概括,而载体类型的术语则更加具体。

ISBD 与 RDA 对内容形式和媒介类型在术语的选用上也存在一定的差异,如 ISBD 对于由三种或更多种形式适用的混合内容组成的资源,可以界定成"多内容形式"的资源类型;对于由混合媒介组成、三种或更多种媒介类型使用的资源,可以界定成"多媒介"的资源类型,但 RDA 无此规定。类似,对于所描述资源的内容类型或媒介类型不易确定时,RDA 可以使用"未指定",但 ISBD 并无此规定。对于图书,ISBD 与 RDA 都采用术语"文字资源(text)"著录内容形式,采用术语"无媒介(unmediated)"著录媒介类型。

目前,国内图书馆界对中文文献尚未著录内容形式和媒介类型项。由于我国中文文献编目一直遵循国际图联所构建的体系,内容规则上遵循 ISBD,数据格式上采用依 UNIMARC 而来的 CNMARC,若今后采用该项著录,建议中文文献应尽量依据以 ISBD 第 0 项为蓝本的标准著录内容形式和媒介类型。

2.2.2 题名与责任说明项

题名和责任者是用户查找、识别、选择、获取文献的最重要的特征、最

---

❶ 在此需要特别说明的是,GB/T 3469—2013 新增了资料类型限定(如图书、期刊、报纸、学位论文、古籍、手稿等),用于限定内容形式为文字资料或图像的资源,并且规定资源描述机构可根据自身需要选择使用或适当扩充。

❷ 这 22 种类型不包括其他和未指定的情形。其中未指定是指所描述资源的内容类型不易确定。

核心的元素。因此，题名与责任说明项是著录的必备项目，也是最基本的著录项目。该项的著录单元包括正题名、并列题名、其他题名信息和责任说明。正题名是该著录项的第一个单元。图书常用的正题名形式包括：交替题名、共同题名和从属题名、无总题名（如合订书题名）。交替题名是正题名的一部分，著录于正题名第一部分之后，通常用"又名""一名""或"等词语与正题名连接。正题名可以由共同题名和从属题名组成。从属题名包括分辑题名和分辑标识。无总题名是指包含多部作品的题名但没有一个总的题名。并列题名是对应于正题名的另一种语言或文字的题名。其他题名是对正题名的限定、补充、说明等，属于变异题名。其他题名信息主要指从属于文献正题名或并列题名的副题名或其他题名说明文字，包括说明和解释著作的内容与范围、说明著作体裁、说明具有内容特点的版本等，但不包括书脊题名、封面题名以及除主要信息源以外的其他题名信息。

责任说明是指对作品的知识内容或艺术内容的创作或实现负有责任或作出贡献的个人或团体及其责任方式。责任说明包括对内容负责的创作者和贡献者。根据 FRBR 的阐述，书目概念模型中第二组实体与第一组实体体现的是责任关系。两组实体关系的链接关键词是"创作""实现""生产""拥有"，即对作品的知识或艺术内容负有责任的个人或团体就是作品概念的责任者——创作者。对作品的内容表达负有责任的个人或团体，是内容表达的实现者——贡献者。与载体表现发生关系的个人或团体特指对该载体表现的出版、发行、制作或生产负责的个人或团体，是书目记录中常记载于出版发行项的出版发行者。而与单件发生关系的个人或团体是指拥有该单件的个人或团体。题名与责任说明项著录的责任者主要是针对创作者和贡献者。责任方式是指责任者对作品内容进行创造、整理的方式。责任说明可以包含责任方式，也可以无责任方式。

著录在题名与责任说明项的信息通常取自主要信息源，以图书为例，只有出现在题名页或代题名页的题名、责任说明等才会著录在该项，出现在非主要信息源上的信息著录于附注项。除正题名以外的其他题名都可以统称为变异题名，如封面题名、出现在版权页等非主要信息源上的题名、翻译题名等。文献正题名，对以载体表现为著录对象的书目记录而言是不受控的。

2.2.3 版本项

版本项主要著录版本说明以及与版本说明相关的责任说明。ISBD 和 RDA 都认为版本说明通常包括"版（edition）"或带数字的相关术语，或者表示与其他版本不同的术语，但不包括只是呈现印刷信息的"版本"或其等同词的说明。比如在我国出版物中，图书的出版印制就有版次与印次的差异。版次属于版本说明，印次则不属于。因为版次是出版印刷发行图书时在版权页中标明的关于该书版本和印刷次数的记录，版次指第 1 版（首次出版）、第 2 版（在第 1 版基础上修订再版的新书）、以此类推第 3 版、第 4 版等。版次是指图书排版的次数或排版次第的说明，图书内容一般经过修改、增补后才会重新排版。印次则指图书每一版印刷的次数，反映的是同版不同时间的印刷次数，其内容基本是相同的。但对于图书"版本"的界定，即何种范围的版本信息可以著录在版本项，在编目界尚存有争议，国内外编目机构及国内编目机构之间都对版本的认识存在或多或少的差异。争议的症结主要集中在两个方面。

一是版本与版次的差别。版次属于版本的范畴，但版本是不能等同于版次的。有的编目机构将所有与"版"相关的说明都著录在版本项，这些与"版"相关的说明涵盖的信息极其丰富，有关于图书内容的、出版时间的、地理范围的、语言差异的、使用对象的、出版的宣传用语的，等等。这些说明用语是否都可以界定为版本存在争议。有的编目机构不知如何选择，干脆只将版次和少量因制版类型不同产生的版本著录在版本项。有的则是根据惯例，形成约定俗成的规定，将有关内容创作、编写、整理、体裁特征、适用范围的说明文字，例如，节缩版、选译本、普及版、青少年版等，都不著录于版本项。虽然《中国文献编目规则》（第二版）对版本给出了严格的界定：同一种文献（出版物）因编辑、传抄、刻版、排版及装订或制作形式的不同而产生的不同本子。但在编目实践中，编目员依然有很大的困惑，到底什么样的信息是应该著录在版本项的版本信息。

二是版本说明信息著录依据来源存在差异。依版权页的信息还是题名页的信息著录或结合两者出现的信息一并著录。国内图书的版权页与题名页经常会出现不同的版次或版本信息，这也是中国现代出版物的特殊现象。因为出版社在版权页给出的版本信息（与印次相连的部分）通常只针对本社的情况，凡第一次排版称"第1版"或"初版"（或其他表示法）。如第2版或第×版更换出版社，在版权页给出的版本说明依然是"第1版"或"初版"，但题名页又会给出"第2版"或"第×版"的版本说明。概括而言，我国现代图书版权页的版次或版本信息通常是出版者给予的，而题名页的版次或版本信息通常是针对作品内容的实现者给予的。我国编目规则与著录规则国家标准对于图书版本项的规定信息源选取顺序也是有差异的，编目规则规定版权页为版本项的首选信息源，国家标准则首选题名页作为来源著录版本。在西文出版中，同一作品的不同版本由不同机构出版是常见现象，无论作品是否更换出版社，版本项均按在题名页（或封面、其他文前序页）等处出现的版本说明著录。我们到底应该按照版权页、题名页，还是遵循规定信息源中更丰富和完整的信息来著录？关于版本项如何著录的问题，将会在下文给出具体的建议，本节只起抛砖引玉的作用。

2.2.4　出版、制作、发行等项

对用户而言，图书的出版信息可以帮助用户大致了解图书的质量，更加准确地选择需要的图书版本。出版、制作、发行等项主要著录出版地、出版者、出版日期等出版信息，在出版信息不详的情况下可以著录发行信息代替出版信息。在出版、发行信息都不详的情况下，可以著录印刷地或生产地、制作者或生产者、印刷或生产日期。但当规定信息源上的印刷日期不同于出版日期或有重印日期时，印刷日期可以作为单独的单元著录。

出版者是指出版书籍主体、拥有书籍出版权的个人或团体。出版者拥有的权利是指书籍的版式设计专有权和出版权，不是著作权。在一般情况下，出版者在我国大陆地区多是指出版社。台湾地区因为允许个人出版，所以出版者也可能是个人，出版者可以与书籍的作者是同一人，也可以不是同一人。发行者是指负责书籍宣传和市场的个人或团体。过去中文图书的发行机构一般以新华书店为主,现在则多以出版社为主。印刷者是指负责印刷书籍的厂商。作者是指这本书的写作者,拥有著作权的个人或团体,也是FRBR意指的与作品相关的个人或团体。出版者、发行者、生产者都是与作品的载体表现相关的个人或团体。

我国不同时期出版的图书在出版发行的信息记载方面,可能会存在诸多差别,因此在出版发行项的著录上也会产生难易不同的差异。比如民国时期出版的图书由于版权页并未形成统一的版本记录格式及相关标准,所以这一时期图书的出版发行主体的记载方式多种多样,很容易混淆出版和发行信息。版权页上鲜有看到"出版者",频繁出现的是"发行所""发行人""×××印行"等字样。同一种图书由多家出版机构出版的情况相当普遍。同一机构还经常存在多个出版地或发行地,同一家出版机构的图书也常会有不同出版地的版本。而且有的图书不标出版地、出版者,有的即使标明了出版地和出版者,其印刷位置也不固定。除此之外,民国图书的出版年代繁多。除民国纪年外,还有公元纪年、清朝纪年、西历、日本的明治纪年、昭和纪年等,有些图书甚至几种纪年同时并用。

而现代图书因为具有标准化的版权页,出版发行信息记载地都比较规范,这使现代图书的出版发行项著录相对简单。但近年来随着出版社的改制,出版集团、出版有限责任公司层出不穷,出版社之间的隶属关系也越来越复杂,图书版权页与题名页上呈现的出版者信息也经常存在不一致的现象。这使得编目员又不由自主地产生一个疑问:出版者的著录到底是依版权页还是题名页著录更适合?这个值得探讨的问题也会在下文详细阐述。

2.2.5 载体形态项

载体形态项包括文献数量、其他物理细节、尺寸以及附件说明。著录载体形态项的目的是通过记录文献数量的总数和顺序,以及文献中的插图、插页,附件的数量,来描述文献的形式特征,以此来支持文献的识别和选择。对于图书而言,载体形态项主要著录图书的页码,书中是否含有图、地图、肖像、照片、图版等等细节说明,图书高度、尺寸,附件说明。

载体形态项的著录难点在于对"图""地图""肖像""图版"等形态细节的界定，对于这种细节，编目规则一般不会规定那么细，且不同的编目机构可能会有不同的规定。但这种细节问题又常常会使编目人员不知所措、纠结不已。这也反映了一个较为普遍的现象：就是在编目的时候，一旦遇到规则中没有涉及的某些细节问题，不少编目人员会觉得无从下手，不知如何进行编目。我们知道，无论哪种编目规则都做不到包罗万象，不可能穷尽编目工作的所有细节，规则的制定只是起到一个对实践工作的指导作用。理论可以指导实践，但并不等同于实践，不可能解决编目工作中的所有问题。言必规则，使编目员深深为规则所累。从另一角度也说明编目规则中要依赖于编目员水平的条例应尽可能少，依照客观著录的条例应尽可能多。

该项还有一个特别要说明的是附件的著录。附件是指计划与所著录的文献一起使用的、且在物理形态上可以独立的部分。对分离于主体部分，但要与主体结合才能使用的附件，一般可以直接著录于载体形态项之末。除此，附件的交替著录方式还有三种：其一，视为另一作品独立著录；其二，著录于附注项；其三，按多层次著录方式著录（国内较少采用）。

2.2.6 丛编项

丛编是指一组相互关联的单独出版物，每种出版物除有自身的正题名外，还有一个适用于整组的总题名，即丛编正题名。丛编将若干内容主题相近或外表形式相近的单行本集合在一起，给予一个丛编题名。丛编题名通常可反映该丛编的性质、用途或对象等，对用户利用文献颇有参考价值。同时，由于丛编集合了性质相近的文献，使用者在阅读其中某些作品之后，若仍想查找该丛编内同性质的其他作品，丛编项的著录即可满足用户"即类求书"的需求。丛编项的规定信息源是相对广泛的，任何在规定信息源上出现的丛编信息都应著录于丛编项。丛编可以有编号，也可以无编号。丛编在图书类型中称为"丛书"。丛书是指由多部专著汇编组成的一套书，按一定的目的，汇辑两种或两种以上图书并冠以总题名的一套图书的统称。

对于图书而言，丛编项的著录难点是丛书的界定问题，即什么样的图书属于丛编性质的。对于专题性、计划性、学术性较强的图书，或书的前言后记中明确说明是丛书的，就很容易判定。但对于主题意义过于宽泛、指向不明确的，但也冠以一个所谓"总题名"的套书，有时很难判定它们是否属于丛书，而且不同的编目人员经常会有理解上的差异。比如含有"文库""系列""书系"字样的，再比如类似"百家讲坛""复旦卓越""常春藤""传记馆"等，有的著录在丛编项，有的著录在附注项。这类套书很容易造成丛编项著录不准确、不规范、不一致的问题。

2.2.7　附注项

附注项包含任何没有在其他项著录，但被认为对于书目记录的用户重要的描述信息。附注限定并补充其他项的著录，题名、责任说明、版本、出版发行、载体形态、丛编等各项未详细记录之处，都可以著录于附注项。附注可以对应于 ISBD 的著录项目，也可以不对应于任何特定的 ISBD 项，只要是与文献相关的信息都可以著录在该项。比如附注项也可以记录文献的书目沿革，标识文献之间的关系。

根据其性质，附注不可能穷尽罗列，但常用的附注可以分为：图书性质、范围、体裁附注，图书译作、改编附注，正题名来源附注，原名、异名附注，并列题名附注，副题名附注，责任说明附注，版本附注，出版发行附注，载体形态附注，丛编附注，适用对象附注，内容附注，提要附注，其他附注。

至于与丛编项的著录区分，笔者认为下列四种类型的名称或信息宜著录于附注项：①不宜集中的多卷出版物总名称、连续出版物名称；②不含"丛书"字样的各级各类教材、教学参考书，各类考试图书；③说明写作缘由、目的、意义、著作性质、用途、读者对象的信息；④对于不确定为丛编的名称。

2.2.8 资源标识号与获得方式项

对图书而言，本项主要著录图书的 ISBN、装帧形式以及价格等信息。ISBN 的全称是国际标准书号，是国际上通用的出版物标识编码系统，也是为图书等专题出版物提供的唯一的国际标识符。它由 13 位（2007 年 1 月 1 日之前为 10 位）数字组成，作为出版物的身份标识。采用 ISBN 编码系统的出版物，包括图书、小册子、缩微出版物、盲文印刷品等。ISBN 为出版物的信息检索、查询和使用提供方便、快捷的服务。

中国标准书号编码结构等同采用国际标准，2007 年 1 月 1 日起，位数由 10 位升为 13 位。在 10 位编码前增加 3 位国际货品代码 EAN•UCC 前缀，其结构由五部分组成：①EAN•UCC 前缀（978 作为图书的全球通用代码）；②国别（地区）语种识别代号，用于识别出版社所属国家（地区）、语言及地域（7 为中国大陆地区的代号）；③出版社识别代号（简称出版者号），对于一个出版社而言，出版社识别号可能唯一，也可能不唯一；④书名版别代号，此号码段是出版社为即将出版的新书种或版本编配的号码；⑤校验码，该号码为 ISBN 书号系统自动生成，以验证书号的正确性，并非由人为设定。每个号码段之间，用连字符"-"隔开。

新版《国际标准书号》中明确说明条码是书号的机读形式，因此在修订《中国标准书号》国家标准时一并考虑条码问题。升位后书号编码和条码编码完全一致，也就是中国标准书号与书号条码是一个编码的两种识读形式。ISBN 条形码一般标识在图书的封底，条形码扫描设备应符合同时识读 10 位和 13 位书号的要求。ISBN 升位在我国出版业的信息化发展中发挥着重要作用，标志着出版业在出版物数码识别和数据信息技术方面的重大发展与进步。实施中国 ISBN 管理的机构是新闻出版总署条码中心（中国 ISBN 中心）。

图书常见的装帧形式有平装、精装、线装、软精装、活页装等。一种图书因装帧形式不同也经常会有不同的 ISBN。

2.3 著录信息源

著录必有依据，其依据即为著录信息源。著录信息源是现代编目工作的一个重要概念，它与著录项目、著录标识符共同构成国际标准著录的三大要素。著录信息源是著录数据的来源，是选择著录信息的重要来源。明确统一的著录信息源是著录工作的前提，也是著录信息准确性与一致性的保障。解决著录信息源的选取问题，才能促进文献编目的标准化与规范化，达到书目共建共享的目的。鉴于信息源不止一处，且为避免因著录信息源选取差异而造成著录差异，著录信息源可进一步区分为主要信息源、规定信息源和参考信息源。

主要信息源是著录的首选信息源，即编目规则中明确规定的、在著录中须首先选用的信息源，其属性只能是唯一的，而不能是多元的，否则"首选"就没有意义。各类型文献资源均有各自特定的主要信息源。主要信息源的选取因文献的类型而各不相同，但有一些共同的标准：①全面性，通常是具有最完整、最清晰、最权威信息的信息源。②接近性，指最接近文献内容的信息源。③持久性，指最持久的信息源。图书的主要信息源为题名页。编目规则从理论上规定了图书以题名页为唯一的主要信息源，是为了确保著录时只有唯一的选择，从而使著录数据只能产生唯一的形式，以利于馆际书目交流和共同理解。主要信息源的选取，有时须结合著录方式和文献的发行方式及呈现形式综合考虑。如图书缺少主要信息源——题名页时，可以择一规定信息源作为代题名页，但须附注说明信息源的出处。代题名页是指当出版物没有题名页时，将包含有题名页通常所含信息的页、页的一部分或其他组成部分作为替代的题名页，如封面、卷端、版权页等。代题名页等同于题名页。当出现不同语言或文字的多个主要信息源时，如果是原著，一般优先选择与文献内容中占主要地位的语言或文字相对应的主要信息源；如果是译著，优先选择与译文语种相同的来源；如果是多语种文献，则优先选择与内容原文相同的来源。

规定信息源是对文献的每一著录项目规定了一个或多个信息来源,并规定了著录依据的信息源选取顺序,如题名页、版权页、封面等。规定信息源为各项目著录的依据,有利于缩小著录操作时出现分歧。当在编文献的不同位置对同一文献特征的记载出现差异时,要以规定信息源的记载为准著录,才能保证著录的一致性。参考信息源是著录中参考使用的信息来源,如工具书、参考文献、网络信息等。著录时一般不选择参考信息源。但在文献本身无法提供必要的著录信息时,可依据参考信息源进行著录。这类著录信息一般以附注的形式予以说明,或是著录在方括号"[ ]"内,以区别于从规定信息源获取的著录信息。

图书各著录项目的规定信息源见表1。

表1 图书著录的规定信息源

著录项目	规定信息源	备注
题名与责任说明项	题名页或代题名页	
版本项	题名页、版权页	顺序有争议
出版、发行等项	版权页、题名页	顺序有争议
载体形态项	整部图书及附件	
丛编项	题名页、版权页、封面、书脊、封底	
附注项	任何信息源	
资源标识号与获得方式项	版权页、图书其余部分	

中国文献编目规则规定了题名与责任说明项的内容只有出现在题名页或代题名页才需著录,而实际上,副题名、责任者、姓名原文等信息常常出现在版权页、封面等处。如果严格依照规则,这些信息就无须著录在题名与责任说明项或只能著录在附注项。在实践工作中,有的编目机构规定副题名、责任者等信息的著录来源超出主要信息源的范畴,将题名页一元信息源扩展至以题名页和版权页组成的二元信息源甚至多元信息源,如台湾地区规定图书的主要信息源为题名页和版权页。扩大主要信息源导致编目员需要对信息来源进行综合分析,"择优录取",如果理解各异,难以保证著

录的一致性，会使书目著录产生一定的不确定性。但一定程度上也达到了简化编目的目的。

另外，版本项与出版发行项的规定信息源的选取顺序还存有争议。有的专家认为，鉴于东方文献的版权页信息相对完整和充分的特点，版本项、出版发行项的规定信息源首选是版权页，这更适合我国国情，更适应本地的编目实践。有的专家认为，如果首选版权页，与国际规则有差异，ISBD 和 RDA 的首选都是题名页，并与主要信息源有冲突。有的则采取折中的态度与做法，根据我国的国情，既考虑与国际标准的接轨，又不违背我国出版物的实际情况，如忽视顺序的问题，依据两个信息源互补著录或选用信息完备程度最高的信息源。笔者认为，规定信息源是在书目著录中为每一著录项目而专门指定的信息源，既然图书的主要信息源是题名页，那么在为图书的各个著录项目指定的规定信息源中，题名页应成为首选的信息源，否则是明显违背了主要信息源的约定。

著录工作虽然关注信息源的选取，但编目工作并不是以信息源内信息的转录为最终目录。因为对大多数用户而言，并不需要了解著录信息究竟出自何处，其所需要的是根据书目提供的信息选择适合自己需要的文献。RDA 已有淡化主要信息源的趋势，比如规定并列题名可取自资源内的任何来源，责任说明只有取自非资源本身的其他信息源时才置于方括号内，将著录来源扩至资源本身，较少使用方括号。

2.4 著录级次

著录依其详简程度可分为三个级次：简要级次、基本级次和详细级次，或者称为简略著录、标准著录、详细著录。编目规则通常会对这三个级次的著录项目做具体的规定，但并不规定某些图书馆必须用哪一级次。书目著录的详简层级可以由各图书馆自行决定，各馆可视实际需要采用适当的著录级次。

《中国文献编目规则》（第二版）将所有著录项目分为两类：主要项目

和选择项目，并规定简要级次著录主要项目、基本级次著录主要项目和部分选择项目、详细级次著录主要项目和全部选择项目。并建议"国家书目和全国联合编目应采用详细级次；其他类型目录的详简级次可由编目机构自行选择"。关于基本级次的著录项目，不同的编目规则可能会有不同的规定。图书基本级次的著录项目通常涵盖正题名、第一责任说明、版本说明、附加版本说明、出版发行地、出版发行者、出版发行日期、文献数量和特定文献类型标识、丛编或分丛编正题名、标准编号。基本级次的著录还应提供必要的检索点，一般通过基本著录已经同时完成了提供检索点的任务，但在某些情况下可能需要增加检索字段。基本著录的检索点主要包括题名和著者两大类。

RDA 将著录级次按照核心元素、条件核心元素、可选择元素（非核心元素和本地核心元素）进行区分。最低的著录层次应包括适用和容易确定的所有核心元素；同时也应包括在特定情况下，需要区分相同名称或题名的一个或多个其他实体的任何附加元素。最低的著录层次也包含易于识别和确认载体表现和单件的全部元素。著录的详简级次可以由编目员或数据的创建者决定。RDA 设计了丰富的本地化选项供编目机构选择，不同的选择体现各机构编目实践或编目规则的差异。RDA 提供的本地化选项包括交替（在正文规定外提供一种替代做法）、可选附加（针对正文规定说明可补充的信息）、可选省略（针对正文规定说明可省略的信息）、例外（对特定类型资源指定不同于正文规定的做法）。❶

目前三个著录层级与 RDA 核心元素的差别：中国文献编目规则清楚地列举了三个层级的著录项目；RDA 的详简建立在元素，即实体属性和关系上，已打破原规则的概念。RDA 的核心元素属于最简层级，就最简层级而言，所著录的元素比中国文献编目规则的"简要级次"内容要来得较丰富，但就中国文献编目规则的基本级次来看，内容则有增有减。并且 RDA 核心元素建立在满足 FRBR 概念模型的用户需求上，各图书馆可以此核心元素为基调，增加认为符合用户需求的元素。此外，RDA

---

❶ 胡小菁. RDA 的国际化设计和本地化实施［J］. 大学图书馆学报，2013（1）：42-46.

还有条件核心元素（if core），即根据某种需求度而视为核心元素的情形，非常有弹性。

就整体而言，RDA核心元素的内容较目前的著录层级内容较广、较有弹性。说其较广，是因为RDA重视资源关系，强调规范控制，著录详简级次则只注重在RDA的第一部分载体表现与单件的属性上。说其较有弹性，是因为书目数据建立机构在建立书目记录时，可采取一体适用或针对特定范围的资源或其他实体，制定著录的层级与规范控制的政策。RDA赋予编目员很大的弹性，需要熟知用户需求、有判断力的编目员。

2.5 著录原则

著录必须遵循一定的原则。著录原则是针对文献著录中的共性问题制定的总则，反映了书目著录的基本原理与方法。受西方现代编目思想的影响，文献著录更注重对文献形式和内容客观性、规范性的描述，讲求书目编制的标准化和规范化。著录原则可以归纳为四点：客观著录原则、充分性原则、规范化原则、"3原则"。

2.5.1 客观著录原则

图书馆一切工作的出发点和最终目的是满足用户的信息需求，编目工作必须向方便用户检索的方向发展，客观著录原则正是这种思想的具体体现。[1] 客观著录是对文献内容和形式的客观揭示和描述，尽量准确反映在编文献的原貌。客观地著录文献信息才能客观地反映文献信息，为管理、检索、获取文献提供方便。比如著录题名与责任说明项时，CNMARC 200字段的责任说明通常按照题名页上的版式或顺序著录其次序，而不考虑其责任范围和责任

---

[1] 李丽芳，宋晶晶. 民国出版图书发行信息的CNMARC格式著录[J]. 国家图书馆学刊，2013（5）：74-77.

程度，也就是说无论信息源上的责任归属是否准确，都强调客观著录。比如伪书、子虚乌有的书，按照客观著录原则，在题名与责任说明项仍应照录，但检索点则另当别论。应将实际责任者作为主要或等同知识责任（CNMARC 701字段），而以杜撰的原作者为次要知识责任（CNMARC 702字段）。

客观著录并不是机械著录，准确著录需要适度地分析和判断，过分追求客观反而会造成不客观，编目人员应享有一定的组织空间。❶客观著录原则虽然注重所见即所得，但客观著录也强调尺度，应具有一定的灵活性，并不是一味地照录和照搬，而是在客观的同时也要进行主观的分析，才能体现客观著录的科学性，做到客观描述，准确检索。

2.5.2 充分性原则

在著录时，需要关注并根据用户的检索习惯，为在编文献提供充分的、对用户有用的描述信息，不遗漏重要信息。著录文献的数据应充分，提供足够必要的检索点，以及与之相关的文献信息。对于不利于用户理解或不明确的、容易引起误解的著录，应提供补充信息。编目员需要关注文献被最广泛利用的可能性，著录时需要记录在编文献的独特之处，但不需要记录文献中所见到的一切。充分性原则就像胡小菁老师所讲的，"充分、足够并不意味复杂、面面俱到，而是适可而止"。比如，目次信息如果对用户有用，就应该重视目次信息的著录，尽量提供目次链接。

2.5.3 规范化原则

考虑到简洁性是衡量书目数据质量的一项重要指标，国际编目界也一直倡导简化编目。❷同时还要采取一定的措施，对文献编目信息进行规范和统

---

❶ 张纳新.论中文图书客观著录原则与文献编目规则的关系[J].图书馆工作与研究，2010（1）：63-66.

❷ 傅西平，孙更新. RDA的普及难度及发展趋势：以斯坦福大学图书馆RDA测试为[J]. 情报杂志，2013（8）：132-135.

一，比如对数字、日期、计量单位、大小写、缩写、标点符号的著录，可采取规范化处理，尽量保持著录数据的一致性。所谓规范，包括对著录使用文字及符号、内容表述、检索点的选取等规定。文献编目本身就是一种规范行为，是编目员将反映到自己头脑中对客观存在的文献实体的认识，通过比较、分析、综合、抽象、概括、演绎、归纳等一系列思维过程，用简洁的编目语言将文献实体浓缩成书目数据的过程。实现文献实体与书目数据的转换、沟通，离不开编目语言。只有依据规则，才便于编目员采用一致的编目语言。

著录时，遵循必要的规范化原则，不仅能够体现著录的通用性或实践性，符合用户的认识与使用习惯，而且也不会造成因著录描述方式不一致影响计算机检索比对的结果。避免在书目著录中，经常因文字、数字、单双字节的著录差异，而造成数据查重方面的困扰。编目机构可以首选阿拉伯数字、公历日期、公制计量单位规范著录。RDA对信息尽量采取"所见即所得"的原则著录，但也适当作了灵活处理。比如版本的著录，可以照实著录，不需要一定著录缩写或转换数字形式（如从中文数字形式转换成罗马数字形式）。

2.5.4 "3原则"

"3原则"，也称为"不过三原则"，是当著录单元有三个以内数据元素时，编目机构通常全部著录，当数据元素的个数超过三个或包括三个时，通常选择第一个或最具代表性的数据元素著录。比如同一责任方式的三个以上责任者，通常著录排在首位的责任者，其他的责任者一般会被"等"掉。"3原则"与充分性原则，一定程度上是相悖的。RDA取消了"3原则"，即著录可以没有数量限制，编目机构可以全部照录，但同时也强调，如果重要信息没有丢失，也允许编目机构可选择性地省略著录。比如单一责任说明有多个责任者时，可照实著录；也可以著录第一个名称，并在方括号中给出著录信息的概要（依赖编目员的判断）。

2.6 著录标识符

著录标识符是由 ISBD 规定，为配合国际标准化和程序化而制定，便于计算机识别著录单元。其指定符号共有 15 种。从 MARC 格式看，UNIMARC/CNMARC 不著录 ISBD 的标识符，由书目系统自动设定著录标识符，在需要时可以由系统正确显示，能够简化著录与索引。MARC21 则要求在著录时由编目员人工添加子字段之间的标识符，即标识符是著录数据的一部分。无规矩不成方圆。关注标识符、标点符号是编目员的基本功。但在信息技术时代，人工著录 ISBD 标识符似乎是多余的。

理由如下：一是从经济角度而言，编目员要额外考虑标识符，会增加工作量，往往使得编目速度和效率大受影响。二是著录字段里如果含有子字段之间的标识符，会给索引抽取带来麻烦，导致数据处理和转换出现问题。比如 MARCXML 可以包括 ISBD 标识符，但是 MODS 就不允许有 ISBD 标识符。三是现在图书馆目录都采用标签方式显示，可以根据用户的需要抽取显示的子字段，如果子字段后带有标识符，会导致显示错误。

由于 MARC21 在子字段的定义上不够精确，如果取消 ISBD 著录标识符（比如去掉并列题名前的等号、其他题名信息前的冒号），可能导致某些子字段的数据含义不清。如果要取消 ISBD 标识符，还须在记录头标中加一些定义，标识是否采用"ISBD 著录标识符"的说明。相对而言，UNIMARC 及与之兼容的 CNMARC 的字段指示符确实用处不大，因为 UNIMARC 或者用不同的字段来表达不同的含义，或者干脆就不加区分（如相关题名、附加责任者等不区分是否为分析）。这就形成了 UNIMARC 的指示符基本上都用缺省值的局面。

第 3 章

题名著录

3.1 题名的定义和类型

3.1.1 题名的定义

题名是直接表达或象征、隐喻文献内容及其特征,并使其个别化的名称。题名往往能表达作品内容的主题与特性,用以区别不同的作品,是辨识作品的第一要素。它可以帮助用户了解作品的内容、体裁、用途、对象等,是检索文献的重要线索。RDA 将题名定义为资源或资源中所包含的作品命名的一个词、字符或一组词和(或)字符。这里的资源是指 FRBR 的第一组实体:作品、内容表达、载体表现、单件。作品和内容表达是两个抽象的实体,载体表现和单件是抽象实体的具体化。文献编目的对象主要是基于载体表现层实体。

题名作为文献最显著的形式特征,是最重要的著录单元之一。图书出版形式的复杂性和多样性往往会给题名的选取和著录增加难度。编目员经常需要结合图书的内容结构特征,以及具体的排版印刷形式进行分析判断,理清题名之间的层次关系,才能做到在不违背著录规则的情况下,准确客观地揭示图书,将复杂的题名信息反映到机读目录的每一个具体字段和子字段中,为用户提供多方位的题名检索。题名的选取和著录直接影响书目数据的质量和编目共享。题名著录的规范程度也直接影响图书的查全率和查准率。只有为用户提供标准化和规范化的题名检索点，才能有效提高书目检索效率，并为书目共享奠定良好的基础。因此，题名需要从多个维度进行类型划分。

3.1.2 题名的类型

从实体层面划分，题名可包括：单个作品题名、汇编作品题名、作品的著称题名、参考资源中所列的作品题名；单个内容表达的著称题名、参考资源中所列的内容表达的题名；作品的原始载体表现的题名、载体表现所呈现的不同题名等。在这些题名类型中，用户高度关注的是作品题名，而编目员较多关注的则是载体表现的题名。

从规则层面划分，题名可涵盖：正题名、并列题名、其他题名、丛编题名、统一题名等多个类型。在这些题名类型中，除统一题名外，多数属于客观描述的题名。正题名一般按照规定信息源上所载的题名形式著录。当规定信息源上有同一种语言或文字的两个或多个不同题名时，没有被选为正题名的题名，通常被称为其他题名。统一题名则是由编目机构根据一定的规则和原则所确定的代表一部作品的特定题名，它并不一定与在编文献资源上出现的题名形式一致。与统一题名不相同的其他题名统称为变异题名。

从题名出现的位置维度划分，可包括：题名页题名、版权页题名、封面题名、封底题名、卷端题名、逐页题名、书脊题名等。

从语种层面划分，可包括：中文题名、外文题名、原文题名、并列题名。

从题名关系的维度，即从题名间的交替关系、从属关系、合订关系、并列关系，可分为：交替题名、从属题名、合订题名、并列题名。

在编目规则中，题名信息主要记录在题名与责任说明项以及相关题名项。对于图书而言，相关题名指除正题名、统一题名、丛编题名以外，出现在图书的不同位置或与在编图书相关的各种不同的题名形式。相关题名是正题名的补充检索点，在一般情况下多具有检索意义。当题名在图书各处有重要差异或另有别名，依题名页著录正题名，将其他题名在附注项说明，并提供相关题名检索点。

在 CNMARC 格式中，题名信息主要记录在 200 字段和 5××字段，其中 200 字段是整个图书著录中最重要和必备的字段。在 MARC21 格式中，题名信息则主要记录在 245、246、130、240 字段。图书题名著录常用的 CNMARC 字段、子字段如表 2 所示。

表 2　图书题名著录常用的 CNMARC 字段、子字段

字段标识	字段名称	子字段	备注
200	题名与责任说明	$a $b $c $d $e $h $i $f $g $z $9	
225	丛编项	$a $d $e $h $i $v $f	
500	统一题名	$a $h $i $m $n $j $9	规范化著录
510	并列题名	$a $e $h $i $z $9	规范化著录
512	封面题名	$a $e $9	
513	附加题名页题名	$a $e $h $i $9	
514	卷端题名	$a $e $9	
515	逐页题名	$a $9	
516	书脊题名	$a $e $9	
517	其他题名	$a $e $9	
518	现代标准书写题名	$a $9	
540	编目员补充的附加题名	$a $e $h $i $9	
541	编目员补充的翻译题名	$a $e $h $i $z $9	

3.2　正题名的选取和著录

正题名是资源的主要名称，即引用该资源时通常采用的题名。正题名也是在题名与责任说明项的规定信息源上出现的题名形式。由于正题名是用户检索文献的一条最常用途径，是识别和确认文献的最主要依据，它的选取直接关系到著录的正确与否以及提供给用户检索点形式的正确与否，因此如何选取正题名就显得至关重要。

在实际编目工作中，编目员常因图书题名页编排不规范、题名含糊不清等，难以判断确定某些题名是属于正题名的一部分还是其他说明性的题名。

尤其是现在图书形式多样，出版界没有严格、统一规范，一些图书信息源过于花哨，广告语言大行其道，或正题名被弱化，令人分不清主次；或副标题被强化，而正题名却被隐藏在题名页、封面的某个角落，这样就更加大了正题名选取的难度。

虽然我们强调著录的客观性，但有时还是需要编目员进行分析，搞清著者出书的真正意图，把出版物最真实、最确切、最直观的检索点的形式揭示给读者。[1]一般而言，正题名的选取应着重考虑以下四个因素：①题名的层次关系与图书内容结构关系；②图书的写作意图及使用对象；③用户的检索习惯；④题名的排列顺序、字体大小等。有时候，版式是编目员做出判断的重要依据。同时，正题名的选取还应注重语义的逻辑关系和语言的流畅性，使题名选取更适合用户的语言环境。下面笔者将重点从交替题名、合订题名、从属题名、正题名中标点符号或年代的处理、正题名与副题名的著录差异、正题名与丛编题名的著录差异等方面，详述正题名如何选取和著录。

3.2.1　交替题名

交替题名属于正题名的范畴，是指正题名中用"或""即""一名""又名""原名"等词连接之后的部分。连接词前后两部分题名指向的是同一著作。如果是规定信息源中出现的由两部分组成的题名（其中每一部分都可以单独作为正题名），并用"或"等连接词连接，即作为交替题名处理。但出现在图书的前言、后记或参考信息源等非规定信息源上的"一名""又名"等，则不作为交替题名处理。由于交替题名两部分题名之间存在不便于检索的连接词和逗号，为了准确检索，通常会使用517字段著录交替题名。

例1：《我们，又名，反乌托邦与自由》

2000#$a我们，又名，反乌托邦与自由$f（俄）尤金·扎米亚金著

$g王莒光译

---

[1] 万爱雯. 书目数据中题名与责任者著录问题的分析与思考[J]. 图书馆建设，2006（3）：70-72.

5171#$a 我们

5171#$a 反乌托邦与自由

例2:《科学与哲学,一名,从我的观点批评科玄论战》

2000#$a 科学与哲学,一名,从我的观点批评科玄论战$f张东荪著

5171#$a 科学与哲学

5171#$a 从我的观点批评科玄论战

3.2.2 合订题名

合订题名是无总题名的一种,指由两部或两部以上著作合订出版,在题名页上出现的各自著作的题名而无总的题名。合订题名可以由同一责任者的不同著作合订,也可以由不同责任者的不同著作合订。由两部或两部以上著作组成的无总题名图书,按规定信息源所题顺序依次著录。题名超过三个只著录前三个,未予著录的其他题名和责任者在附注项说明。由于目前多数编目系统只将 CNMARC 格式中 200 字段的第一个$a 子字段设置为索引点,所以同一责任者的其他合订题名通常需要重复著录在 517 字段。或者使用连接字段 423 字段揭示合订关系。

例1: 同一责任者的两部著作合订:《神话修辞术》《批评与真实》

2001#$a 神话修辞术

$d Mythologies critique et verite

$a 批评与真实

$d Critique et verite

$f(法)罗兰·巴特(Roland Barthes)著$g屠友祥,温晋仪译

$zfre

例2: 同一责任者的三部著作合订:《罗密欧与朱丽叶》《麦克白》《李尔王》

2001#$a 罗密欧与朱丽叶

$a 麦克白

$a 李尔王

$f(英)莎士比亚著$g朱生豪译

例3：不同责任者的两部著作合订：《陈济棠自传稿》《东北军事史略》
2001#$a 陈济棠自传稿
　　　$f 陈济棠著
　　　$c 东北军事史略
　　　$f 王铁汉著

例4：三部以上著作合订
2001#$a 莫愁湖志
　　　$f（清）马士图撰
　　　$c 莫愁湖志
　　　$f（清）醉吟馆主人续纂
　　　$c 添修莫愁湖志
　　　$f（清）三山二水吟客续纂
304##$a 合订本还有：莫愁湖志/（清）甘勳撰、浦口汤泉小志/龚心铭撰

3.2.3　从属题名

从属题名是指本身不足以标识一种文献，需要与共同题名一起才能识别该文献的分辑题名、分辑标识等的统称。正题名中经常涉及的从属题名包括分辑题名和分辑标识，这时正题名是由共同题名和从属题名组成的。分辑题名和分辑标识常见于多卷书的题名著录中。多卷书是指同一著作分成若干卷（册）出版的图书，可以分卷、册、辑逐次或一次性出版。其基本特点是内容围绕一个中心主题，具有一个总题名（也称为共同题名）。各分卷之间联系紧密，构成一个有机整体，有时会存在分卷题名，总题名与分卷题名在逻辑上通常存在从属关系或分辑关系。当从属题名中含有数字时，常常会混淆分辑标识与分辑题名的著录。区分的标准是，突出内容层次概念的词或短语一般视为分辑题名，而题名中强调物理编次的序数词、数字或有序数概念的词，通常视为分辑标识。

例1：人民出版社 2004 年出版的 6 册《世界通史》
　　　010##$a7-01-004194-6$dCNY180.00（全 6 册）

2001#$a 世界通史$i 古代卷$f 崔连仲主编

2001#$a 世界通史$i 中世纪卷$f 刘明翰主编

2001#$a 世界通史$i 近代卷$f 刘祚昌[等]主编

（说明：近代卷共 2 册，主编共 4 人：刘祚昌、光仁洪、韩承文、艾周昌）

2001#$a 世界通史$i 现代卷$f 徐天新，许平，王红生主编

2001#$a 世界通史$i 当代卷$f 徐天新，梁志明主编

例2：人民文学出版社 2002 年版、2014 年印的 12 册《雨果文集》

010##$a978-7-02-010015-6$dCNY680.00（全 12 册）

2001#$a 雨果文集$h1$i 小说$i 巴黎圣母院$f 陈敬容译

2001#$a 雨果文集$h2—4$i 小说$i 悲惨世界$f 李丹，方于译

2001#$a 雨果文集$h5$i 小说$i 海上劳工$f 陈筱卿译

2001#$a 雨果文集$h6$i 小说$i 笑面人$f 郑永慧译

2001#$a 雨果文集$h7$i 小说$i 九三年$f 郑永慧译

2001#$a 雨果文集$h8—9$i 诗歌$f 程曾厚译

2001#$a 雨果文集$h10$i 戏剧$f 许渊冲译

2001#$a 雨果文集$h11$i 散文$f 程曾厚译

2001#$a 雨果文集$h12$i 绘画$f 程曾厚选编

例3：宗教文化出版社 2015 年版的 3 册《长部经典》

010##$a978-7-5188-0061-2$dCNY35.00

2001#$a 长部经典$h 一$i 戒蕴篇$f 光泉主编$g 慧音，慧观翻译

010##$a978-7-5188-0168-8$dCNY35.00

2001#$a 长部经典$h 二$i 摩诃篇$f 光泉主编$g 慧音，慧观翻译

010##$a978-7-5188-0279-1$dCNY35.00

2001#$a 长部经典$h 三$i 行道篇$f 光泉主编$g 慧音，慧观翻译

3.2.4　正题名中标点符号、年代的处理

题名中含有标点符号（包括空格）是一种常见现象。ISBD 规定，正题名严格按照规定信息源上的措辞转录，正题名所含的标点符号一般应依原书

照录，但是未必完全按照规定信息源上的标点符号，可酌情修改。对题名中标点符号的处理，经常因不同的编目规则或编目员存在不同理解而造成题名著录不一致的现象。不同的观点不仅直接体现在现实编目实践中，而且都可以从现行编目规则中找到如此处理的依据。在一般情况下，对于有语法关系的标点符号、空格应照录。与正题名有修饰关系的或者题名间是不可分割的、若断开会造成题名表达的不完整，就应将标点作为正题名的一部分来处理，保证其著录的完整性。正题名若有方括号应著录为圆括号，以免与指定的标点符号混淆。

若题名中有些标点符号可能是表示题名的从属、限定、补充关系，比如，破折号、冒号、圆括号等。此时标点通常不照录，而是根据其在题名中所起的具体作用，将其前后的题名内容著录在相应的子字段即可。如题名中破折号、冒号或圆括号前后的内容是表示限定、解释或补充关系，前者脱离后者可以独立表明意义，则后者可视为"其他题名信息"；如题名中破折号、冒号、圆括号前后的内容是表示同位关系，或后者是前者不可分割的一部分，则前后内容只能视为一个整体应客观照录；如破折号、冒号、圆括号前后内容为总分关系时，可按照多卷书的题名进行处理。

例1：2001#$a 中国，我的第二故乡

　　　2001#$a 佛教、基督宗教、少数民族宗教音乐

　　　2001#$a 财政·金融·税收简明教程

　　　2001#$a 《本草纲目》家用中药图谱

　　　2001#$a "中国近代"佛教史学名家评述

　　　2001#$a 十万个为什么？

　　　2001#$a 大学物理（第二版）习题分析与解答

　　　2001#$a 欧洲旅行 Let's GO

例2：智胜营销——让更多人买走你的产品

　　　2001#$a 智胜营销$e 让更多人买走你的产品

例3：地方的近代史：州县士庶的思想与生活

　　　2001#$a 地方的近代史$e 州县士庶的思想与生活

例4：生命信徒——徐志摩

2001#$a 生命信徒——徐志摩

例5：十四年：从1931到1945

2001#$a 十四年：从1931到1945

（说明：该例的冒号很难判定是属于解释说明，还是同位关系，不同的编目人员可能会有不同的理解。）

例6：中国近代史讲座（1840—1949）——从鸦片战争到中华人民共和国建立

2001#$a 中国近代史讲座$e1840—1949$e从鸦片战争到中华人民共和国建立

例7：运河名城——扬州　运河名城——杭州　运河名城——宿州　运河名城——临清　运河名城——济宁　运河名城——枣庄

2001#$a 运河名城$i扬州　2001#$a 运河名城$i杭州

2001#$a 运河名城$i宿州　2001#$a 运河名城$i临清

2001#$a 运河名城$i济宁　2001#$a 运河名城$i枣庄

另外，对于题名中标点符号是选用单字节还是双字节，各图书馆做法不一，经常会因此对数据查重和读者检索造成一定影响。习惯做法是汉字间的标点符号使用双字节，英文间的标点符号、字母与数字间的标点符号使用单字节。正题名中若包含年代等数字信息，首先要判断是否为连续出版物。若为连续出版物，且采用的是集中著录方式，则应排除年代等数字信息；若采用的是分散著录方式，年代等数字信息通常作为分卷标识著录；若无法判断，则客观照录。有时出于方便排检和集中文献的目的，会对冠有年代的题名作一些人为的规范化处理，这时正题名可以照实著录，经编目员规范化处理后去掉年代的题名，通常著录在540编目员补充的附加题名字段。

3.2.5　正题名与副题名的著录差异

图书的题名经常会以主题名和副题名的形式出现。副题名是对主题名的限定、辅助说明和补充，通常是为了提供尽可能多的信息，又使主题名尽可能地简洁、醒目，主副题名相结合也会增强表达效果。副题名一般是在主题名之后或下一行用破折号或者冒号引出。当图书的主副题名能够区分清楚时，主题名通常作为正题名著录在 CNMARC 200$a 子字段，副题名作为其他题名著录在 200$e 子字段或 517 字段。

有时因图书题名文字编排印刷的不规范，造成文献的主副题名不易辨别区分，编目人员难以准确判断哪部分属于正题名，哪部分属于说明性质的副题名。这时往往需要根据图书的内容，并结合规定信息源上的字体和字型的排列来确定，而不能仅局限于从题名中的标点符号或文字的排列次序去作判断。但正题名通常不会直接选取"主题名——副题名""主题名：副题名"这样的双重题名形式。一方面是副题名全部作为正题名的一部分著录，本身就不太恰当，而且这样的著录格式也不符合 MARC 的规定。另一方面是正题名数据内容不宜过长，尽量避免标点符号，否则容易引起题名索引混乱。

需要强调的是，副题名的主要作用是当正题名含意不够清楚时，以副题名来解释正题名。若语意清楚，则可以忽视像广告词般的冗长副题名。编目员要学会甄别用于副题名的语言文字和广告性语言文字的差别。出于经济利益的考虑，个别出版商常在图书的题名页或其他位置附上一些吸引读者眼球的广告性文字，由于这些广告语也常概括了图书的中心内容，因此编目员经常将其认定为副题名。我们在面对这种容易混淆的说明性文字时，一定不要因为在题名页出现就一味地认定为副题名，而是要综合封面、版权页，甚至前言、后记等可查信息源，进行分析再加以处理。对于只是出版商用于推介书籍的一种广告性说明文字，在著录时不按照副题名处理，若有必要，可著录于附注字段。

另外，即使编目系统已可支持 200$e 副题名独立检索查询，副题名仍须著录于 517$a，以支持副题名检索。这种情况等同于并列题名著录于 200$d，仍要著录在 510$a 一样。因两者在检索的呈现上属于不同的位置，所以不可省略 517 字段有意义的副题名。当副题名为针对正题名所作的限定或进一步的补充，如表明文献的内容性质、资料年代、研究方法、研究范围等，这样的副题名一般不视为其他题名著录于 517 字段。

例 1：2001#$a 编目：核心能力与挑战
　　　　　　$e 第四届全国文献编目工作研讨会论文集
　　　　　　$f 国家图书馆中文采编部编

5171#$a 第四届全国文献编目工作研讨会论文集

例2：2001#$a 合作的财富

$d The penguin and the leviathan

$f（美）尤查·本科勒（Yochai Benkler）著$g 简学译

$zeng

312##$a 封面副题名：获取合作红利的7个关键要素

5101#$a Penguin and the leviathan$zeng

5171#$a 获取合作红利的7个关键要素

（说明：出现在非主要信息源上的副题名不著录在题名与责任说明项，在附注项说明。）

例3：2001#$a 留守儿童教育管理问题研究

$e 基于陕西省的调研

$f 杨帆著

（说明："基于陕西省的调研"作为研究范围限定，不作为其他题名著录在517字段。）

3.2.6 正题名与丛编题名的著录差异

当一部专著分若干卷、册出版时，通常会有一个共同的总题名，有时各分卷也会有各自的题名。当多卷书的各分卷题名都具有独立检索意义时，通常是将分卷题名著录为正题名，总题名作为丛书题名处理。但编目员的认知差异导致分卷题名的独立性判断存在差别，因此也导致正题名著录的差异。在实践操作中，由于多卷书与丛书都有总的题名，有时直接从概念角度区分两者有难度。在这种情况下，可以同时参考出版情况，结合题名的字体大小、排列方式、在主要信息源上所处的位置等考虑，确定按照多卷书还是丛书处理。有的编目机构明确规定，当多卷书有共同题名与分卷题名，而且均有独立检索意义时，如果分卷题名在题名页版式上明显突出，则将分卷题名作为正题名，而共同题名作为丛编题名处理；如果共同题名和分卷题名在版式上字体大小相差无几，可以由共同题名和分卷题名共同组成正题名。

但有一种观点认为，多卷书与丛书的概念不一样。多卷书只是想把作者要写的内容分开出版，各分卷在本质上共同构成一"种"图书。多卷书强调一个整体的概念，在一个题名下分卷出版。丛书则是强调由多种单独著作汇集而成的一套图书。如果从概念上能够判断为多卷书，不管分卷题名是否能够独立，都不应该按照丛书处理。因此，多卷书在采用分散著录时，正题名应统一由共同题名和分卷题名组成。国际上美国国会图书馆和日本国会图书馆都采用类似做法。比如，多卷书《詹姆逊文集 第1卷 新马克思主义》《詹姆逊文集 第2卷 批评理论和叙事阐释》《詹姆逊文集 第3卷 文化研究和政治意识》《詹姆逊文集 第4卷 现代性、后现代性和全球化》《詹姆逊文集 第5卷 论现代主义文学》等14卷，这个示例中的分卷题名从字面判断虽然都具有独立检索意义，但实质上各分卷之间存在不可分割的内在联系，正题名选取共同题名+分卷题名组合的方式可能更加符合著者写作出版意图，也可以更好地将一套书进行集中排列。

3.3　并列题名的选取和著录

并列题名是指不同语言或文字的正题名。但同一种语言用两种不同符号表达的题名（如汉字与汉语拼音并列的题名），一般不作为并列题名处理。著录并列题名，主要作用有二：一是增加检索点，二是指引文献采用语言的种类。在CNMARC中，并列题名既在200$d描述，也在510字段描述。国内编目规则规定，并列题名的信息源与正题名一致，主要取自题名页或代题名页。当信息源有多个语种的题名时，选取哪个语种的题名作为正题名，哪个语种题名作为并列题名，这是在编目时需要确定的。选取的方式主要归纳为两种：一种是当正题名的信息源有一种以上语言文字时，选择文献资源主要内容的语言文字的题名为正题名，其他语言文字的题名作为并列题名；另外一种是选择首先出现或在版式和设计上最突出的题名作为正题名，其他语言文字的题名作为并列题名。通常第一种选取方式优先于第二种。

当选取并列题名时，应在意义上和200字段的中文题名一致，并列的分辑题名著录于$i子字段，并列的分辑标识著录于$h子字段，并列的其他题名信息著录于$e子字段。常见的英文、法文、德文、西班牙文等拉丁语系，大小写和标点符号要遵循其各国语言文字书写规则。并列题名首词首字母、专有名词（如人名、地名、团体名等）首字母以及专用缩写均大写，德文所有名词首字母大写。著录510字段时，通常去掉首冠词，首冠词一般不作为索引排序。非规定信息源上出现的并列题名在312字段说明，有检索意义的著录在510字段。

例1：2001#$a曹寅与康熙

$e一个皇帝宠臣的生涯揭秘

$dTs'ao Yin and the K'ang-hsi emperor

$ebondservant and master

$f（美）史景迁著$g温洽溢译

$zeng

5101#$aTs'ao Yin and the K'ang-hsi emperor

$ebondservant and master$zeng

（说明：用于限定、补充、解释正题名或并列题名等文字，一般按规定信息源所题顺序著录在与其相关的正题名或并列题名之后。）

例2：2001#$a德国浪漫派的艺术批评概念

$dDer Begriff der Kunstkritik in der deutschen Romantik

$f（德）瓦尔特·本雅明著$g王炳钧，杨劲译

$zger

5101#$aBegriff der Kunstkritik in der deutschen Romantik$zger

（说明：注意德文并列题名的大小写书写规则。）

例3：2001#$a月亮和六便士

$dThe moon and six pence

$f（英）毛姆著$g詹森译

$zeng

5101#$aMoon and six pence$zeng

（说明：510字段首冠词省略著录。）

例 4： 2001#$a 体育运动英语急用句$f 浩瀚主编

312##$a 封面英文题名：Instant service English for sports

5101#$aInstant service English for sports$zeng

（说明：当并列题名出现在非主要信息源上时，目前规定不著录在 200$d 子字段。）

例 5： 2001#$a 欧也妮·葛朗台

$dEugenie Grandet

$a 高老头

$dLe Pere Goriot

$f（法）巴尔扎克著$g 周宗武译

$zfre

5101#$a Eugenie Grandet$zfre

5101#$aPere Goriot $zfre

（说明：合订书的并列题名依次著录在相应的正题名之后。）

例 6： 2001#$a 医学文饰基础教程

$dMedical permanent make-up basic course

$f 辛映继主编

$zeng

312##$a 封面英文题名：Basic course on medical permanent make-up

5101#$aMedical permanent make-up basic course$zeng

5101#$aBasic course on medical permanent make-up$zeng

（说明：题名页与封面上的并列题名有差异，客观描述并都给出检索点。）

需要强调的是，国际上 ISBD、RDA 对并列题名信息源的认定发生了变化。并列题名的信息源除题名页或代题名页之外，可以扩大到整个文献资源本身。另关于题名的大小写问题，若使用的编目规则为 RDA，则有两种著录方式供编目机构选择：①著录来源所呈现的题名，照录文字的大小写，即可选择直接照样著录在编文献上所呈现的大小写（take what you see）；②依 RDA 附录 A 的说明著录大小写，在题名的大小写著录原则以及专属于德文文法的大小写著录说明上，与目前做法大致相同。

3.4 统一题名的选取和著录

3.4.1 统一题名的作用

编目工作以服务用户为最终目的，因此用户在书目检索时的需求必须纳入考虑。一般而言，编目员将在编文献的信息源所载的各种题名形式进行客观充分的描述时，是可以满足用户对于该文献的检索需求的。但是，当该文献所代表的作品具有多个题名形式，而这些多个题名形式分布在代表这一作品的不同载体表现上时，如果依然只是描述在编文献上出现的题名形式，而不对这些代表同一作品的题名检索点作统一的规范化处理，将会导致用户的两大检索需求无法满足：一是难以识别以不同题名形式出现的同一作品；二是通过题名检索难以汇集同一作品的所有书目。尤其随着出版中同作异名、同名异译的现象越来越普遍，揭示同一作品的不同题名形式之间的关系，提供完备、准确的题名检索点，已成为目录不可或缺的功能之一。另外，正题名对以载体表现为著录对象的书目记录而言是不受控的。当同一作品常因版本或译本不同而有不同题名时，编目人员可以依据编目规则建立一个统一题名，有利于将所有版本集中，方便利用。

统一题名是为代表同一作品的一组文献选择一个特定的题名，为了在目录中识别某一种著作而在编目时选定的特定题名，具有区别不同著作或集中同一著作不同版本的作用。统一题名是受控的题名，也是标准的识别题名，并且是其他变异题名的"见"参照所指向的题名形式。统一题名可以通过附加作品发表日期、形式副标目和类似的其他方法来限定，使之具有唯一性。

实现统一题名作用的途径是编制题名规范数据，即为代表同一作品的一组文献选择一个统一题名，将用户在检索时可能采用的题名形式予以整理记录，形成题名规范文档。题名规范文档可以将同一作品的不同版本或译本的题名形式在目录中集中起来，使用户以题名的任何受控形式，都能从目录中检索到书目资源，准确检索到属于同一作品的一组文献资源。编制题名规范数据不仅可以有效提高书目检索的查全率和查准率，为用户检索提供方便，还可以识别具有相同题名的不同作品，为实现 FRBR 化的书目聚合打下良好的基础。

3.4.2 统一题名的应用范围

实施题名规范的首要问题是明确什么类型的作品应该使用统一题名。就统一题名的缘起而言，无可争议的是应该为具有多个题名形式的作品著录统一题名。具有多个题名形式的作品通常会指向那些具有较高知名度和较多版本数量的作品。因为只有当作品的不同版本和译本较多时，才会有不同的题名形式。但一部作品是否具有体现在不同载体表现上的多个题名形式，往往需要时间积累才能做出判断。而经典作品因为其流传的时间久远、范围较广，所以其不同题名形式容易为人知晓。因此，国际上大多数图书馆都会优先选择对经典作品编制题名规范数据。经典作品主要涵盖两大部分：一是古典作品，二是在国际上具有较高影响力的作品。但对于只在本国具有较高影响力的当代作品，各国掌握的原则不一。以美国国会图书馆为例，书目记录中可以采用统一题名字段，但并不对所有的统一题名同时编制题名规范数据，规范数据的制作往往滞后于书目数据。另外，对于翻译作品、汇编作品、丛编是否有必要编制题名规范数据，在什么范围内实施题名规范控制尚无定论，各国掌握的原则也不统一。鉴于各国在题名规范数据编制范围及其确立原则方面尚无定论，所以需要我国编目机构对此进行探讨并确立相应的范围与原则。

经过实践总结，选取实施题名规范的作品主要有三个维度的标准：一是作品的知名度，因为知名度愈高，用户查询的概率愈大；二是作品的版本数量，若同一作品不同题名数量较多，以统一题名作为检索款目的相对性高；三是作品集所指代作品的明确性。其中，前两个维度是针对所有作品的一般性选取标准，而最后一个维度是针对非单个作品。在三个维度中，作品知名度是最为重要和必要的标准，但"知名度"的判断也会因人而异，不如版本数量这个标准客观。但仅有版本数量，而缺乏知名度的作品，往往也不需要实施题名规范，如一般的教材教辅。因此，可以同时结合知名度和版本数量这两个维度，确定制作题名规范数据的作品范围：①在国际上具有较高影响力及被翻译成其他语言或文字的中国作品，如《论语》《老子》《红楼梦》《红高粱》等；②具有多个题名形式或多个版本的中国作品，包括中国古典名著、现当代具有较高影响力的作品，如《史记》《增广贤文》《牡丹亭》《平凡的世界》等；③源于古代或民间流传的中外经典无名氏作品，如《诗经》《尔雅》《天方夜谭》等；④具有多个中译名形式或在国内有较高影响力的外国翻译作品，如《飘》《小王子》《国富论》《邓小平时代》等。

对于非单个作品，如汇编作品、丛编等，在前两个标准的基础上引入其指代作品的明确性这一新的标准，其具体内涵是指作品集中所指代的作品能够明确清晰地识别。下面通过作品汇编和丛编进行具体说明。

所谓汇编作品是将不同的作品汇集在一起出版，可以有总题名，也可以无总题名。为了将个人或团体的同类作品集中在一起的汇编作品，通常会提供一个惯用的总题名。这类汇编作品又分为两类：一类是汇编构成无明确指代性的，如《马克思恩克斯全集》《莫泊桑小说集》《安徒生童话精选》；另一类是具有唯一指代性的，如罗曼·罗兰的《名人传》由《贝多芬传》《米开朗琪罗传》《托尔斯泰传》这三部固定作品汇编而成。笔者建议只针对具有明确构成的知名汇编作品实施题名规范，并将汇编作品与其构成部分的作品进行关联，从而实现对知名汇编作品的全面反映与充分揭示。而对于无清晰构成或唯一指代性的汇编作品，建议不制作题名规范数据，否则在后续书目数据挂接环节会产生许多不必要的困扰。在汇编作品中还有一种叫合订作品，它是指汇编作品无总题名但其各个组成部分的作品都有独立的、完整的题名时的作品集，如《童年·在人间·我的大学》《长生殿·桃花扇》《繁星·春水》等。对于合订作品，目前达成共识的做法是只针对合订作品中知名的单个作品编制题名规范，但合订作品的书目如何与题名规范数据进行挂接，还有待探讨。

对用户具有一定指引作用的丛编题名，笔者认为由于丛编出版的连续性、历经的出版社数量、主要责任者、关联的作品等方面均具有不确定性，从而导致其指代的作品具有模糊、不够明确的特征，所以对于丛编不宜实施题名规范。

3.4.3 统一题名的选取原则

统一题名的选取需要遵循一定的原则。当择定统一题名时，以最著称者优先选用，原则上最著称的题名应最常被使用；若无法确认，编目机构可择定一种参考工具作为查核依据，选定其中最常使用的题名；若都无法决定作品最著称或最常使用的题名，一般选用原题名作为统一题名。

对于本国作品，国内外基本都遵循著称原则，即从一组题名中选取一个最为人熟知的本土语言形式的题名作为统一题名。当一部作品被翻译成许多其他语种出版时，该作品采用何种形式作为统一题名则存在较大国别差异。对于翻译作品，美国、法国、德国、西班牙、爱尔兰等国家一般是尽量采用原题名形式作为统一题名，对于原文为俄文、日文、韩文等语种形式的作品，则采用英文或罗马化的题名形式作为统一题名。原文为中文的采用汉语拼音形式作为统一题名。而以中国和日本为代表的国家，无论翻译作品的原文是何语种，都是从基于本国语言形式的翻译题名中选取一个惯用的题名形式作为统一题名，原题名或转录的中间语种的题名作为变异题名予以记录。

关于翻译作品统一题名的选取，在我国也一直尚存争议，主要存在两种观点。一是坚持用户便利性原则。这类观点认为无论是本国作品还是外国翻译作品，都应当选择本国用户最为熟知的题名形式作为统一题名，中文翻译题名比原文题名更为人们所熟悉，所以中文目录中的统一题名应该是中文形式。二是坚持统一性原则。这类观点认为翻译作品的原文题名形式相对于中译名形式更具有统一性，还可以避免在不同译名之间做选择的困扰。但在实践过程中，由于我国文献信息源上原题名信息不完善，常常缺少原题名，编目人员很难从中文文献资源中为外国作品选取到体现原文语言的最常见的题名，所以将原题名作为翻译作品的统一题名的难度大幅提高。因此，我国编目规则规定尽量选取一个惯用的中译名形式作为翻译作品的统一题名。

如采用这一原则，则对不同语种数据库书目进行汇集存在困难。我国编目实践对于同一作品在不同语种的数据库中采用不同语言形式的统一题名，比如一部原著为英文的作品，在中文数据库中采用中文形式的统一题名，在外文数据库中则会使用英文原名作为统一题名；对于被翻译成其他语言形式的中国本土作品，在中文数据库中采用中文简体汉字形式作为统一题名，但在外文数据库中，则会采用原文题名的汉语拼音形式作为统一题名。各语种题名规范分别位于独立的数据库，为汇集同一作品不同语种的书目记录增加了难度，也为下一步的书目数据与规范数据的挂接设置了障碍。

  按照《中国文献编目规则》（第二版）的解释，统一题名是指：用于汇集不同题名的同一著作的特定题名；用于区分相同题名的不同著作的特定题名；用于排列一个个人或团体的多种著作所采用的通用总题名。而目前统一题名的规范工作只是停留在用于汇集不同题名的同一著作的特定题名上，对于统一题名的其他两个层次的规范形式还是一片空白，比如，年鉴等连续出版物的统一题名规范形式。这也是今后统一题名规范应着重解决的问题。

第 4 章

责任说明著录

4.1 责任说明的内涵及构成

责任说明是识别载体表现和单件非常重要的属性。责任说明包括责任者名称和各种责任方式,也分为第一责任说明和其他责任说明。责任说明可能与题名、版本说明、丛编题名结合在一起。ISBD 规定,责任说明是有则必备。RDA 规定,与正题名相关的责任说明是核心元素,如果在信息源上出现多个与正题名相关的责任说明,仅第一个所记录的说明是必需的。

4.1.1 责任者

题名与责任者的著录是编目工作中不可缺少的一个重要步骤。除题名之外,责任者作为用户查找和利用文献最基本、最常用的途径之一,是另一个比较重要的著录单元和检索点,是用户识别和选定文献的重要依据。责任者是对文献内容进行创造、整理、加工负有直接责任的个人或团体。本章所涉及的责任者,特指对图书的知识内容或艺术内容的创作或实现负有责任或作出贡献的个人或团体。责任者主要分为创作者和贡献者两大类型。创作者和贡献者分别是与作品、内容表达相关的个人或团体,具体包括作者、著者、编著者、译者、改写者等。而对图书印刷制作负责的个人或团体，包括责任编辑、封面设计、装帧设计，以及作为文献研究对象的个人或者团体等，不归属于著作责任者的范围，则不在本章论述的范围。

此外，需要说明的是责任者与著者之间的关系。在传统的图书馆目录中，"著者"这一术语，具有双重意义。著者最初的含义仅局限于个人创作者，后来逐渐扩大外延，衍变为现代概念的"责任者"。在当今西方目录中，著者的内涵通常还定位于创作者，因为其目录传统里有"主要款目"的概念，即坚持著者原则（author's principle），识别著者或主次责任者是其编目过程中的一个重要步骤。我国中文编目不使用"主要款目"，所以目录中所言的责任者是指广义上的著者，包括使用各种责任方式的个人和团体。

4.1.1.1 创作者

创作者是指对作品的创作负有责任的个人或团体。对作品的创作共同负有责任的个人或团体可承担相同的责任方式（如两个作者之间的合作），也可承担不同的责任方式（如一个作曲者和一个作词者之间的合作）。如果对汇编作品的选取、布局、编辑等实际上创作了一部新作品，则对作品集合汇编负有责任的个人或团体可视为创作者。以实质上改变了原件的形式或内容的方式修改已有作品，对此负有责任的个人或团体可视为新作品的创作者。

《中华人民共和国著作权法实施条例》明确规定：创作是指直接产生文学、艺术和科学作品的智力活动。为他人创作进行组织工作，提供咨询意见、物质条件，或者进行其他辅助活动，均不视为创作。对于图书而言，在成书过程中进行创造性劳动的创作者，主要涵盖作者、绘者（绘画作品）、书写者（书法作品）、摄影者（摄影作品）、作曲者（音乐作品）等类型。

4.1.1.2 贡献者

贡献者是指通过内容表达对作品的实现作出贡献的个人或团体。贡献者是责任次于创作者的责任者，包括编者、译者、注者、释者、插图者、改编者、改写者、表演者等。为一部作品添加了评注、附录、插图等的内容表达，那么评注与附录的作者、插图者等均可视为贡献者。贡献者发挥的作用有大有小，在著录时，对于起较次要作用或作用不显著的贡献者，一般可省略。

4.1.2 责任方式

责任方式，也称为著作方式，是指作者对其著作所负有的责任形式。责任方式是一种关系说明，主要揭示责任者与文献内容的具体关系，是用户检索、识别特定文献不可或缺的线索之一。著录责任方式的作用之一是区别著作责任。责任者的责任有大小、主次之分，责任者以不用的责任方式对文献的知识或内容承担责任。不同的责任方式决定了责任者对著作内容的贡献大小。责任的主次大多数时候可由责任方式本身直接决定。比如责任方式"著"一定是主要责任，"编"则通常是次要责任。如果责任说明只有责任者名称，没有责任方式，我们就很难分清著作责任，搞不清责任者与文献内容的关系。

图书的责任方式多种多样、类型复杂，不同的著作类型有不同的责任方式，同一著作类型往往也有多种责任方式。图书常用的责任方式包括著、编著、主编、编、编写、编纂、译、编译、注释、改编、改写、汇编、书、绘、插图、摄影、校、整理、口述、起草等。

RDA 比较强调著录的一个重要内容，即关系说明。关系说明既包括责任者与在编文献的关系，也可能包括与相关文献之间的关系，通过关系说明，既可以把同一知识内容的不同文献及表现形式、也能把相关知识内容联系起来，这对于用户来说是非常有益的。责任方式就是一种关系说明。但关系说明并不是 RDA 的核心元素，是一个可选择著录单元。

4.2 责任说明著录的一般规则

本节所列的规则主要针对题名与责任说明项中记录的责任说明。而记录在 MARC 格式知识责任块的责任说明将在第 4.5 节责任者检索点的选取中作重点阐述。

4.2.1 著录信息源

题名与责任说明项的著录规定信息源为题名页，编目员应以题名页上的信息为第一优先著录来源。责任方式通常著录于责任者名称之后。但有些编目规则强调所见即所得的原则,责任说明通常是依照其在信息源上的呈现形式照录。比如 CALIS[1]规则规定,责任说明按规定信息源原题名称形式和顺序如实照录,若著录信息源上的责任者与责任方式表现为"主编×××",则相应的著录形式也是"主编×××"。若规定信息源未予载明责任方式,著录时不必添加。笔者认为,只要责任者以及责任方式著录准确无误,无论采用哪种著录形式,都不会对用户检索和识别文献造成影响。但有时过分强调客观,会使得有些著录元素看起来并不合乎语言习惯和逻辑习惯。

如果责任说明出现在文献上,但不是出现在规定信息源上,可以著录在附注项。有些编目机构认为,任何文献都是由一定的责任者以某种责任方式完成的,将责任说明与题名放在一起著录更符合人们的习惯。因而对于未载于图书主要信息源而出现于其他信息源的责任说明,比如,在有题名页时未载于题名页,而是出现于封面、版权页、书脊等处的责任说明,规定可直接补充到题名与责任说明项著录,外加方括号。对于这种情况,更加注重著录标准化、追求数据一致性的联合编目机构,一般不建议采取直接著录在题名与责任说明项,外加方括号的做法。因为这种著录方式很容易因择取来源的不同而导致数据的著录差异。如果不同编目人员在具体著录过程中所依据的信息源不完全一致,就会造成同种图书在不同图书馆的编目数据不一样的问题,不利于书目数据的共建共享。

如果文献上没有出现有关责任说明的描述,即使存在隐含的责任者,也不必著录于题名与责任说明项。比如,文献题名中已包含责任者名,而规定信息源上没有相应的责任说明时,不必另加责任说明。正如 ISBD 所规定的,在语言学意义上作为其他著录单元组成部分的责任实体的名称应转录为该著录单元的一部分,不再重复著录为责任说明。如果责任实体的名称在规定信息源上明显以正式责任说明重复,则该名称转录为责任说明。经过编目员考证的责任说明,必须加方括号予以标识。

---

[1] 中国高等教育文献保障系统(China Academic Library & Information System,CALIS)。

如果责任说明中只有责任关系不明确,则可以根据著作类型添加一个明确其关系的责任方式,这个责任方式可以取自规定信息源以外的其他信息源,也可以经由编目员考证所得。只是有的规则规定,只要是规定信息源上未予载明的责任方式,都应加方括号予以标识。而有的则认定,只有当著录考证所得的责任方式取自文献本身之外的来源时,才须加方括号予以标识。RDA强调,2××字段只有在编文献外找到的信息才用方括号。

4.2.2 著录顺序

在著录时,我们首先要肯定著作责任的大小、主次是客观存在的,但责任说明的著录顺序并不是完全依据责任的大小、主次排列的。著录模块的责任说明顺序一般按规定信息源上的顺序客观著录,不用考虑区分主次责任,第一责任说明和后续责任说明之间只是顺序的差别。这种处理方式有几方面的好处:一是主次责任有时并不能完全客观地反映在文献中,尤其是著录的信息源上。规定信息源上出现的第一责任者,不一定是主要责任者,更不意味着是创作者。二是有时从文献上记载的责任者去判断责任者的主次比较困难。按文献上的客观排列顺序著录,克服了人为确定主次的倾向,不仅能使著录信息客观反映文献原貌,也尽量避免因人为判断造成著录差异。三是著录的主要目的是描述,对责任者主次的区分不属于著录着重解决的问题,应在书目控制环节着重考虑。但 MARC 格式中并不是所有模块都不考虑主次责任,知识责任块著录的责任者通常要分清主次。

列举国内外规则中的相关著录条例如下。

RDA 规定,当有多个责任说明时,如果文献序列、版面设计和字体安排不明确或不足以确定顺序,则按最合理的顺序记录这些说明。如果不将信息源上的责任说明全部记录,则优先选择那些识别知识或艺术内容创作者的说明。如有疑问,则记录第一个说明。

ISBD 规定,如果著录多个责任说明,这些责任说明在著录中的顺序就是规定信息源上责任说明的版式所表示的顺序;如果没有版式差别,就是规定信息源上的顺序,而不考虑各种说明所隐含的责任范围或程度。

《中国文献编目规则》(第二版)规定,责任说明一般按规定信息源所题形式和顺序著录。若责任说明原题顺序不明确,应根据著作类型及其形成过程著录。①对于注释、改编的著作,应著录原著者,后著录注释者、改编者。体裁改变的改编著作应以改编者为第一责任者,原著者著录于附注项。②一般翻译著作先著录原著者,后著录翻译者。原著者无从考证,以翻译者为第一责任者。③图书有主编者,又有编著者,先著录主编者,后著录编著者;有主编者又有编者的图书,编者可省略著录,或著录于附注项。④责任者名称属于题名的组成部分,而规定信息源未重复载有责任说明,责任说明一般不予著录。⑤以编写者或制定者、提出者、起草者、批准者、审定者为责任者的图书,有编写者时,其他可不予著录,或著录于附注项。相比而言,我国编目规则对责任说明的著录顺序规定得更具体、详细。

如果与正题名相关的责任说明在规定信息源上以多种语言或文字出现,则不同规则存在一定的差异。RDA规定,记录采用正题名的语言或文字的说明,如果不适用,则记录首先出现的说明。CALIS规则则是视题名的文种而定,当题名为单一文种时,仅选用与正题名语言或字体相同的责任说明,另一文种的责任说明不要求著录。若题名页同时题有两种文种的题名和责任说明,应将各文种的责任说明分别著录在相应的题名之后。

4.2.3 著录数量

责任者著录数量关乎到责任者检索点的选取数量,也影响整个目录的信息量。一般而言,责任者的著录数量遵循"3原则",即著录同一责任方式的责任者的数量一般不超过三个,超过三个可只著录第一个,一般是在第一个责任者名称后加"[等]",其余责任者省略,并在附注项说明。责任者著录数量也可由编目机构自行决定。RDA允许编目机构可以不计数量转录所有作者,同时也提供交替规则,即如果单一的责任说明列出三个以上承担相同职能或具有相同程度责任的责任者,在不损失基本信息的前提下,可有选择性地省略,通常省略第一个责任者之外的其他责任者名称。对于不同责任方式的责任说明,我国文献编目规则规定,一般按规定信息源所题顺序著录不超过四种。

从用户的角度而言,将文献上出现的责任说明全部客观揭示,当然是最完美的。从编目员的角度而言,如果省略掉的责任说明还需要在附注项——进行补充说明,那么不管是著录在题名与责任说明项还是著录在附注项,其工作量基本是同等的。但由于出现在题名与责任说明项的责任者通常需要在知识责任块做相应的检索点,并实施检索点的规范控制。所以从编目成本的角度考量,大多数目机构会偏向于对责任者或责任说明的著录数量做适当的限制。

4.2.4 著录附加成分

附加成分是指识别责任者名称所需要的成分,包括头衔、称号、职位、职业、单位、籍贯、民族、性别、国别、朝代等。在著录责任说明时,责任者名称前后所载出身、籍贯、单位、职位、学位、头衔等,均不予著录。但当省略后责任说明含义不清时,应原样照录。如果规定信息源上中国古人注明朝代或外国责任者标有国别,朝代和国别则不可省略著录。并且要求朝代和国别都须著录简称,置于责任者名称前圆括号内。如果规定信息源上没有标明,则不予著录。即使能确定是哪个朝代或哪个国家,也无须自行添加。如果规定信息源上朝代或国别用方括号[ ],在著录时应将方括号改为圆括号( )。对于中国香港、澳门、台湾地区的责任者,无论规定信息源上是否标明,都不必著录国别或地区名称。对于民国时期的责任者,无论规定信息源上是否标明,都无须著录时代"民国"。

朝代反映了中国五千年的历史兴衰、王朝的更替,不仅赋有时代的含义,也有国家的含义。国别可以快速将中外责任者予以区分。考虑到我国用户利用目录的便利性,对清代及其以前各朝代的中国人名,当信息源上出现朝代时,需在名称之前冠以朝代简称著录。对于外国人名,需冠以其不同历史时期的国别简称作为名称附加。当规定信息源上外国责任者的中译名和原名形式同时出现时，可以将原名形式作为后置附加成分，置于圆括号内，著录在中译名之后。外国人名中有关与姓名相连的 Sr.和 Jr.等信息也应该照录。宗教人物有法名、法号、尊称等不同名称，200 字段通常采用"照录"原则，即文献出现怎样的名称，就以怎样的名称记录。

4.2.5 著录文字

在实际著录中，责任者的文字多种多样，常见的有汉字、英文，而汉字中又有标准简化字和繁体字、异体字等。比如，民国时期图书和港台地区图书大部分是繁体字，用何种文字著录，编目界有两种观念。一种认为应遵循客观著录的原则，完全按实体文献本身呈现的文字照录，如果文献上以繁体字出现即以繁体字著录。另一种认为为了方便读者检索，也为了使各馆的书目数据统一，应统一使用简体字著录。笔者更认可第二种观点，原因有二：第一，中国大陆出版的普通中文图书，大部分是简体字出版，但也有部分是繁体字出版。无论是繁体还是简体，目前都统一采用简体字作为著录文字。建议民国时期图书和中国香港、台湾地区图书也参照此做法。第二，繁体字在中国大陆不是通用文字，中国大陆读者的检索习惯会倾向使用简体字。综上所述，笔者认为责任说明的著录文字应首选简体字，责任者名称的繁体字形式可以利用名称规范控制加以解决。但对于责任者名字中一些不可以随便简化的异体字，以及一个简化字对应多个繁体字的，则应照录。例如，"钱松喦"不可简化为"钱松岩"，而"翁同龢"不可简化为"翁同和"。也可以遵循"约定成俗，名从主人"的原则，一般民国时期的人物都可以用简化字著录，除非责任者本人或者大家公认这个名字就用繁体字或特殊字。比如"钱锺书"，以前人名规范是用简化字"钟"，后因本人坚持，改用"锺"，所以现在有两种写法。

著录标点符号一直是编目员较为关心且难以处理的方面。标点符号作为文字的一部分，著录时应遵照其语言文字的书写规则。责任说明中常用的标点符号主要有下列几个：①责任方式相同的责任者名称之间用"，"（双字节逗号）；②责任方式不同的责任者之间用";"（双字节分号）；③题名与责任说明之间用"/"（斜线）标识；④外国责任者汉译姓名中的圆点，使用双字节中圆点，而外国责任者原文缩写中的点，应使用单字节下角圆点。例如，"罗曼·罗兰""马克·吐温""H.W.房龙""查尔斯·R.达尔文"。

4.3 责任说明的著录格式

在 CNMARC 中，题名页或代题名页上的责任说明通常著录在 200 字段，第一责任方式的责任说明著录于$f 子字段，其他责任方式的责任说明著录于$g 子字段。若其他责任方式不止一种，则重复$g 子字段。责任说明按题名页或代题名页的版式或记载顺序客观著录，不考虑其责任范围和责任程度。并使用 304、314 等附注字段对 200 字段或 7××字段的责任说明来源予以说明。当同一责任方式的责任者数量大于 3 时，200 字段只著录第一个责任者，其余用"[等]"代替，在 304 字段对 200 字段省略的责任者作说明。如果规定信息源上责任者形式为"×××等"，则照录，不必加"[等]"的标识。取自规定信息源以外的责任说明则在 314 字段说明。

责任者检索点和责任方式著录在 CNMARC 7--知识责任块。CNMARC 在知识责任块设有三类责任字段，即主要知识责任、等同知识责任和次要知识责任。其中主要知识责任用于记录责任者主要标目。当文献的主要责任者多于一个时，其他责任者记入等同知识责任字段；而次要知识责任则用来容纳所谓"负有浅层知识责任"的责任者，如编者、绘者等。由于中文编目规则无"主要款目"，故不使用 7×0 主要知识责任字段。尽管如此，仍然会根据知识责任的主次，把责任者分别纳入等同知识责任与次要知识责任。相同责任方式的责任主次则主要通过同一字段的先后顺序予以标识。

出现在 200 字段的责任者均须在 7××字段设置检索点。在著录 7××字段责任者检索点形式时，将主要责任说明著录在 7×1 字段，次要责任说明著录在 7×2 字段。责任方式著录在$4 子字段，也可以使用关系代码，以方便检索特定类型的责任者,如著者或编者。200$f、$g 在通常情况下分别与 7×1、7×2 对应,但并非完全对应,要具体情况具体分析。著录 7××字段时,主要责任者与次要责任者的判断要看其对作品所负的职责而定,不能只看排列的先后,对承担同类职责的责任者才可比较其先后次序。编目员要根据手中待编文献的描述及内容呈现考量判断责任者的主次,没有固定公式可以依循。编目员须判断待编文献是原创作品还是作品的内容表达,或是由作品衍生、改编出的另一个新作品。

这里需要强调的是,知识责任块之所以区分知识责任的主次,并将其归入不同的字段,主要有下列两方面的考虑。一方面,这是实现机读目录汇集功能比较可行的方法。比如,在汇集同一作者的某一作品的所有内容表达或载体表现时,系统通常要选择主要知识责任字段或第一个等同知识责任字段作为排序键,并结合统一题名一起使用,才能准确提取相关书目信息,进而实现资源的整合揭示。另一方面,如果我们不把知识责任进行主次区分,那么聚集在某一责任者名下的可能是责任者承担著、编、译等各种知识责任的著作,在聚集某一著者的特定文献类型时(如只汇集翻译类型的),并不能提供令人满意的结果。如果机读目录格式将责任者按责任主次加以区分,不仅有利于集中某一责任者的所有文献,还有可能依知识责任的主次分别显示某一责任者的各种类型的文献。

4.4 主要款目

4.4.1 主要款目的起源和内涵

人们习惯将记录文献特征、能在一定条件下代表文献的替代物称为款目。所谓款目是指目录、索引中一条记录中的一个项目。如书目数据中的题名款目、责任者款目、分类款目、主题款目等。当目录中代表同一文献的款目多于一条时,可以将其中一条确定为主要款目。

主要款目的概念源自欧美国家，其形成原因大致有两个：一是在手写著录年代，为了减少书写款目的人力，在各种不同性质的款目中，只好以一个记录最详尽的款目作为基础。二是欧美国家的图书馆特别重视字顺目录的作用，一般采取多款目混合排列的字典式目录制度。这种制度必须确定一个主要款目作为检索文献、查核复本的根据。主要款目由编目员根据编目规则所选定，另外选择一些一般读者可能以其作为检索点的款目，即为附加款目。在主要款目的卡片上依据标准的著录方式记载详尽的书目数据，以便检索；而在附加款目的卡片上则著录简略的书目数据即可，以减少重复抄写的功夫。

通过对主要款目的起源分析可以发现，其作为一个概念也可指在一个编目记录的多种款目中记载著录事项最完整的款目，它以标准统一的方式著录，并载有根查项及其他有关该记录的标目。与此同时，在西方语言中，款目（entry）兼有"检索入口"的含义。主要款目中作为排列依据的标目（heading）是用户查询时最主要的检索点。

4.4.2 主要款目的确立标准

东西方国家对主要款目的确立持不同的标准。按照西方编目传统，主要款目在大多数情况下需要以著者（或主要著者、第一著者）的名称为标目（少数佚名作品等情况例外）。以中国和日本为代表的东方国家，则主张废除主要款目，或偏向使用题名作为主要款目。至于这两种标准孰优孰劣是难以脱离实际的政治、文化、语言背景来评判的。就我国传统著录方式而言，绝大多数以书名为主。西文文献编目一直采用著者标目为主要款目的原因除文字本身的特点外，还有检索习惯的问题。在西方语言中表达实质意义的词往往在后面，用题名检索时，有时并不能获得很高的查准率。欧美国家历来将著作版权作为个人财产权，并由国家法律予以保护，人们在列举作品时，较习惯说明系何人所著，在查找文献的过程中，也就习惯以著者字顺为主要途径。此外，一般编目理论认为，题名不如著者概括性强，经由著者更能使数据集中在一起。

4.4.3 主要款目的功能演变

人们对主要款目的认识,是随着目录所处环境的改变以及对其进行观察的视角的不同而发生变化的。❶主要款目最初产生于多重款目的编制程序,它是一条最完整的记录,其他款目需要在它的基础上生成。关于主要款目的这一认识,至今还为国内图书馆界的大多数人所接受。当手工目录演变为机读目录时,传统意义上的"款目"消失了,取而代之的便是各种检索键与排序键,主要款目和附加款目只是著录在不同字段的差别。加之现代检索理念和检索技术的全面运用,许多人质疑是否还有区分主次责任的必要。为此,主张取消主要款目的人也越来越多。

但主要款目的作用并不局限于提供最完整的款目。正如王绍平老师所讲,主要款目至少还有以下作用:一是引证、识别某一作品,尤其在机读目录中,主要知识责任的概念对识别、引证文献还有其积极意义;二是集中显示某一作品的各种版本,某一著者的所有文献以及相关的文献(也可称为汇集作用),使目录集中相关文献的功能不致丧失。RDA 的"首选检索点"一定程度保留了"主要款目"的功能,当作品有一个或多个创作者时,要采用创作者或第一创作者的名称首选检索点和作品首选检索点结合的形式,即"责任者+题名"的检索形式。要确认是否为同一作品,单靠题名显然是不够的,还需要责任者名称。可以说,作品和内容表达的首选检索点必须与创作者的首选检索点结合起来才更有目录学的意义。

虽然我国编目规则名义上取消了"主要款目",却仍在机读目录中留下它的痕迹,使编目员对责任者名义上的平等地位迷惑不解。在 CNMARC中,虽无"主要款目"和"附加款目",但却有责任不同的知识责任块。等同知识责任与主要知识责任没有质的区别,而只有量的不同:等同知识责任字段可以放一个以上负主要知识责任的责任者,主要知识责任字段只能放一个负主要知识责任的责任者。❷如果从同样负有主要知识责任的等同

---

❶ 王绍平. 主要款目与机读目录 [J]. 中国图书馆学报(双月刊),1997(3):33-36.
❷ 王绍平. 机读目录中的责任者 [J]. 新世纪图书馆,2003(2):24-27.

责任者中选取一个（通常是第一个）放到主要知识责任字段，基本等同于"主要款目"。

4.4.4 附加款目

附加款目是除了主要款目以外的其他款目，又称为次要款目。附加款目是用来辅助主要款目的检索点，用户使用主要款目以外的检索点，如翻译者、编者、合作者、题名、丛书名等。对应到 MARC21 格式，个人责任者主要款目为 100 字段，团体责任者主要款目为 110 字段，责任者附加款目为 70×—75×字段。

4.5 责任者检索点的选取

4.5.1 基本原则

选取检索点是编目工作中不可缺少的重要步骤，其直接影响检索的结果。文献编目应遵守客观、规范、逻辑性等基本原则，对文献责任者检索点的选取也不例外。首先，规定信息源上记载的责任者，无论其规范与否，都应作为一种形式检索点反映。形式责任者即使不规范，也应作为检索点。如此操作才可以满足部分用户的一般需求。其次，如果责任说明不出现在规定信息源上，但是却出现在资源的其他地方，为确保用户查找到所需文献，也需要设置检索点。当信息源上无任何责任说明时，应选择其逻辑责任者作为检索点。因为用户不会只按照题名页上提供的责任者信息来检索。比如，对于隐含责任说明，即题名页未出现相应责任说明，200 字段不予著录，但需要在 7×× 字段反映。再比如，主要信息源上无原著者，200 字段按原题照录，不需要编目员补充，但原著者应在 7 字段设置检索点。

除此之外，责任者检索点的形式在整个目录里应该以同一方式呈现出来，且是始终一致的和唯一的。正因为 200 字段责任者照录会导致相同责任者使用不同名称时数据的分散,才更有必要建立责任者的规范标目形式,让检索结果集中。所以当责任者作为检索点著录于 7×× 字段时,应依据一定的规则予以规范。换言之,7×× 字段著录的责任者名称应尽量使用规范化的检索点形式。规范检索点形式的选择与确定,应遵循著称原则和惯用原则。即选取的责任者名称形式应该符合人们认识事物的习惯、思维模式和一般要求,尽量选择被用户熟知、常用和通用的名称形式,从而保证符合用户的检索习惯。比如,僧尼有法名及俗名者,一般以法名为标目,但如果俗名较为著称则以俗名为标目。僧尼以法名为标目者,法名前冠"释"字,但非属汉传佛教出家师父则勿冠"释"字。

4.5.2　选取范围和数量

一般而言,在文献形成过程中发挥较大作用的责任者,往往也是查找文献时检索意义较大的责任者。因此,责任者检索点的选取范围应囊括所有创作者和重要贡献者。凡属著作的创作者均应作为检索点。对作品的知识或艺术内容负有单独责任的个人责任者,无论其是以责任说明方式出现在文献中,还是通过考证所得,都应设置为检索点。贡献者可视其作用大小选取全部或部分作为检索点。对作品的知识或艺术内容进行再创作、再加工整理的重要个人责任者,应设置为检索点。团体名称检索点必须选取反映集体思想和集体活动的著作中以专门名称出现的责任者。比如,对于改编、改写、修订、释义的著作,应酌情依次选取原著者、改编者、改写者、增补者、释义者作为检索点。再比如,文艺作品经改编、改写后,已成为另一种体裁的作品,那么改编者、改写者应首先设置为检索点,原作者则可视其对改编作品的影响大小确定是否作为检索点。

在检索点选取数量上,应遵循充分性原则和数量适中原则,不遗失有意义的重要检索点。所谓充分性原则即应尽可能提供责任者的检索点,以满足用户从不同角度进行检索的需求。数量适中原则是指检索点选取可根据重要性和实际需要决定,选取数量应合理、适当。当一部著作由多人以同一责任方式共同完成时，三个或三个以下的分担责任者均应作为检索点。若超过三个，可选取第一个责任者或最具代表性的一个或多个责任者为检索点。一部著作由多人以不同责任方式完成，其个人名称均可作为检索点，但所选责任方式原则上不超过四种。多人著作汇编责任者数量在三人以内时均应选取，三人以上可酌情选取。编目机构可视实际需要，在上述原则基础上对责任者检索点的选取数量作适当调整。

4.5.3 责任者的规范检索点形式

责任者的规范检索点形式即责任者在目录中的缺省形式，也称为责任者的规范标目形式，即书目记录中著录在7××字段的各类名称标目（主要是个人和团体）的规范形式。规范标目选取的实质是检索点的规范化，旨在对标目实现名称规范控制。无论是在文献本身还是参考信息源中出现的责任者名称，都不一定符合规范检索点的形式。编目员需要根据有关规则，并考虑图书馆目录的历史使用情况及用户的使用习惯，对责任者名称进行分析才能确定责任者的规范标目形式。责任者的规范标目形式应当是显著出现在载体表现中的责任者名称，或是被目录用户广为接受的名称（即"惯用名称"）。关于责任者规范检索点形式的构成和选取细节，属于名称规范控制的范畴。

4.5.3.1 选取个人规范检索点的一般性规则

一个人往往有不同的名称或名称形式，除了本名、真实名称外，可能还有笔名、曾用名、网名、法名、教名、昵称、其他语言形式的名称、庙号、谥号、封号等，需建立参照关系，相互对照指引。当同名异人时，更有加以区分的必要。当一个人具有多个名称时，我们将被选作代表个人的规范检索点形式的名称称为个人的首选名称（RDA中的说法），其他的名称称为个人的变异名称。一般会选择个人广为人知的名称作为规范检索点，若不能判断名称是否广为人知，则按照下列顺序选择首选名称：①与个人相联系的文献资源中最常出现的名称；②参考源中最常出现的名称；③最近使用的名称。

当个人的同一名称因为缩写的差别、语言文字的差别、拼写的差别等具有多种形式时，记录个人首选名称的一般性规则如下：①如果个人名称依其完整性有多种形式，应选择最常见的形式作为首选名称；②如果个人名称以不同的语言形式出现，应选择与大多数资源内容所用语言一致的形式作为首选名称；③如果个人名称所用文字与创建数据的机构首选的文字不同，应根据该机构所用的音译法，音译该名称作为首选名称；④如果个人名称具有不同的拼写形式，但这些拼写形式并不是由不同的音译造成的，应选择资源中首次出现的形式作为首选名称。作为交替规则，也可以选用创建数据的机构首选的语言和文字的名称形式作为首选名称。

4.5.3.2 选取团体规范检索点的一般性规则

团体责任者一般应采用惯用名称作为规范检索点，在不易确定时，可根据团体机构的不同性质明确规定用全称或简称。对有全称、简称和惯用名称的团体机构，要明确选取的优先顺序。笔者建议，宜尽量采用全称进行规范，这既可避免滥用简称或简称不当引起诸多麻烦，又符合计算机识别检索的特点。当团体责任者具有层次关系时，作为检索点，宜用$a与$b区分它们的层次，便于机器排检。

4.6 责任说明著录实例

例1：2001#$a 三体$f 刘慈欣著
　　　701#0$a 刘慈欣$f（1963—）$4 著
例2：2001#$a 雪国$f（日）川端康成著$g 叶渭渠，唐月梅译
　　　701#0$c（日）$a 川端康成$4 著
　　　702#0$a 叶渭渠$4 译
　　　702#0$a 唐月梅$4 译
例3：2001#$a 毕业综合实践导引$e 高职高专适用$f 陈丽能[等]编著
　　　304##$a 编著者还有：徐挺、孙慧平、楼土明

　　　　701#0$a 陈丽能$4 编著

（说明：省略部分责任说明。）

例 4： 2001#$a 鲁迅文集$e 图文珍藏版$f 姜涛主编
　　　　701#0$a 鲁迅$f（1881—1936）$4 著
　　　　702#0$a 姜涛$4 主编

例 5： 2001#$a 雨果文集$h10$i 戏剧$f 许渊冲译
　　　　701#0$c（法）$a 雨果$c（Hugo，Victor$f1802—1885）$4 著
　　　　702#0$a 许渊冲$f（1921.4— ）$4 译

（说明：主要责任者未出现在责任说明中。）

例 6： 2001#$a 以太战记$h1$fS.H.Z.L 绘$g 徐晓东编著
　　　　701#0$aS.H.Z.L$4 绘
　　　　702#0$a 徐晓东$f（1971— ）$4 编著

例 7： 2001#$a 谁的眉眼成彼岸$f7998 著
　　　　701#0$a7998$4 著

例 8： 2001#$a 蜂窝网络的端到端服务质量和用户体验质量
　　　　　$f（西）G. Gomez，（西）R. Sanchez 编著$g 周胜[等]译
　　　　701#1$c（西）$aGomez$bG.$4 编著
　　　　701#1$c（西）$aSanchez$bR.$4 编著
　　　　702#0$a 周胜$4 译

（说明：责任者未实施名称规范控制。）

例 9： 2001#$a 日本人的挑战$f（美）佛格尔（Vogel, E.）著
　　　　701#0$c（美）$a 傅高义$c（Vogel, Ezra F. $f1930— ）$4 著

（说明：责任说明中的名称形式与规范检索点形式有差异。）

例 10： 2001#$a 寻路中国$f（美）彼得·海斯勒（Peter Hessler）著
　　　　2001#$a 寻路中国$f 何伟（Peter Hessler）著
　　　　701#0$c（美）$a 海斯勒$c（Hessler, Peter $f1969— ）$4 著

（说明：200 字段责任说明形式不一致，但同一责任者规范检索点形式是一致的。）

例 11： 2001#$a 隔离世界$h1$fMAX 小望绘$g 杜时初编著

701#0$a 李晓望$f（1982—）$4 绘

702#0$a 杜时初$4 编著

（说明：责任说明中使用笔名，规范检索点采用原名。）

例 12：2001#$a 中国文化年鉴$h2014$f 中华人民共和国文化部编

71102$a 文化部$4 编

（说明：责任说明中使用全称，规范检索点采用简称。）

例 13：2001#$a 思考出版：文化的力量$c 广西师范大学出版社 30 年经营实务

314##$a 封面题：广西师范大学出版社编

71102$a 广西师范大学出版社$4 编

（说明：责任说明著录在附注项，7 字段仍要给检索点。）

例 14：2001#$a 涟水年鉴$h2017$f 涟水县地方志办公室编

314##$a 主编：丁卫华

701#0$a 丁卫华$4 主编

71202$a 涟水县地方志办公室$4 编

（说明：个人主编出现在非规定信息源上。）

例 15：2001#$a 上海市城镇给排水工程预算定额

$h 第三册

$i 城镇给排水构筑物及设备安装工程

$eSHA 8—31（03）—2016 宣贯材料

314##$a 主编：上海市水务工程定额管理站

71102$a 上海市水务工程定额管理站$4 主编

（说明：主编单位未出现在主要信息源上。）

例 16：2001#$a 近代厦台交流档案资料选编$f 厦门市档案局（馆）编

314##$a 主编：吴仰荣

701#0$a 吴仰荣$4 主编

71202$a 厦门市档案局$4 编

71202$a 厦门市档案馆$4 编

例 17：2001#$a 宜昌党史故事$f 中共宜昌市委党史（地方志）办公室编

314##$a 主编：曹水兵

701#0$a 曹水兵$c（史志）$4 主编

71202$a 中共宜昌市委党史办公室$4 编

71202$a 中共宜昌市委地方志办公室$4 编

（说明：对于一个机构两块牌子的团体名称，7 字段应分别做检索点。）

例 18：2001#$a 农药管理信息汇编$h2011

$f 顾宝根，中华人民共和国农业部农药检定所主编

701#0$a 顾宝根$f（1962—）$4 主编

71102$a 农业部$b 农药检定所$4 主编

（说明：对于题名页上出现的责任方式相同的个人与团体，选择著录在 200 字段的同一个子字段$f 或$g。如都著录在 200$f 子字段，7 字段分别著录为 701 和 711。如都著录在 200$g 子字段，7 字段分别著录为 702 和 712。）

4.7 小结

责任者在知识组织领域中被视为一个重要的诠释文献资源的元素，具有辨识和聚集的功能。编目员通常依主要信息源描述责任说明，但有的责任说明只出现在封面或版权页，规定信息源上的责任方式可能存在差异。在日常编目工作中，笔者也常会遇到类似的情况：当一种书题名页所载的责任者为团体责任者，题名页之后的附加页又有个人责任者时，出现了责任者信息源选取不一以及团体责任者和个人责任者哪个是主要责任者的问题。再者，由于我国翻译、出版中各译各名的现象本就普遍，同一作者经常出现各种译法。有了规范意识后，存在盲目依据人名翻译辞典选取人名标目的现象，有时就把有名的作者"规范"成了无人知晓的责任者名称。这些情况说明了选取和著录责任者的复杂性，同时也说明了编目工作要视出版物的不同情况灵活处理。如果能在使用过程中将责任者信息著录得更加规范完善、更具有统一性，将会给用户检索与文献利用带来很大方便。

此外，中文编目虽然不使用主要款目，但主次责任者的考证对于编制目

录依然不可避免。编目员仍应从主要责任这个观点出发，考虑如何合理地建立责任者检索点。比如某一种书是集体创作，题名页所列作者只是其中篇目的作者之一，那么版权页所题的团体编者所负的主要责任实质上是大于题名页的个人创作者的。但我国图书编目历来有重个人、轻团体的传统，著录时通常都是个人责任说明在前，团体责任说明在后。连续出版物一般只著录团体责任者，通常情况下个人责任者不予反映，但年鉴作为图书编目时，其个人主编都要求著录。笔者认为，大多数时候个人力量总是小于集体的力量。对主次责任说明的区分，首先应将其对作品的影响大小作为判断依据，在此基础上兼顾我国文献编目的习惯做法。

第 5 章

版本信息著录

5.1 版本的定义

自书籍形成以来,图书就与"版本"产生了密不可分的关系。版本不仅可以体现图书自身的特征、特性、特点、价值的方方面面,也是读者考镜源流、择选书籍的重要依据。"版"与"本"最初分别指古代的简牍和缣帛,是书籍的通称。书籍因编辑、传抄、刻版、排版或装订方式等不同,而有各类版本问世,比如,用活字本、写本、抄本、刻本等表示版本不同形式、状态或内容的名称。不同时代书籍所形成的版本亦具有相应的时代特征。随着出版印刷技术的不断发展,现代图书出现了许多以前没有囊括的"版本"类型,图书的"版""本""版本"之间的内涵和范围逐渐扩大。若要对图书的版本信息进行客观准确的描述,规范、统一版本信息的著录,首先必须明确什么是版本。

目前,图书馆界对图书"版本"的认识差异较大,其定义也有多个,概括而言可分为两类:第一类定义对版本的理解相对狭义,将版本主要限定为版次和制版方式的不同。其中,版次是图书排版次第的说明,用以标明图书内容经过修改、增补后的较大变更,如第二版、增订版、新一版等。制版方式也指版刻种类,如影印版、铅印版、油印本、刻印本、石印本、毛边本等。《中国文献编目规则》(第二版)对版本的定义:同一种文献(出版物)因编辑、传抄、刻版、排版及装订或制作形式的不同而产生的不同本子。《普通图书著录规则》GB/T 3792.2—2006 认为版本是采用直接接触、照相复制或其他方法,实际上是由同一原始输入而产生、并由同一机构或个人发行的一种出版物的全部复本。另外一类定义则相对广义,认为版本应包括"版"与"本"两层含义,二者的任何变化都应视为版本的变化,即版本既包括版次,也包括其他版本形式。其他版本形式主要包括因制版、排版、装订等外观形式上对图书进行标点、校勘、注释、翻译、改写、节选等内部内容上的不同以及适应特定的读者对象而产生的不同本子。❶如《普通图书著录规则图例手册》:"版本是指一本书的不同版本,即内容或形式上与原版有所不同。"其中,内容不同是指一书的修订本、增订本、缩写本、节本、通俗本、全译本、译者不同等。形式不同是指一书的出版处不同、排版不同(页数不同、横排或直排本)、合订与分订等以及制版方式不同。

无论是狭义定义还是广义定义,二者一致之处在于认为版本指某一种书的不同的本子。但两类定义之所以对版本的界定存在差异,其根源在于对"何为同一种书"的认识差异。在 FRBR 的术语中,同一种书是指同一个作品,还是同一个内容表达,还是同一个载体表现。一种书版本的多少,与书的产生时间、流经的地区、阅读使用的人数和被抄传、翻译、注释、校勘、或翻印等方面的范围有极大的关联。❷这里的一种书是指一部作品。但编目概念上认定的同一种书通常是指同一个载体表现。狭义的版本将同一种书的参照物理解为"同一原始输入",这里的"版本"是特指某个特定的版本,并非指所有版本,即"版本"是指某个载体表现,并非各种载体表现的集合,更非所有的内容表达。而广义的版本相当于版本学意义上的"版本",将同一种书理解为同一部作品。

5.2 版本学视角的"版本"

版本学是在印刷术发明之后,对由于刻印、装帧等原因产生的不同本子

---

❶ 曾荣玉,温嵘生.中文图书的版本识别与著录[J].现代情报,2005(9):101-102.
❷ 叶守法.书的版本命名[M].北京:光明日报出版社,2013:2.

之间的差异进行研究而产生的一门学科,其研究对象为书籍的各种版本以及版本的形成和发展的一般规律。在版本学中,"版本"被概括为"同一种书的各种不同的本子",其对一个新版本的认定依据,来自书籍的内部特征和外部特征,二者不可偏废。比如,在古籍著录的时候,明明是同一版本的两本古籍,因为在流传过程中,完好度不同、品相不同、上面还有不同的批注,这些也构成版本判断的依据。这个"版本"概念与我们从印刷术里面来的"属于同一个雕版印刷出来的"概念不同,更细一些。当然因为古籍本身具有文物性,它的版本判别和鉴定比现代图书更为复杂(表3)。

表3 版本学中部分版本种类及划分依据表[1]

	版本划分依据	版本种类
图书内部	增删、批点、合刻情况	增订本、删节本、足本、非足本、校本、批点本、注本
	语言、文字	中文本、英文本
	版本价值	孤本、善本、珍本、手稿本、残本、批校本、题跋本
图书外部	刊刻时代	北宋本、南宋本、民国本
	刻书机构	官刻本、私刻本、坊刻本
	刻书地点	蜀本、高丽本、越南本
	刻印情况	精刻本、丛书本、单行本、原刻本、重刻本、后印本、旧版
	字体、订本	大字本、仿宋本、袖珍本、夹带本
	印制颜色	蓝印本、套印本、拱花本
	装帧形式	线装本、经折装本、卷轴装本、毛装本、平装本、精装本
	纸质情况	白纸本、麻纸本、宣纸本、高丽纸本、皮纸本

由表3可见,版本学中的版本信息不仅指那些带有"版"字的术语,还指能够描述该书与原版图书之间差异的一切信息。其对书籍版本研究的核心目的是辨明各版本图书之间由于语言、增删等内在因素,以及刻印、装帧、材质等外在因素的变化而导致的图书内容上的差异。显然,版本学角度的版

---

[1] 孟修. 现代中文文献版本关系的界定与揭示——基于版本学理念与实体—关系模型. 回眸与展望:新媒体时代下信息组织方法的创新与发展——第五届全国文献编目工作研讨会论文集[C]. 北京:国家图书馆出版社,2017:61-71.

本是以作品层为参照的，在内容表达、载体表现、单件层面上都可能产生不同的版本。从版本学的观点来看，版本关系主要存在于那些在作品层上保持一致，却在内容表达、载体表现、单件层级上产生差别的文献，以及在原作品的衍生作品上产生的文献关系。

相对于版本学，编目实践中的"版本项"所涵盖的版本信息容量偏少。如《中国文献编目规则》（第二版）所依据的 GB 系列，虽然在概念上将版本定义为：根据同样的输入信息制作并且由同一个机构或一组机构或一个个人发行的一种资源的所有复本，与版本学中版本的定义差异并不大。但却未将一部分版本学认同的版本描述信息著录在版本项，而是分散在题名与责任说明项、附注项等项目中著录，拉大了编目规则中"版本项"与版本学中"版本"的差别。

作为一门研究版本及各种版本文献的学科，版本学对图书版本的界定和鉴定方法对图书编目中版本关系的描述和揭示有着一定的借鉴意义。以版本学中的版本关系为框架，将分散在各著录项目中的相关版本信息有序聚合，有利于在现代图书数量激增、再版比例增高的环境中，重拾传统目录学"辨章学术，考镜源流"的精髓，更好地完成"查找"和"识别"用户任务，实现目录的指引功能。

5.3 版本说明的著录规则

版本项著录的目的，在于识别一部作品与以前所出版者是否有不同之处，或与一般同类作品有显然的不同者。图书版本项是以版次和其他版本形式，以及与本版的有关责任说明组成的。版本著录与版本项著录是有区别的。有关版本的著录并非仅指版本项著录。在编目实践中，有些关于版本内容的说明实际上是著录在题名与责任说明项、附注项等处，并非都著录在版本项。版本项是著录图书版本变化的一个重要项目，在机读目录中是一个反映图书版本变化的重要字段，但不是反映版本信息的唯一字段。事实上，版本信息是一个庞杂的著录项目。因为引起图书版本变化的不仅是图书在制作、出版、流传过程中所形成的版本，而且还包括图书在创作、编写、整理等过程中所形成的版本。❶也就是说，图书版本的变化不仅包括题名与责任说明项、版本项、附注项的变化，而且还包括出版发行项、载体形态项等的变化，它贯穿 MARC 的各个字段。版本与版本说明也是两个概念。版本说明通常是以序数词与"版"字或表示和其他版本不同的与"版"字相结合的形式出现。

版本项是图书著录的主要项目之一，客观地著录版本项，能正确地揭示图书的修改程度或制版特征方面的重要变更，为读者选择不同版本的图书提供重要参考依据。❷鉴于对版本的理解与认定存在差异，不同编目规则、不同编目机构对版本说明的著录规定也差异较大。用于说明图书内容特点的版本字样，如图文本、通俗本、节本、缩写本、校点本、改编本、农村版、少年版等，对此类带"版"或"本"的版本说明，是否著录于版本项，不同编目机构执行的标准不统一。有的编目机构将反映图书内容特征和体裁特征以及编辑方式的文字著录于题名与责任说明项，将地区特征、使用范围方面的文字著录于附注项，将说明版次和版本名称的文字著录于版本项（修订版、影印本等）。现将国内外主要编目规则和编目规定梳理如下。

5.3.1 RDA 的规定

RDA 规定，版本说明是指识别资源所属版本的说明。版本说明包括版本标识和特定修订版标识，还可包括与版本或特定修订版相关的一个或多个责任说明。其中，版本标识和特定修订版标识是核心元素，版本说明的其他子元素是非核心元素。版本说明照录出现于资源上的说明文字。在 RDA 来看，版本标识是指识别资源所属版本的一个词、字符或一组词或字符。对诸如版本（edition）、发行（issue）、发布（release）、更新（update）之类的词，以及下列情况的说明均视为版本标识：①表示内容有差异；②地理覆盖范围有差异；③语言有差异；④使用对象有差异；⑤特定的格式或物理表

---

❶ 赵玉贞. 浅谈中文普通图书版本信息著录差异[J]. 大学图书情报学刊, 2008（3）: 57-59.
❷ 周有芬, 刘洪清, 潘魏伟. 探析 CNMARC 版本项规定信息源的"优先选择"问题——兼对国际国内著录规则进行对比研究[J]. 图书馆建设, 2008（1）: 60-65.

现形式；⑥与内容相联系的日期有差异；⑦乐谱的特定音域格式。由此可见，对 RDA 而言的版本说明是基于作品层面的。

RDA 还规定，版本标识如与正题名、其他题名信息或责任说明等融为一体，或在语法上与前述任何一部分相连接，则按所见的形式记录，不必再记录版本标识。也就是说，若题名与责任说明项中含有版本说明，或版本说明是对正题名的补充说明，则不需于 CNMARC 205 或 MARC21 250 字段再著录版本标识。若资源上版本标识不止一个，则按信息源上说明的序列、版面和字体设计所指示的顺序记录这些说明。若资源是一个复制品，资源上同时出现原件和复制品的不同版本说明时，应著录复制品的版本说明于版本项，原件的版本说明作为相关版本说明著录于附注项。RDA 的规定更为全面，也更便于编目员操作。

5.3.2 ISBD 的规定

ISBD 规定，版本说明通常包括单词 edition（或其他语言的等同词）或带数字的相关术语（2 版等），或者表示与其他版本不同的术语（新版、修订版、标准版、大字版等）。版本说明包括如下类型的说明：①表示地理版本说明，如海外版；②表示特殊兴趣范围版本说明，如少年版；③表示特殊格式或物理呈现说明，如大字版、缩微版；④表示语言版本说明，如中英文对照版。版本说明应以其出现在资源中的术语著录。版本说明应使用标准的缩略词，并用阿拉伯数字替代其他数字或拼写出的数字。

ISBD 也同样规定："如果版本说明是另一个著录项（例如正题名或其他题名信息）中一个著录单元的组成部分，而且已经被作为该著录单元的部分，则不重复著录在版本项 。"对于乐谱而言，如果版本术语用于表示一部音乐作品的版本（version）、改编等，则该说明应著录在题名与责任说明项，即便资源上使用了"版本"这个术语。如果版本术语用于表示乐谱形式，则该说明应著录在文献特殊细节项。但表示人声音域的术语，如低音、高音等应作为版本说明。

5.3.3 中国国家标准及《中国文献编目规则》的规定

中国国家标准认为版本说明不仅包括版次，还包括与版本说明有关的文字，如制版方式。图书制版类型除常见的铅印、胶印方式予以省略外，其余制版方式，如油印本、刻本、影印本、晒印本等，均应著录于版本项。当图书包括两种及以上制版类型时，可同时著录。

《中国文献编目规则》（第二版）规定，版本说明通常以序数词与"版"字相结合的术语或以区别其他版本的术语形式出现，数字一律用阿拉伯数字著录，省略"第"字，著录为"×版"，初版或第一版不予著录。图书的油印本、刻本、影印本、晒印本、缩印本、修订本、增订版等版本说明均按规定信息源所载形式著录，但常见的铅印本、胶印本予以省略。图书包含两种及以上版本说明，可同时著录两种或其中一种主要版本说明。对于有关内容特征、体裁特征和适用范围的说明文字，如缩写本、绘画本、英汉对照本、通俗本、校点本、节选本、图文版、少年版、科学版等一般不著录于版本项。翻译图书原版版本说明不著录于版本项，在附注项说明。由此可见，对于被《中国文献编目规则》（第二版）明确排除在版本说明之外的说明文字（关于内容特征、体裁特征、适用对象的说明文字），则被 RDA 和 ISBD 统统收入版本说明的范畴。

国家标准和文献编目规则更偏重版本说明著录数据的规范性，即以统一的版次形式呈献给读者。总体来看，国内的规定更为简洁实用，因为在版次中是否带"第"字均不影响读者利用，不著录"第 1 版"也不影响读者选取文献或令读者产生误解。

5.3.4 CALIS 的规定

CALIS 规定，除第一版以外的各个版次均如实著录于版本项，不能省略"第"字，版次一般采用阿拉伯数字，著录为"第×版"。以下情况作为中文文献的版本说明：①地区版本说明：郊县版、农村版、国内版、国际版、海外版等；②读者对象版本说明：普及版、基层版、初中版、高中版、学生版、教师版等；③语种版本说明：中文版、蒙文版等；④时间版本说明：星期日版等；⑤特殊版式或外形说明：大字版、图画版、盲文版等；⑥版本名称和/或版次说明：重印版、影印版、3版、全年累积版、联合版等；⑦专业版本说明：社会科学版、自然科学版、医药版、工业版、农业版、文科版、理科版等。对于表示出版、印刷地或资料类型：如重庆版（只是说明该出版物在重庆出版），以及表示卷号或年月时间的说明：如18版（实为18期）、2000版（实为年月号）等，均不能作为版本说明。

鉴于中国台港地区图书版本印次情况的复杂性，CALIS联合目录对台港地区图书版本说明的著录规定如下：①当规定信息源提供除"初版"以外的版本信息，如"再版""四版"等，同时在规定信息源之外有明确的不同版次的出版说明，将规定信息源提供的版本说明著录在205$a子字段。②当规定信息源中含有"增订""增订×版""修订""修订×版""改订"等说明时，将其作为版本说明著录在205$a子字段，对于同时出现在规定信息源之外的"再版""四版"等版次信息，则在305版本附注字段说明。

5.3.5 中国台湾地区的规定

一般而言，第一次出版，称为初版、第一版或第1版。中国台湾地区对初版、第一版、第1版，不省略著录，按照规定信息源的形式客观著录。台湾地区出版规定，如果印刷内容未改，而之后再付印的话，不视为再版，而称为"初版第×刷"或"第1版第×刷"，刷次指重印的次数，重印次数即使再多也不能累进于版次，与原版属同版同个ISBN。若同版书籍的内容有更改（增修），或改版（简体字版、加注音符号）等，可视为一个新版本，拥有不同的ISBN。通常版本有不同的类型：标示地区版本（国际中文版、香港版）；标示读者群版本（教师版、学生版）；特别形式版本（大字本、袖珍本）；不同语言版本（中文版、英语版）；与出版频率有关的版本。台湾地区自2018年7月1日起中文编目采用RDA，其版本项的著录规则基本同RDA。

中国台湾地区出版的图书，版权页常会出现"BOD一版"。BOD与传统印制不同,一般翻译为"随需出版",全程以数字方式产出,出版品可以是纸本,也可以是电子书。按照台湾地区的编目规则,BOD 版理应在版本项做描述。但其书目数据显示,有关 BOD 版的说明全部著录在附注项。

5.4 版本项的规定信息源

对于版本项的规定信息源及优先顺序,不同编目规则也有着不尽相同的规定。

RDA 对版本项的信息源做了如下规定(按优先顺序):①与正题名相同的来源;②资源本身的另一来源;③指定的其他信息源之一。[1]对于图书而言,版本项的首选规定信息源是题名页。版本说明的信息来源既可出自在编文献本身,也可取自在编文献之外。对于取自在编文献之内的版本信息,RDA 不要求外加方括号,仅规定对于取自在编文献之外的版本信息需"用附注或其他方式加以说明"。ISBD 规定,图书版本项的规定信息源为题名页、其他正文前书页、封面、书末出版说明、资源的其余部分。如果不是规定信息源上的版本说明,著录应外加方括号。

国家标准规定图书版本项的规定信息源选取顺序为题名页、版权页,而《中国文献编目规则》(第二版)的选取顺序则为版权页、题名页。目前,国家图书馆和全国图书馆联合编目中心是按照国家标准执行,即首选题名页的版本信息著录。对于取自图书的封面、书脊、前言、后记等规定信息源以外的版本信息,一般不著录在版本项。如觉得有必要著录于版本项的(如清楚判断出该书为影印本),需加方括号著录。CALIS 规定,中文图书版本说明的规定信息源为题名页、其他序页(题名页对面或反面、题名页前的页码和封面/封底/封里/里封底)和书末出版说明(主要指版权页)。在规定信息源以外出现的版本信息,例如,专著的前言中载有的"影印"或"影印版"字样,不著录在版本项,而是在附注项说明。台湾地区对版本项规定信息源的选取顺序是题名页、版权页、封面。

---

[1] RDA 发展联合指导委员会. 资源描述与检索(RDA)[M]. RDA 翻译工作组,译. 北京:国家图书馆出版社,2014:273,159.

当规定信息源有多个时，就存在顺序选取的问题。根据数据显示，首选信息源的不同致使版本的认定及著录有了较大的差异性。因此，统一信息源的优先顺序可确保对同一文献著录的一致性，也更利于编目机构之间的数据共建共享。我国国家标准和文献编目规则对版本项首选信息源的不同，折射出了规则制定者不同的思想路线，即首选文献出版者赋予的版本信息（对中文普通图书而言，一般集中出现在版权页），还是选择由文献创建者或实现者赋予的版本信息（对中文普通图书而言，一般集中出现在题名页）。❶笔者认为，在国内规则之间存在分歧和争议，并与国际规则有所不同时，应该坚持采用国际规则。题名页作为版本项的首选信息源，更符合国际规则标准的版本项著录格式，也更能反映文献内容变化上的版本特征。

　　另外，RDA和ISBD都将版本项的著录信息来源涵盖至资源本身，而国内还主要局限于题名页、版权页等位置。实际上，我国出版法对于图书版本记录刊载的位置，并未作硬性规定，只是建议刊载在便于查阅、适合于书籍的性质，并符合纸张节约和美观要求的位置即可。笔者认为，版本项的著录信息源不应该仅限于题名页和版权页。有些图书在进行修改、增补后会进行更名再版或多版，但更名后，其版权页仍为第1版，而在其他著录信息源，如封面、前言、再版说明等处出现再版或多版说明。还有一些图书因在流传过程中发生书名改变，但区分版本的信息在图书的版权页、题名页上没有正面反映，只有通过阅读文献的序、跋、前言、后记等才能得到版本信息。这些对于文献的内容揭示有意义的版本信息，只要出现于在编文献上的，都应该直接著录，减少方括号的使用。而且，对读者来说，并不需要了解某书的版本信息究竟出自何处，其所需要的是根据书目提供的版本信息选取适合自己需要的某个版本的文献。因此，图书版本著录的信息源应包括题名页、版权页、封面、其他出版说明（序、跋、前言、后记等），信息源的选取范围应扩大至图书本身。

---

❶ 李文. 对中文图书版本项信息源不一致情况的分析与处理[J]. 图书馆论坛，2009（10）：110-112.

5.5 常见版本说明及著录实例

5.5.1 常见版本说明

目前版本项的著录，重点反映了图书出版发行过程中的版次变化情况。版次是用以统计图书版本内容的重要变更。图书第一次出版为第一版，内容经过较大增删后出版者为第二版，依此类推。版次的增加，意味着图书内容有了较大的修改。根据我国出版行业的规定，同一种图书如果改换书名、开本、版式、装订、封面出版者，均不作为再版，即不作为版次的变更。在西文出版中，同一作品的不同版本由不同机构出版是常见现象。但在我国，从其他出版社转移来的书籍，即使修订再版了，版次依然从第一版算起，有时亦称"新一版"。而"新1版"应作为版本说明著录在版本项。"再版"指第二版及其之后的各个版次的印本。再版不等于第二版。"修订版"是对原书的内容进行增补、删节或修改而成的本子。其中，在原书基础上仅增加一些内容而形成的本子，又名"增订本"。仅删去部分内容而成的本子，称为"删节本"。"影印版"是按原书照相制版等方法印成的本子。"油印本"是指将油墨刮涂在用打字机或铁笔刻画或打印文图的蜡纸上而印刷的书本。民国图书油印本、翻印本较多。"毛边本"是由边缘未被装订工具裁剪或故意剪裁成毛边而形成的书本，也称毛装本。"铅印本"是用铅或铅合金活字排版印刷的书。图书大多数为铅印本，因此版本项通常省略铅印本的著录。

"重印本"是原书第一版首次印刷之后的历次（包括改版）印刷而成的本子。"翻印本"是照书籍的原样重新印刷而成的本子。"精印本"指精工或特殊印刷、质地优良的书本。这三种版本信息通常会在出版时间和装帧形式等著录单元中体现，一般不在版本项重复反映。外文译著的版本记录项目得酌情变更。译著的第×版一般都在题名页出现，但这个第×版指的通常是原外文版著作的版次，而不是译成中文版的这本书的版次，因此译著的原版版本说明不著录于版本项，只能在附注项305字段做附注说明：据原书第×版译出。换言之，205字段以中译的版本说明为准，有关中译所依的母本，即原书的版本说明著录于305字段。

对于有关内容特征、体裁特征和适用范围的版本说明文字，如中文版、英文版、图文版、青少版、注音版等，国家图书馆和全国图书馆联合编目中心一般不著录在版本项，而将其视为正题名的补充说明文字，通常著录在其他题名信息，即CNMARC 200$e子字段。根据客观著录的原则，这些在创作、整理过程中形成的版本信息，是否作为说明题名的文字著录，取决于它们是否出现于题名页。如果其出现在题名页，则可视为其他题名信息著录在题名与责任说明项。这种做法在业界一直存在争议。

从用户检索的角度考虑，一部分版本信息著录在题名与责任说明项的其他题名信息单元，在目前以传统OPAC和书目检索线性显示结果为主的背景下，方便用户在第一步检索到题名时就能分辨出文献的适用对象。例如《伊索寓言》，用户利用题名检索，会显示出成千上万条关于《伊索寓言》的题名信息。用户就无法快速判断目标文献。用户只有通过对每一条机读目录进行下一步查看，才能找出适合自己需求的文献。这样可能会给用户检索文献带来较多不便，耗费更多时间。但将部分版本信息著录在题名与责任说明项，也存在问题和弊端。因为这样的做法，虽然在一定程度上保证了题名检索点的完整性，方便用户实现点对点的检索任务，但加大了编目员对版本信息理解和判断的难度，也不利于版本信息著录的统一。并且同一字段所描述的版本信息纷繁复杂，缺乏规范化描述，不利于版本关系的关联和揭示。

5.5.2　版本信息著录实例

本节列举的实例，以国家图书馆中文图书书目数据为主，但为了直观地反映因规则差异而导致的数据差异，部分实例也罗列了CALIS和台湾地区的做法。在查询实例的过程中，笔者也发现了一个有意思的现象，即实践中多少都会存在与规则相悖的做法，编目实践并未严格执行编目规则。需要强调的是有关版次的著录，可视各馆所采用的编目规则及馆内编目政策决定最合适的著录方式。若采用现行编目规则，在著录版次时就必须依版本用语的缩写加数字的形式著录；若采用 RDA 作为编目规则，在著录版次信息时必须照录著录来源上的信息。

例 1：2001#$a 图形创意$f 江明著

205##$a 新 1 版

（题名页题：新一版，版权页题：2016 年 1 月第 1 版，另有 2013 年版。）

例 2：2001#$a 理科浅说$f 丁锡华编

205##$a 再版

（版权页题：再版。）

例 3：205##$a 影印版

例 4：2001#$a 大连韩氏族谱$f 韩行方主编

205##$a 增订本

（题名页题：增订本，版权页题：第 1 版。）

例 5：2001#$a 古典文献及其利用$f 杨琳著

205##$a2 版$b 增订本（国家图书馆）

205##$a 第 2 版$b 增订本（CALIS）

（题名页题：增订本，版权页题：第 2 版，国家图书馆省略"第"字，CALIS 不省略。）

例 6：2001#$a 人身权法论$f 杨立新著

205##$a2 版

305##$a 版权页题：3 版

（当题名页与版权页版次信息不同时，以题名页的版次为准。）

例 7：205##$a 胜利后 3 版

例 8：2001#$a 伊索寓言$e 注音版

2001#$a 伊索寓言$e 青少版

2001#$a 伊索寓言$e 插图本

2001#$a 伊索寓言$e 全译本

（CALIS 规定该例中$e 内容应著录在 205$a，但通过查询其数据发现，其许多成员馆的做法与国家图书馆的做法基本相同。）

例 9： 2001#$a 高等数学$e 文科版

2001#$a 高等数学$e 理科版

2001#$a 高等数学$e 生农医药版

例 10： 305##$a 据 1980 年法文版译出

305##$a 据原书第 10 版译出

（译著的原文版次不著录在 205 版本说明字段，著录在 305 附注字段。）

例 11： 2001#$a 中国近代史$e 插图重校第 6 版

$f（美）徐中约著$g 计秋枫，朱庆葆译（国家图书馆）

205##$a2 版

305##$a 牛津大学出版社授权出版 据原书第 6 版译出

2001#$a 中国近代史$f（美）徐中约著$g 计秋枫，朱庆葆译（CALIS）

205##$a 第 2 版

305##$a 据原书第 6 版译出

305##$a 插图重校第 6 版

例 12： 2451#$a 珍藏版大乘妙法莲华经（台湾）

250##$a 初版

（版权页题：2015 年 8 月初版。）

例 13： 2451#$a66 诗集$b 大地震·海啸和福岛$c 森井香衣著（台湾）

250##$a 一版

504##$aBOD 版 或 500##$aBOD 版

（台湾地区将 BOD 版著录在版本附注或一般附注字段。）

2001#$a66 诗集$e 大地震·海啸和福岛$f 森井香衣著（CALIS）

205##$aBOD 版

（CALIS 著录在版本说明字段。）

2001#$a66 诗集$e 大地震·海啸和福岛$f 森井香衣著（国家图书馆）

300##$aBOD 版

（国家图书馆著录在一般附注字段，或省略著录。）

5.6 思考与建议

版本是文献资源和信息资源生命周期中一个非常重要的属性。版本可反映文献内涵和形式上的各种差异。编目领域意识到"版本"的重要性，一直将描述与揭示文献的"版本关系"作为编目工作的重要内容之一。相关统计数据显示，2017年全国图书的重版重印量增长13.25%[1]，2018年重印图书的品种增长为8.06%[2]。可以预见，随着图书再版量与版本种类的增加，图书版本信息和版本关系的描述与有序化展示，将成为机读目录的重要工作之一。但版本关系的揭示需要解决两个难题：一是如何界定一个"新版本"，二是采用何种方式揭示版本关系。

传统编目通常以载体表现的版本作为内容版本的标识，将基于载体表现的版本著录在版本项，将大多数基于内容的版本分散在副题名、附注等多个著录项和著录单元。而且版本信息著录在什么项、什么字段，主要依赖于编目人员的判断。这些都给版本信息的描述带来了许多复杂性和不一致的地方。以国家图书馆的中文书目数据为例：同样是文献版次的"修订本"和"增订本"被分别著录在205和200字段；而同样表示文献内容创作时间的"康熙续修本"和"清道光十五年版点校本"被分别著录在205和200字段。此外，还有不少同为出版时间和内容形式的版本信息著录于不同字段的事例。根据统计显示，版本著录情况的差异还更多地存在于不同文献类型之间。文献类型与书目数据多元异构情况的增多，将进一步加大相关文献版本关系的揭示及从版本角度关联数据的难度。

上海图书馆研究员刘炜认为，从FRBR的角度考察，版本之间存在不同语义含义的版本关系（翻译、节选、改编、拍摄、抄本、批注本等）。这里的

---

[1] http://www.sapprft.gov.cn/sapprft/govpublic/6677/1633.shtml。
[2] http://media.people.com.cn/h!/2019/0829/c40606-31325579.html。

版本是更为广义的版本,是给读者和用户用的,而不是给少量编目高手用的版本。[1]也就是说,对文献资源内容版本的标注比载体形式或其他形式上的著录更为重要,这一点可能与我们传统编目的原则是不太相符的。FRBR 更多是从"什么样的版本可以算作一个作品"来考虑,但严格执行 FRBR 的理论,汇集作品太复杂,操作难度会很大。

虽然 FRBR 实体—关系模型在实体区分以及实践成本上存在一定的不足,但它为界定和揭示文献的版本关系提供了清晰的理论框架;并且,这个模型还有助于简化人的工作,让计算机替代人工做更多的事情。从 FRBR 或关联数据的角度,不管是"少儿版"还是"缩写版",其实都可以作为一个实体进行书目聚合。著录的附注项通常是自由行文的,很难实体化。而版本项的信息可以作为一个实体(不管是少儿版还是缩写版),很好地对资源进行关联和汇集。

因此版本信息的著录,从计算机系统规则的角度看,"可操作性"是一个非常重要的考量标准。这就要求编目规则中依赖于编目员水平的规定尽可能少,依照客观事实著录的规定尽可能多,规则要浅显易懂,编目的最终目的要始终明确。版本的判断和著录应尽可能简单化、标准化,不能有过多的人为干预。如果要求太复杂,机器可读性就差,任何人工智能也不现实。如果版本说明并不好判断区分,则不建议细化到"什么版"归到副题名,"什么版"归到版本项这种著录方式,统一著录在版本项,可能更利于计算机提取相关版本信息。

在此需要说明的是,有些所谓的版本说明,比如"珍藏版",从严格意义上而言,并不能算作版本信息。但如果这么进行区分,必然会涉及什么样的信息放在版本项。如果珍藏版不算在版本里,就需要去制定,到底哪些不算在版本里。鉴于图书版本类型的多样性和复杂性,可以想象这种含"版"或"本"字样的情况会非常之多。但是我们区分这个有何意义?分那么清楚干什么?就算有些版本信息没用,揭示出来也没问题。就算将一些缺乏科学认定

---

[1] 曹宁对新版《规则》版本项的解释[EB/OL].[2019-06-10].https://catwizard.net/posts/20050819-075815.html.

依据的版本标识，或者一个不太像"版本"的版本说明著录在版本项，其实也不会对数据造成什么影响，对整个业务的工作量影响也是微乎其微的。如果每个编目员都去想这个××版要不要著录、到底应该著录在这个字段还是那个字段，才会无形中增加成本。更何况，版本的界定是个极专业又复杂的问题，对版本的研究已发展为一门学科。一则编目员的素养无法作准确判断，要求编目员对各种繁杂的版本做出相对客观的界定，非编目员能力所及。二则编目员需花额外时间判断，在编目时间上也不允许这样做，因为会累积更多的待编图书。三则要求每个编目员都去判断，什么样的版本应该著录在版本项，也不利于著录工作的标准化。

第 6 章

出版信息著录

我国出版社众多，据不完全统计，全国共有580多家出版社。出版社层次高低有所不同，不同的出版社也有不同的专业特色和学科领域，通过出版社可以大致了解图书的质量。可以说，出版社是读者选择图书的重要参考。在图书馆图书采编管理中，出版社也是重要的采访信息，是书目查重的基本检索点之一。但在编目过程中，笔者发现图书出版者信息存在许多混乱、不规范、不一致的情况。编目员对于出版者的选取和著录也有不少问题和困惑，主要集中在三个方面：一是题名页与版权页出版者存在差异的情况越来越频繁，首选信息源到底是依照题名页还是版权页更合适；二是当版权页显示的出版者层次关系复杂、出版发行者信息混淆不清时，如何做著录上的取舍；三是对于因出版社改制造成的差异不大的更名，能否遵照以前的习惯用法，著录出版社的惯称。

考虑到出版者的著录混乱和不规范，不仅会影响编目数据质量，导致书目数据不一致、机器查重无效等多方面的问题，还会给读者的检索使用带来不便。为追本溯源，确保图书出版者信息著录的准确性和规范性，本章主要就中文图书出版者著录的相关问题进行梳理分析，并根据现行国内外著录规则，结合我国文献编目的实际情况和读者的检索习惯，提出相关建议。

6.1 出版者名称存在的差异

出版社由于历史变迁、业务调整或职能、隶属关系等发生变化，经常会出现更名的情况。在图书编目过程中，我们也会经常遇到，图书题名页与版权页上的出版者，因使用不同名称而造成不一致的情况，其具体的差异可以概括为下列几点。

6.1.1 是否含有"有限公司"等字样

由于出版社转企改制、按公司形式运作，许多出版社更名为"××出版社有限公司""××出版集团有限责任公司"或"××出版社股份有限公司"等名称，简称"××出版社"。在图书规定信息源上出现的出版社，可能是更名后的名称，也可能是之前的名称。主要概括为两种情况：①存在题名页为××出版社，版权页为××出版社有限公司的差异；②有些出版社已经转企，题名页仍然采用××出版社。

例1：2001#$a 我在碧桂园的 1000 天
　　版权页：中信出版集团股份有限公司
　　题名页：中信出版集团·北京

例2：2001#$a 余华文学年谱
　　版权页：复旦大学出版社有限公司
　　题名页：复旦大学出版社

例3：2001#$a 线性代数$f 辛荣环主编
　　版权页：辽宁大学出版社有限责任公司
　　题名页：辽宁大学出版社

例4：2001#$a 会选择才会有未来
　　版权页：民主与建设出版社有限责任公司
　　题名页：民主与建设出版社

例 5：2001#$a 企业能力视角下产业价值链价值创造研究

版权页和题名页：东北大学出版社

（说明：查询原国家新闻出版广电总局网站，"东北大学出版社"已更名为"东北大学出版社有限公司"。）

6.1.2 全称和简称的差异

同一出版者在规定信息源上以不同名称形式出现，主要是全称和各种简称的差异。如以前的"中信出版社"组建成"中信出版集团股份有限公司"，版权页上出现省略掉"股份""有限公司""集团""社"等字样的不同名称形式。但这些出版者名称对应的 ISBN 出版社识别代号都为 5086。出现类似情况的还有"吉林出版集团股份有限公司""陕西师范大学出版总社有限公司"等。再比如，"上海译文出版社"❶"少年儿童出版社"❷，简称形式经常出现在图书题名页。而图书版权页上通常是其改制后冠以出版集团的全称形式，即"上海世纪出版股份有限公司译文出版社""上海世纪出版股份有限公司少年儿童出版社"❸。还有版权页上同时出现全称和简称的情况，如"中国少年儿童新闻出版总社"与"中国少年儿童出版社"，其实是同一出版机构的全称和简称的关系，具体见表 4。

表 4 出版社全称和简称示例

原国家新闻出版广电总局网站查询的正式名称	版权页上的不同名称形式	ISBN 出版物前缀
中信出版集团股份有限公司	中信出版社	978-7-5086
	中信出版社集团有限公司	
	中信出版社股份有限公司	
	中信出版集团	
	中信出版集团股份有限公司	
	中信出版股份有限公司	

---

❶ 已被原国家新闻出版广电总局批准为音像和电子出版物出版单位。
❷ 出版社识别代号为 5324。
❸ 出版社识别代号在 2017 年之前使用 5324，2017 年之后使用识别代号 5589。

续表

原国家新闻出版广电总局网站查询的正式名称	版权页上的不同名称形式	ISBN 出版物前缀
吉林出版集团股份有限公司	吉林出版集团股份有限责任公司	978-7-80762
	吉林出版集团有限责任公司	
	吉林出版集团有限公司	
上海世纪出版股份有限公司译文出版社	上海译文出版社	978-7-5327
	上海世纪出版有限公司译文出版社	
上海世纪出版股份有限公司少年儿童出版社	少年儿童出版社	978-7-5324
陕西师范大学出版总社有限公司	陕西师范大学出版社	978-7-5613
	陕西师范大学出版总社	
中国少年儿童新闻出版总社	中国少年儿童出版社	978-7-5007

例1: 2001#$a 美，看不见的竞争力$f 蒋勋著

205##$a2 版$b 修订版

版权页: 中信出版集团股份有限公司

题名页: 中信出版社·北京

例2: 2001#$a 一支鸡毛飞上天

版权页: 上海世纪出版股份有限公司少年儿童出版社

题名页: 少年儿童出版社

例3: 2001#$a 中美关系转折

版权页: 上海世纪出版股份有限公司远东出版社

题名页: 上海远东出版社

例4: 2001#$a 作为关联性整体的勃拉姆斯交响曲

版权页: 上海世纪出版集团教育出版社

题名页题: 上海教育出版社

例5: 2001#$a 根鸟$f 曹文轩著

版权页: 中国少年儿童新闻出版总社中国少年儿童出版社

题名页: 中国少年儿童出版社

例6: 2001#$a 河北省冰雪体育产业协调发展研究

版权页：现代出版社

题名页：中国出版集团　现代出版社

对于这些不同名称形式的出版者，有的编目机构按照版权页照录，有的著录全称，有的著录简称，有的著录习惯名称。国家图书馆的做法是按照版权页著录，如果版权页上全称和简称同时出现，一般著录习惯简称，当不能判断全称和简称的关系时，可以两者都著录。CALIS是按照题名页照录。对于例5，国家图书馆将全称和简称分别著录在210$c，沈阳市图书馆210$c只著录"中国少年儿童出版社"，但鲜有编目机构会仅著录"中国少年儿童新闻出版总社"。

6.1.3　是否出现上下级机构的差异

当规定信息源上出现不同出版者的名称时，这些出版者之间往往具有一定的层级关系，最常见的是出版机构间的从属关系。规定信息源上的差异通常是版权页为上下级出版机构共同出现，而题名页只单独出现上级或下级出版机构。尤其是出版社转企改制之后，许多出版集团实行母子公司体制，无论是母公司还是子公司都有可能作为出版者出现。对于这类情况的出版者，目前的著录方式有三种：一是完全按照版权页上的形式全部照录上下级出版机构；二是省略上级出版机构，只著录有独立识别意义的下级出版机构名称；三是按照题名页上的形式照录。

另外，随着出版社"分社"的不断涌现，分社名通常只出现在版权页上，而题名页上只出现具有法人资格的出版主体。比如，"社会科学文献出版社"，旗下已发展了"社会政法分社""经济与管理分社""人文分社""皮书出版分社""当代世界出版分社""区域与发展出版中心""社会学编辑部""史话编辑部"等10多个分社。自2016年之后，该社出版的图书在版权页上基本都注有分社名称。但在著录出版者时，有的编目机构会照录上分社名，有的则不会。在联合编目大背景下，出版者选取和著录方式的不一致会造成大量重复数据的建设、上传。

此外，出版社的子公司更名造成的差异也比较常见，如"世界图书出版有限公司"[1]的子公司"世界图书出版公司北京公司"更名为"世界图书出版有限公司北京分公司",而"世界图书出版广东公司"更名为"世界图书出版广东有限公司",又如"世界图书出版公司西安分公司"更名为"世界图书出版西安有限公司"。

例1: 2001#$a 杜尚词典

版权页: 生活·读书·新知三联书店 生活书店出版有限公司

题名页: 生活书店出版有限公司

例2: 2001#$a 优秀班主任炼成记

版权页: 凤凰出版传媒股份有限公司 江苏凤凰科学技术出版社

题名页: 江苏凤凰科学技术出版社

例3: 2001#$a 中医儿科临床家王玉玲

版权页: 凤凰出版传媒股份有限公司

题名页: 江苏凤凰科学技术出版社

例4: 2001#$a 艺术史的历史:批评读本

版权页: 上海世纪出版股份有限公司

题名页: 上海人民出版社

例5: 2001#$a 爱食疗

版权页: 上海世纪出版股份有限公司上海科学技术出版社

题名页: 上海科学技术出版社

例6: 2001#$a 金融反腐论

版权页和题名页: 中信出版集团股份有限公司中国方正出版社

例7: 2001#$a 艾灸健体祛病大全书

版权页和题名页: 新疆人民出版总社新疆人民卫生出版社

例8: 2001#$a 欧洲如何使非洲欠发达

版权页: 社会科学文献出版社·当代世界出版分社

题名页: 社会科学文献出版社

---

[1] 简称"世界图书出版公司",是一家主要从事版权贸易的出版集团公司,分别在北京、上海、广州、西安设有四家分公司。总公司的ISBN出版社代号为5100,旗下子公司的出版社代号为5192。

例 9: 2001#$a 积极公民身份与社会建设

　　版权页：社会科学文献出版社社会学编辑部

　　题名页：社会科学文献出版社

6.1.4　合作出版等导致的差异

在实际著录过程中，还发现因合作出版等形式，导致版权页与题名页出版者存在差异的问题。尤其是附带光盘的图书，当版权页上出现"××音像出版社"，题名页上却没有时，"××音像出版社"通常就是光盘的出版者。另外，以"后浪出版公司"❶为代表的民营出版工作室，因承担着图书策划、发行的职责，会在图书的版权页出现，但题名页却没有。在著录图书的出版者时，这些合作形式的出版机构要不要作为出版发行者著录，目前不同编目机构执行的著录方式不统一。

例 1: 2001#$a 镜花水月 $e 西方时尚里的中国风

　　版权页：出版发行　湖南美术出版社　后浪出版公司

　　题名页：湖南美术出版社

　　210##$a 长沙$c 湖南美术出版社$d2017

例 2: 010##$a7-80063-086-2

　　（经查证，出版社代码 086 是"长虹出版公司"的代码。）

　　2001#$a 说三国，话人生

　　版权页：解放军出版社

　　题名页：长虹出版公司

　　210##$a 北京$c 长虹出版公司$d2001

　　306##$a 第一版由解放军出版社出版

6.2　出版者名称差异的原因分析

本节从出版层面对造成版权页与题名页出版者名称差异的原因进行系统

---

❶ 全称后浪出版咨询（北京）有限责任公司，成立于 2006 年。

的分析，得出以下几个方面的认识，希望对于出版者的选取和著录有所启发和帮助。

6.2.1 出版不规范

出版者名称产生差异的主要原因之一，是出版社出版图书不严谨而造成信息源形式凌乱无序和不规范。图书的出版应遵照国家标准《图书书名页》GB/T 12450—2001❶，标准中 4.1.3 规定了出版者名称采用全称，并标出其所在地，且强调了出版者指的是机构或组织，而非机构或组织的代表人。但遗憾的是出版社对该项标准没有执行或执行得不彻底，在进行图书出版时，版权页的出版者名称一般会采用全称，但题名页的出版者名称采用通用简称的较多。根据前往出版社调研的反馈情况，不少出版社根本不了解规范出版者名称的标准，出版从业人员对此项内容的处理具有一定的随意性。个别出版社往往根据自己的偏好或者习惯定义出版者，导致图书的版权页与题名页关于出版者的设定比较混乱。对于这种混乱的现象，出版社从业人员的处理原则是：不影响图书正常出版即可。

6.2.2 转企改革

根据《国务院办公厅关于印发文化体制改革中经营性文化事业单位转制为企业和支持文化企业发展两个规定的通知》（国办发〔2008〕114号）以及新闻出版广电总局《关于进一步推进新闻出版体制改革的指导意见》《关于印发〈关于进一步推进新闻出版体制改革的指导意见〉的通知》的要求，包括地方出版社、高校出版社、中央各部门各单位出版社在内的全国所有经营性出版社已全部完成转企改制。完成转企的出版社，其法人名称由某某出版社转变为某某出版社有限公司，但是出版社的工作人员仍倾向于使用某某出版社的名称。原因有两个方面：一方面是从业人员已经习惯了此叫法；另一方

---

❶ 该标准于 2001 年 12 月发布，并于 2002 年 8 月实施。

面，从业人员认为出版社有限公司的叫法较为商业化，而出版社的叫法更能拉近与读者之间的距离。因此图书上会经常出现版权页与题名页出版者名称不统一的现象。

6.2.3 集团效益

目前，我国出版企业在政府推动下组建成大型出版集团，且出版集团的运行模式为出版产业稳健有序的发展提供了新的动力。2017年新闻出版产业分析报告中的数据显示，107家图书出版集团、报刊出版集团和发行集团主营业务收入占全国书报刊出版和出版物发行主营业务收入的79.7%，拥有的资产总额占全国出版发行全行业资产总额的90.8%。[1]从这一系列数据我们不难发现，出版传媒集团集群基本形成，产业规模化、集约化程度加深。在这样的集团化大势下，大部分出版社不再是独立单一的个体，它们为了自身更好的发展进而加入出版集团，这就导致出版社在出版图书时必然会在出版者处体现集团的名称，因此在图书版权页或题名页上会有出版集团和出版社共同出现的情况。

6.2.4 出版社"分社"现象

出版社"分社"的涌现，是在出版社日益加快的市场化进程中被催生的。随着出版社规模的扩大与所涉领域的增加，出于对整个生产组织进行有效管理的需要，越来越多的出版社从职能型的组织结构转变为分部型的发展模式。在经历了项目组、工作室、事业部等中间形态之后，许多出版社逐渐演变成现在多个分社并立的局面，如社会科学文献出版社。每个分社都是具备相当生产规模的出版实体，分社的人员从几十人到上百人不等。分社制是出版社内部管理体制变化，走向集团化发展的探索。分社制改革的实质，是通过管理权限的下放和灵活机制的采用，给分社较大的权限，促成其独立闯市场，

---

[1] http://www.cbbr.com.cn/article/123453.html。

按市场规律和规则行事。分社在内部属于虚拟法人,内部管理也更为独立。

分社大多脱胎于编辑部、项目组、事业部。也有一些出版社只是简单地将原来的编辑部改名为分社而职能不变,分社相当于编辑室。还有一些出版社通过分社的成立,探索异地发展的可能性。比如,复旦大学出版社湖南分社、延边大学出版社山东分社等。还有一些出版社设立分社是为了形成专业化出版,及时提供适合市场需求的、更有针对性的产品。例如,北京邮电大学出版社第三分社,主要致力于计算机类、物理类、机电类、数学类、经管类等大学教材的研发工作。

6.3 国内外著录规则

目前,中文图书编目主要遵循文献著录国家标准(GB 3792系列)。标准未涵盖的,参照ISBD,著录细则执行《中国文献编目规则》(第二版)中的相应条款。从国际上来看,更新后的编目规则主要是ISBD(统一版)和RDA。现梳理国内外编目规则中对于出版发行项的规定。

6.3.1 国际规则

6.3.1.1 RDA

RDA将出版地、出版者名称和出版日期视为核心元素。根据RDA2.8.4.2信息源的描述,出版者名称取自下列来源(按优先顺序):①与正题名相同的来源;②资源本身内的另一来源;③2.2.4指定的其他信息源之一。RDA规定按信息源上出现的形式转录出版者名称。出版者可以有选择地省略非识别出版者所必备的层级,不必用省略号表示所做的省略。出版者名称上的差异可编制附注说明。

6.3.1.2 ISBD

ISBD规定出版发行项的规定信息源为题名页、其他正文前书页、封面、书末出版说明页、资源的其余部分。出版者名称应以其出现在规定信息源上的形式转录。在出版、发行等说明中间或末尾的不重要信息可以省略，这样的省略用省略号表示。如果在规定信息源上罗列了多个出版者，应著录版式较突出的名称，如果没有版式差别，则著录首先出现的名称。如果没有版式差别而且名称不按顺序出现，则著录被认为对于目录使用者最重要的名称。如果出版者名称变化，对于识别有必要或者认为对目录的使用者重要，那么后出现的出版者名称可以著录在附注项。

6.3.2 国内规则

6.3.2.1 国家标准《普通图书著录规则》GB/T 3792.2—1985/2006

国家标准在 7.1.2 规定信息源中指出，出版发行项的规定信息源为版权页、题名页。1985 年版国家标准对出版发行者规定：除国内知名又易于识别的出版发行者可用简称外，其他均用全称著录。2006 年修订版国家标准，则对出版发行者项规定：出版发行机构一律著录全称。修改为一律采用全称的理由，是考虑到计算机编目和检索点的需要以及一致性的原则。

6.3.2.2 《中国文献编目规则》（第二版）

根据《中国文献编目规则》（第二版）2.0.5 的描述，普通图书的主要信息源为题名页，而出版发行项的规定信息源为版权页、题名页。规定信息源载有三个及以上出版、发行者，根据规定信息源版式或顺序著录最显著的一个或第一个，其余在附注项说明。规定信息源所载出版、发行者有误，依原样照录，同时在附注项说明。

6.3.2.3 CALIS《中文图书著录规则》

CALIS 规定图书出版发行项的首选信息源为题名页，规定信息源为题名页、其他序页、书末出版说明。除国内知名或易于识别的出版发行者可著录简称外，其他均应著录全称。当出版者为本书责任者时，不可著录"著者""编者"等字样，应著录全称便于检索。出版发行者有误，可将正确的著录于方括号内，并在 306 出版发行附注字段说明。

6.3.2.4 中国台湾地区的规则

中国台湾地区规定出版发行项的规定信息源为题名页、版权页、封面，并规定以出版者或发行者名称的最简明字样著录。待编文献如同时载有三个以内出版者，且属相同出版职责时，无论是本国还是外国机构均照录之；唯同时载有四个以上出版者，且属相同出版职责时，只著录首出版者，并于其后加注"等出版""等印行""等发行"字样。

6.4 思考与建议

6.4.1 统一首选信息源

国内以国家图书馆为代表的公共图书馆主要将版权页作为出版发行项的首选信息源，而以 CALIS 为首的高校图书馆则将题名页作为首选信息源。根据对出版社的调研结果，并结合国内外现行著录规则，笔者建议出版者的著录首选信息源应统一为题名页，理由如下。

（1）符合著录趋势：通过对国内外规则的梳理，国际上对于出版者的著录主要以题名页作为首先信息源，并且图书各著录项的首选信息源都与主要信息源保持一致。国内也有将题名页作为首选信息源的趋势，且 CALIS 已按国际标准执行多年，在高校图书馆中得到一定的推广。目前，《中国文献编目规则》（第二版）已多年未修订更新、《资源描述国家标准》正在研制过程中。在这种情况下，我们应遵循大的著录原则，在信息源的选取及顺序上，尽量与 RDA、ISBD 保持一致，消除不一定有多大意义的差异。

（2）符合出版惯例：在实地调研过程中，出版行业的同仁也意识到了题名页与版权页出版者名称使用混乱的问题。因为改制以及管理模式上的问题，出版社不得不更改名称，但是出版社从业人员更倾向于原来出版社的叫法，也习惯于将出版社名称放置在题名页上，在调研过程中也表达了建议图书馆采用出版社名称进行著录的意向。并且题名页上出现的出版者，一般都是最终对图书负责的出版主体，较少出现出版者之间复杂的层级关系。

6.4.2 可著录通用简称

当规定信息源存在不同的出版者名称形式时，是取其正式的名称形式著录，还是取最适合目录用户需求的、为目录用户熟知或惯用的名称著录，是一个需要解决的问题。2006年修订的国家标准要求出版者一律著录全称，其本意是为了适应计算机编目和检索点的需要。例如，出版社"三联书店"，应著录为全称"生活·读书·新知三联书店"。但著录标准是随着时间的发展而变化的。国家标准当时的修订背景是出版社尚未进行文化体制改革，在转企、改制、上市的浪潮中，出版社名称多样性、复杂化的现象尚未出现。对出版社一律著录全称，不利于图书馆业务系统高效编目，不利于书目记录的查全率，也不利于图书馆准确统计馆藏数据。❶

另外，出版社与 ISBN 之间有着密切的联系，出版社有对应的出版单位前缀，通常对应到 ISBN 的出版社识别代号。现代图书馆系统功能已经可以实现通过 ISBN 自动批量生成出版者名称，不需要人工逐条输入出版者名称。技术变化使很多事情成为可能，不仅能节约工作人员的大量时间，取得事半功倍的效果，还能不断提高编目的效率及准确率，进一步提升书目数据质量。但鉴于多方面原因，同一个 ISBN 出版物前缀经常对应多个出版社名称，系统难以依据 ISBN 准确实现一对多的匹配，只能匹配一个最常用的或出现频率最高的出版社名称。

综上所述，笔者认为出版者名称形式的选取和著录，应以便利目录用户为出发点，不能以简单的、一刀切的方式认定全称就比简称合适。当全称和简称同时出现时，若不能确定众所周知或惯用的名称，则可选用正式的全称。

---

❶ 陈松喜. 出版社著录不规范的原因及其控制 [J]. 图书馆杂志，2015（6）：53-57.

如果出版者正式名称过于冗长，亦可采用具有区分特征的通用简称著录。出版者名称中的"有限公司""有限责任公司""股份有限公司"等字样，可予省略著录，如省略易产生歧义，则保留原形式。

6.4.3　可省略不影响识别的出版层级

当规定信息源上具有层级关系的出版者同时出现时，是两者都著录还是择其一简化著录就成为一个问题。笔者认为，对于具有上下级关系的出版者，主要取决于从属出版社名称本身是否具有可识别性。如果下级出版者名称具有相当的独立性、具有可识别意义，可省略上级出版者名称，直接著录具有专指名称的下级出版机构。如果下级出版者名称不具备独立的识别意义，那么上级出版机构名称就不能简化，从属出版机构应冠以上级出版机构的名称一并著录。对于非法人的分社、出版中心、编辑部等各种出版者名称，也可以直接省略著录，即可以不在出版发行项（210$c 子字段）详细描述。如化学工业出版社，下属分为 9 个出版中心和 2 个出版分社，出版者选择"化学工业出版社"著录即可。当出版者之间的关系难以判断，或对于用户都有识别意义时，则任何层级的机构名称都不应该省略。比如出版总社与副牌社，笔者认为两者均应著录，副牌社著录于总社之后。

6.4.4　将出版公司作为出版发行者著录

近年来，在政策和技术的推动下，民营出版业取得长足发展，我国涌现出"后浪""博集天卷""磨铁""新经典""凤凰联动""凤凰汉竹"等一批民营出版公司。但由于我国现今对出版业的法律规制，民营出版业务被限定为策划编辑、组稿、排版制作、后期宣传推广等环节，不能参与出版全流程。与出版社相比，民营出版公司在书号申请、出版品牌、资金等方面均处于劣势，致使民营性质的出版公司必须与国有出版机构在书号、资本等方面开展合作。一家出版社可能与多个出版公司合作，一家出版公司也可能与多个出版社合作。随着商业化的推进，许多图书的品质并不取决于出版社，而更多的是由出版公司所决定，取决于它们的品牌效应。例如，后浪出版公司译介了一系列经典的人文社科译著，在学术界和出版界引起较大反响。❶

在图书采访、书目推荐、业务拓展等工作环节中，出版公司是非常有价值的信息源。但目前这些出版公司的信息，分散在多个著录单元，有的著录在附注项，有的著录在丛编项，有的省略著录。笔者认为在规定信息源上出现的出版公司应作为出版发行信息著录，设置专门的检索点。

6.4.5 可实施必要的规范控制

当信息源上出版者名称形式本身就不够规范时，如果过分追求客观著录，就需要我们能够接受目录中非统一的、混合的出版者信息，同时也需要投入大量的人工在机器匹配的基础上再核对。但编目员面对海量书目数据，在编目过程中，要求出版者完全照录、没有任何差错，几乎是不可能的。如果追求数据的一致性、规范性，以减免出版者著录不规范现象的出现，保证出版者的检索点形式在整个目录里以同一方式呈现出来，且是始终一致的，笔者建议，可考虑对部分出版社实施名称规范控制。具体做法是先从编目数据中抽取 ISBN 出版社识别代号相同的出版社，然后将指向同一出版机构的不同名称形式进行梳理比对，重点对涉及更名的出版社建立名称规范数据，最后通过编目系统提供的规范功能，在书目记录出版者检索点与名称规范档之间建立链接，从而达到控制书目记录中出版者的检索，即实现读者无论以同一出版者的何种名称形式都能检索到相应的书目。

---

❶ 肖超，刘峰. 场域理论视角下人文社会科学译著出版特征及启示——以后浪出版公司为例［J］. 出版与印刷，2018（3）：30-36.

第二篇 标引

第 7 章

文献标引概略

文献检索主要有两种方式:一是特定文献检索方式,即对已知文献名称(题名)、责任者、代码等外在特征进行检索;二是一定范围检索方式,即经由分类途径或主题途径等内在特征进行检索。除了题名与责任者,主题往往也是书目或目录中重要的检索点。主题检索是将用户在检索时提问的概念,转换为主题词表已规范的语词标识。而这一过程就涉及文献标引方面的问题,故本章对这方面的内容进行阐述。

7.1 文献标引的定义与方法

文献标引也称为主题编目,具体是指根据文献中具有检索意义的内容和其他特征,赋予相应的类号标识或语词标识的过程。文献只有获得检索标识之后,才能按一定的逻辑次序加以组织,转化为有序的集合,才能使根据文献内容特征进行检索成为可能。文献标引实质上是文献内容概念的浓缩与转化,用符号或语词将文献的内容揭示出来,是决定文献分类号和主题词的工作。广义的文献标引,包括分类标引和主题标引。狭义的文献标引,仅指主题标引。分类标引是根据分类原则,在分类法中找到适当的号码。主题标引是将文献的主题概念转换为经规范处理的语词标识(主题词),即通过对文献内容的分析,将文献所论述的对象或事物——主题概括出来,再使用规定的词汇，并按一定的规则加以描述。

文献标引的主要方法有分类法与主题法。两者都是揭示文献主题内容的方法，在标引过程中，均需对文献进行主题分析，而且一般都要以预先编制好的、反映主题概念的工具——分类法或主题词表为依据。因而提供系统检索主题的分类法，也可视为广义的主题法。分类法是以分类体系来显示文献的内容性质。分类法的功能之一在于汇集性质相同的文献，透过相同或相近的分类号，用户可以检索到相关的文献。主题法一般是指直接以表达文献主题内容的语词作标识，提供字顺检索途径，并主要采用参照系统揭示词间关系的标引和检索文献的方法。主题词主要是以自然语言为基础，经过规范化处理，以揭示文献内容主题的一种人工检索词汇。

常用的分类法包括《杜威十进分类法》（*Dewey Decimal Classification*，DDC）、《国际十进分类法》（*Universal Decimal Classification*，UDC）、《国会图书馆分类法》（*Library of Congress Classification*，LCC）。国内图书馆常用的分类法，中文为《中国图书馆分类法》（下文简称《中图法》）；西文为《国会图书馆分类法》。常用的主题词表，中文有《汉语主题词表》（下文简称《汉表》）、《中国分类主题词表》（下文简称《中分表》）；西文有《国会图书馆标题表》（*Library of Congress Subject Headings*，LCSH）。

7.2 分类法概述

7.2.1 分类标引概念

类是指一组具有某一共同属性的事物对象的集合，可以是具体事物，也可以是抽象的现象、概念。分类是根据事物的属性进行区分和类聚，并按照其相互关系进行组织的活动。分类标引，又称文献分类，是指根据文献内容的学科属性和其他特征，按照一定的分类体系将各种类型的文献分门别类有系统地组织和揭示的方法。分类标引也是根据分类原则，将文献的内容纳入分类法中相应的知识门类，赋予文献分类号的过程。为便于检索，分类法一般以学科和专业为中心汇集文献，以一定标记符号作为排序工具。

文献分类虽以学科分类、知识分类为基础，但并不等同于学科分类和知识分类。首先，文献分类是以文献而不是以学科或知识为直接对象。文献分类在内容上不完全与学术体系吻合。其次，有些文献所表达的知识并不属于任何一门科学。比如百科全书等包含所有科学门类的文献，文献分类会将其置于一个"综合类"，但科学分类体系中是没有这样的"综合类"的。最后，文献分类必须考虑应用的层面。文献分类有体裁、形式的特性，作为文献分类标准的，除了文献的科学内容，还可以是著作体裁、著作形式、时代、地理（国家）、民族、语种以及出版物类型等。而学术知识的分类只注重内容，不注重形式。因此，文献分类的体系就不能和科学分类的体系完全等同。

分类标引实质上是根据所采用的分类法来组织文献的工作。分类法是由许多类目根据一定的原则组织起来的分类体系，并用标记符号来代表各级类目和固定其先后次序。古语云："工欲善其事，必先利其器。"分类法是一种器。所以，我们首先要了解所用的分类法的构造体系原理和使用方法。

7.2.2 分类法的构成

分类法一般有两大组成部分：类目体系、复分表。

7.2.2.1 类目体系

类目体系通常由类名、标记符号（分类号）、类目级别、说明与注释构成。类目是类目体系的基本构成单元，由标记符号和类名组成。标记符号亦称分类号，是分类法中用于表示类目的代号。分类号有固定类目次序，决定类目在分类体系中的位置以及显示类目之间关系的作用。分类号也是用于文献分类排架的排架标识和组织分类检索工具的检索标识。标记符号的构成有纯文字、数字或符号标记和文字数字混合型。

类目体系是分类法的主要部分，是由许多概念组织起来的一个体系。每一个概念就是一个类的名字，代表着具有一定共同点的文献。在进行文献分类时，决定所要分类的文献的内容是不是符合这个共同点。如果符合就可以归入这个类，否则就不能归入，所以共同点就是分类标准。在使用分类法时，必须掌握每个类的标准，也就是要了解每个概念，即类名的含义。类目体系通常遵循从总到分、从一般到特殊（具体）、从简单到复杂、从理论到实践的原则。分类法的每一个类目都不是孤立的，都是类目体系中相互关联、相互制约的有机组成要素。类目的含义不是简单地由类名来决定，而是将它置于分类体系之中，按照类目间的相互关系确定的，一般有从属、并列、相关、交替等关系。

对于等级体系分类法而言，类目的含义是由上位概念、下位概念、同位概念、相关概念和类目注释共同构成并限定的。类目之间有从属关系，即整体与部分的关系。处于总体的类称为上位类，处于部分的类称为下位类。类目之间也有并列关系，其关系不是从属的而是平等的，所以称为同位类或同级类。由一个上位类区分出来的一组下位类称为同位类。在一个类系中，类级相同，又不属同一个上位类的类目称为同级类。分类法就是这样在类目的从属关系和并列关系的基础上，构成了一个有层次、有等级的体系。

说明与注释是分类法体系结构、使用方法的说明性文字，包括编制说明、大类说明、类目注释。其中，类目注释是类表中的说明文字，是对类名的补充说明，用来协助标引人员确定类目涵盖范围、使用方法和说明类目间的相关性。类目注释大体有六种类型：指明类目内涵、指明分类方法、指明复分方法、指明交替类目、指明参见类目及举示文献实例。

7.2.2.2　复分表

类目体系是由各种不同的类组织起来的，必须弄清楚每个类是根据什么标准建立的，它又是根据什么标准进一步区分的。由于许多类在应用某种标准再行划分时，其下位类是相似的。很多文献常具有相同的形式或特性，如书目、索引、百科全书、辞典等形式，或地区、时代、民族等特性。因此，为了避免分类法中不必要的重复，节省、简化类表的篇幅，以及复分类号的容易记忆与灵活运用，在编制分类法时，常将类表中具有相同标准划分的某些类目所产生的相同子目抽取出来，配以特定号码单独编列成表，这样的表称为"复分表"。由于复分表必须配合主表使用，不能独立使用，亦称为辅助表。复分表的种类，因分类法而异，数量多寡不一。常见的复分表的类型主要包括三种：第一种是通用复分表，附在主表之后；第二种是专类复分表，一般插在主表中的相关位置；第三种是类目仿分，即仿照复分。

由于通用复分表提供主表有关类目相同细分的代码，可供各类目通用，其复分号码也都一致，具有助记性，因此也称为助记表。通用复分表虽然通用于各类目，但不可任意使用，必须遵照主表类目下的说明或指引，才可将适当的复分号码加于主类号之后，组成完整的分类号。常见的通用复分表，包括地区复分表、时代复分表、形式复分表、语言复分表等。《中图法》有8个通用复分表，《杜威十进分类法》有7个复分表。《国会图书馆分类法》的复分表比较特殊，各大类均有各自的复分表，数目不同，繁简不一，用法亦有差别。

7.2.3　中国图书馆分类法

文献分类法是按一定的思想观点，以科学分类和知识分类为基础，并结合文献的内容和特点，对概括文献情报内容及某些外表特征的概念或术语，进行逻辑划分和系统排列而成的类目一览表。图书馆选用文献分类法应以图书馆本身的任务宗旨、馆藏规模、专业特色、读者需求为出发点，同时还需评估书目记录间的传递、交换、使用、下载等问题。建议国内以收藏综合性文献为主的图书馆，文献分类标引以选用《中图法》为宜。原因有二：一是《中图法》专为中国文献而编制；二是方便各图书馆书目数据的共享、交换、下载。下面具体对《中图法》进行介绍。

7.2.3.1　《中图法》历史沿革

《中图法》是当今国内图书馆使用最广泛的分类法体系，是中国图书馆和出版发行界普遍使用的综合性分类法。前身可追溯到1957年8月公布的《中小型图书馆分类表草案》（以下简称《中小型表》），它所确立的"五分法"基本体系和混合制标记符号为《中图法》所继承。受到各种原因的影响，《中小型表》未能及时修订。1959年，为满足各大型图书馆和专业图书馆的需要，在文化部和教育部的主持下，由北京图书馆牵头组成了图书分类法编辑组，编制《中国图书馆图书分类法》（后俗称《大型法》）。由于历史原因，《大型法》的草案和未定稿都没有最终结果，但其体系结构、标记制度以及编表技术仍为《中图法》所借鉴。

1971年2月，北京图书馆倡议以大协作方式编辑一部新的图书分类法，得到全国各系统图书馆的积极响应，参加编制工作的有省、直辖市、自治区图书馆，高校图书馆以及中国科技情报所等36个单位。1973年3月，由北京图书馆以试用本形式印出。在征求各地图书馆意见的基础上，对试用本进行了修订、补充，于1975年10月由科学技术文献出版社正式出版，即《中图法》第一版。

为顺应时代变化和科学发展的要求，《中图法》编委会先后对《中图法》进行了几次修订。1980年6月，书目文献出版社出版第二版；1990年2月，书目文献出版社出版第三版；1999年3月，北京图书馆出版社出版第四版，名称由《中国图书馆图书分类法》变更为《中国图书馆分类法》；2010年9月，国家图书馆出版社出版第五版。为了既适用于传统文献的分类标引，快速查找类目，又适用于电子信息的有序组织，为实现机助标引和自动标引奠定基础，《中图法》不仅提供印刷本，还提供电子版和网络版。

7.2.3.2 体系结构

《中图法》的主要内容包括编制说明、基本大类、简表、详细类目表、通用复分表。为满足分类排架和检索的功能需要，《中图法》主要采用等级列举式体系，并采用类目仿分复分、主类号直接组配等技术提高分类法的组配标引功能。为适应计算机多主题要素标引、多主题检索的需要，逐步增加"多重列类"的成分。《中图法》共分五大部类，22个大类。

部类也称为基本序列，是文献分类法编制中为建立知识分类体系，对知识门类所进行的最概括、最本质的划分与排列，是确立基本大类的基础。五大部类分别是：马克思主义、列宁主义、毛泽东思想、邓小平理论，哲学、宗教，社会科学，自然科学，综合性图书。其中，处于首位的基本部类是其分类思想的理论基础，即《中图法》是以马列主义、毛泽东思想的辩证唯物主义和历史唯物主义为指导思想,具有凸显其作为社会主义国家的文献分类法的作用。该部类属于依人列类,具有特藏的形式。此外,考虑到图书本身的特点,对于一些内容庞杂、类无专属、无法按某一学科内容性质分类的图书,概括为一个基本部类,置于最后。

基本大类,也称分类大纲,是文献分类法中划分的第一级类目,以此为基础展开知识分类体系框架。基本大类都是传统的、稳定的、较为概括的学科或知识领域。《中图法》22个基本大类的序列见表5。

表5 《中图法》22个基本大类和标记符号

标记符号	基本大类
A	马克思主义、列宁主义、毛泽东思想、邓小平理论
B	哲学、宗教
C	社会科学总论
D	政治、法律
E	军事
F	经济
G	文化、科学、教育、体育
H	语言、文字
I	文学
J	艺术
K	历史、地理
N	自然科学总论
O	数理科学和化学
P	天文学、地球科学
Q	生物科学
R	医药、卫生
S	农业科学
T	工业技术
U	交通运输
V	航空、航天
X	环境科学、安全科学
Z	综合性图书

为了兼顾系统、简练，同时达到详细分类的目的，《中图法》编制了配合主表使用的8个通用复分表，分别是总论复分表、世界地区表、中国地区表、国际时代表、中国时代表、世界种族与民族表、中国民族表以及主要适用于图书资料复分的通用时间、地点和环境、人员表。《中图法》（第五版）为增强类目复分助记性、降低复分难度，在类下无直接复分注释而又需复分的类目的类名后增加了相应标记，并区别8个通用复分表、专类复分或仿分的标记，标记符分别对应为①②③④⑤⑥⑦⑧⑨。在"一般性问题"类名后增加了禁用类分文献的标记⊗。

总论复分表列出各知识门类下均可能出现的共性区分内容，主要涉及通用性主题和文献类型两个方面。对于总论复分的内容，编目机构可结合具体情况，规定使用至二、三级类，或在部分类下重点使用，也可根据需要只选用该表中的部分类目。世界和中国的"地区表""时代表"和"中国民族表"，只适用于分类表中规定用以复分的类目，在需要复分的类目下均分别注有"依照……复分"的注释。总论复分号码组配时，可直接将号码添加于主类号之后，总论复分只需复分一次，若文献内容同时兼具两种总论复分时，只能选用一种，通常的原则是内容重于形式。主表中若已按总论复分列类的，直接引用，不能再依总论复分。分类法主表中的某些类目，如果已将复分表的部分区分内容设为专类，或已在主表的专类复分表或供仿分的类目中编列，则不再使用复分表复分。例如，C类和N类是社会科学和自然科学总论性类目，C1/C7类目、N1/N7类目是借总论复分表的子目编号，所以后面不宜再加总论复分表的类号。Z大类一般也不依总论复分表复分。

《中图法》对各学科门类中出现的专类共性区分的问题，结合类目的具体情况，规定了三种处理方法。一是将专类共性区分的问题，编制"专类复分表"，供需要复分的各类仿照复分。二是在上、下级类中，均出现有共性的问题时，则在上一级类下，列出共性类目，概括为"一般性问题"，并有重点地注明"以下各类仿照复分"。三是在比较临近的类目下，出现共性区分的问题时，则在前面出现的类下，详列子目，另在后面需要同样复分的类下，注明仿照复分。按照这三种复分办法进行分类时，即将复分的类号，直接加在需要详细分类的类号上。

7.2.3.3 标记符号

《中图法》采用汉语拼音字母与阿拉伯数字相结合的混合制号码,其标记符号是字母与数字混合制和层累小数制。其用一个字母标志一个大类,以字母的顺序反映大类的序列。在字母后用数字表示大类下类目的划分。为适应"工业技术"图书资料分类的需要,对其下一级类目的复分,也采用字母标志,即工业技术所属的二级类,采用双字母。数字的编号制度,使用小数制,即首先顺序字母后的第一位数字,然后顺序第二位,依此类推。分类号码的序列,严格按照小数制的排列方法。数字的设置,尽可能使号码的级数代表类的级数,基本上遵从层累制的编制原则。在分类号码的三位数字后,隔以小圆点".",以使号码清楚醒目,易于辨认。

在标记符号中另外还采用了"a"(推荐号)、"-"(总论复分号)、"/"(起止符号)、"[ ]"(交替类号)、":"(组配复分号)、"( )"(国家区分号)、"="(时代区分号)等辅助符号。需要说明的是,"/""[ ]"仅属一般标记符号,不作文献分类的实际号码使用。

7.2.4 分类标引原则

7.2.4.1 学科或专业属性原则

文献分类标引首先应以文献内容的学科或专业属性为基本原则。文献分类最主要的标准是文献所探讨的内容主题,即文献中所探讨、所研究、所论述的对象、事物、问题。分类标引时,首先依内容主题所论述的学科领域归类,其次才依其他标准,如空间、时间、形式、语言等因素、特征作为参考。但当分类法某些类本身不是以文献的学科主题内容作为列类标准时,比如文艺类主要以文学体裁和艺术形式作为列类标准,那么其归类就应该以作品的体裁和形式为主要标准。再比如,综合性的百科全书、年鉴、目录、索引等,由于文献内容是综合性的知识,很难在科学体系中找到一个准确位置,因此就可以考虑按其他的标准归类,即分类的重点在于突出其编辑形式或文献类型,才能发挥文献的最大功效。但对于任何有一定科学内容的文献,尽管它可以具有引人注意的显著形式,都应该先按其内容归类,有必要时,再按形式归类。

当文献主题既具有学科性质的特征,也具有地理方面或时代方面的特征时,既可以按主题的学科性质归类,也可以按地理区域或时代归类。在这种情况下,总是先按主题的学科性质归类,有必要时,再按地理区域,然后再按时代归类。

7.2.4.2 系统性和逻辑性原则

分类法中,上位类、下位类间的从属关系,同位关系间的并列关系,总论部分与专论部分的处理原则等都具有一定的逻辑关系。文献分类标引必须体现分类法的系统性、逻辑性、等级性和次第性,不能违背分类法的概念逻辑。分类时一定要顾及所列入的类目是否符合分类法的体系结构,一般来说,凡能归入某一类的文献,必带有其上位类的属性,一定也能归入其上位类。

7.2.4.3 专指性原则

分类标引应遵循专指性原则,将文献分入最切合其内容的专指类目,而不能分入范围大于或小于文献实际内容的类目。所谓专指类目,就是与文献主题内容相一致的、对口径、规定入此的类目。凡能入下位类、需要进行仿分复分的,不得随意归入上位类,也不得随意不进行仿分和复分。凡讨论专题的文献,应归入恰能包含该专题的类目。研究某个主题某一方面的文献,依据其某一方面所论述的主题内容归入合适类目,不应笼统地根据主题本身归类。

7.2.4.4 实用性原则

分类标引应有反映文献用途的原则,即根据著者的写作目的、读者对象及收藏文献机构的专业属性等,将文献归入最能发挥其实际用途的类目。文献的最大用途取决于图书馆的类型与读者的需要。所以,类分文献时一方面要考虑图书馆的基本性质,是否适应该馆的馆藏组织需要和用户检索要求;另一方面也要依据著者的写作目的进行分类标引,因为作者的写作目的决定了文献所讲的内容和重心。比如文献的写作目的是针对特殊的阅读年龄层(如青少年读物),则应该归入特殊的阅读年龄层读物的相关类目。有时,分类法的实用原则还决定了类属的关系。

7.2.4.5 一致性原则

所谓一致性原则主要是要求对同一文献或相同主题的文献赋予相同的检索标识,对同类型、同学科、同类主题的文献在标引方式、专指度等方面保持一致。文献分类的首要目的是将性质相同的文献集中于一处,将相关的文献作最接近或最适当地排列,以求用时的便利。将内容相同或相近的文献集中归入同一个类目,做到前后一贯统一,避免将同一作品的不同版本或不同译本以及同性质的文献归入不同的类,这是分类标引工作的基本要求,是从事分类标引工作所不宜忽视的。有时,为了保证分类的质量,确保一致性,也可以通过建立分类规范文档,人为地将文献集中到某一类目下。

7.2.4.6 入"其他类"原则

当一个文献的主题在分类法中找不到为其专列的相应类号,入"其他类"优于入上位类。《中图法》是等级列举式编号制度,一个该入某类的下位类,虽然下位类没有列举,但是设立了"其他类",那就入"其他类";如果该类没有设立"其他类",那就只能归入上位类。

7.2.4.7 入上位类或依论述重点归类原则

当研究某个主题的文献涉及两个方面的论述时,按照写作目的的侧重点归类;如不能辨别时,归入能够包含两个方面的上位类,没有共同上位类的,按照篇幅在前的一方归类。当一个文献的主题涉及三个及三个以上类目的文献时,能入上位类的入上位类,否则可依其重点或篇幅在前的归类。当新学科、新主题文献在分类法中没有明确列类时,可先靠入其母学科,或归入其相关的上位类。

7.2.5 不同主题类型文献分类标引规则

文献按主题数量可划分为单主题文献、双主题文献和多主题文献。所谓多主题文献就是内容涉及三个或更多的不同对象的文献。根据文献主题构成因素不同，区分为主要类号和次要类号。由文献主题主要因素的学科属性来确定的分类号，一般为主要类号，也是用于组织排架的分类号；根据文献主题次要因素的学科属性确定的类号，为次要类号。次要类号通常是对主要类号的补充，为了提供多途径检索，为主要类目建立"互见"，因此，次要类号也称附加类号或互见类号。文献宜按分类的主要类号组织排架。根据文献主题概括的范围不同，区分为综合类号和分析类号。根据文献整体主题的学科属性所确定的类号为综合类号；根据文献局部主题的学科属性确定的类号为分析类号。分析类号多用于多卷书、丛书的分类标引。

7.2.5.1 单主题

单主题文献是简单地只讨论一件事物或一个问题的文献，一般依其内容的学科属性归类。分别从不同的学科来研究同一主题的文献，依研究它的学科归类。同时从几门学科综合论述一个主题的文献，依论述该主题的主要学科归类。同一事物可以成为不同学科的研究对象，有关这种事物的文献，依研究它的学科分别归入各相当的类，较具体的类应优先于较一般的类。凡可以归入具体的问题（专论）又可以归入比较抽象的问题（通论）的文献，优先归入具体问题。凡兼论一种学科的原理及其应用的文献，应依文献的主旨和用途归类。研究一个主题的两个方面的文献，根据作者论述重点或写作目的归类；不能辨别其重点的，归入能概括两个方面的上位类，没有共同上位类的，则按其他因素或在前的主题因素归类，并在另一个类作互见分类。凡讨论一个主题的正反两方面，依著者所赞成的方面的学科性质归类。凡从历史方面去研究一个主题的文献，应归入最切合文献主题性质的类。

7.2.5.2 双主题

当文献论及两个主题时，要依它们之间的关系来决定文献的类属。如果只是平等并列的主题，不分主次，可选择篇幅较多或篇幅居前的主题归类。如果内容有轻重之分，按重点主题归类。若不能辨别其重点或主次，可归入它们共同的上位类；若无共同上位类的，可在有关各类同时反映，即按前一个主题的学科属性归类,并为另一个主题作互见分类。如果内容互相贯串,或彼此对比,或合并讨论,可按文献用途和著者目的归类。如果是说明其中一个主题对于另一个主题的影响,按被影响的主题归类。凡论述一种理论、原则、方法或材料在另一问题上应用的文献,按应用的方面归类。如果是说明其中一个为另一个的原因或起源的,按结果的一方归类。概括而言,双主题文献一般依其最能体现该文献内容实质的或在内容中起主导作用的主题归类,必要时对另外的主题作互见分类。

7.2.5.3 多主题

多主题是指文献内容论及三个及三个以上主题。就多主题的归类,总的原则是,如果多个主题可以被一个较广泛的主题涵盖,包括在一个较广泛的大类里,就归入这个大类,即归入其上位类。无法归入其上位类者,则依论述的重点主题归类。在实际分类时,我们应首先判断多个主题所属的类,类有层级之分和跨学科问题。若多个主题同属一个基本类,选择能囊括多个主题的上位类;若跨了多个基本大类,那么分类时可以分入总类。若多个主题只涵盖两个基本大类,可以依文献用途或视其比重归类。

7.2.5.4 相关关系主题

双主题和多主题文献,也可按主题相关性划分为影响关系主题文献、应用关系主题文献、因果关系主题文献、从属关系主题文献、比较关系主题文献、并列关系主题文献。影响关系主题分类规则是 A 影响 B,入 B;A 影响 B、C……,入 A。应用关系主题分类规则是 A 在 B 中的应用,入 B;A 在 B、C……中的应用,入 A。因果关系主题分类规则是原因 A,结果 B,入 B。从属关系主题分类规则是 A 从属于 B,文献中心主题是 A,则入 A,否则入 B。比较关系主题分类规则是入著者所要说明或赞同的主题,或归入其上位类。并列关系主题分类规则是根据不同情况,依次按重点的、篇幅多的、作者的写作目的、内容在前的归类,必要时对另外的主题作互见分类。

为防止分类标引过程中的随意性、人为性,减少标引误差,提高标引质量，遵守统一的分类标引原则和规则是极为重要的。分类原则和规则是判断的依据，但不是绝对的，有时还要加上作者写作的意旨。分类不是程式化、机械的，是一种艺术，编目员只要用心，一定可以做出正确的归类判断。分类规则也并非一成不变的，各馆可根据本馆的实际情况做某些改动，但应将这些改动和分类工作中积累的解决现实问题、疑难问题的方法和经验或注意事项加以总结概括，形成分类细则，以指导实践工作，并一贯遵守，以免造成混乱，从而有利于提高类分文献的效率和质量。

7.3 主题法概述

7.3.1 主题标引概念

主题标引是根据主题词选词原则，将文献内容概念，用控制语词表达出来的过程。主题词是构成主题语言的基本因素，是用以描述、存储、查检文献主题的受控词汇，是主题表中能表达一定意义的最基本词汇单元。主题词是一个类概念，它以众多的事物概念为基础，是事物本质属性的概括。文献标引时，主题词用以描述或表达文献的内容主题；文献检索时，用以构成提问式表达检索需求。主题词必须具有标引与检索的功能，由此形成主题词与文献内容、检索提问之间的必然联系。使用主题词作为检索用词，其优点有三个：一是主题词均经词汇控制或规范化处理，可以降低检索的干扰因素；二是可透过主题词间的从属、并列、相关等关系，起到扩检、缩检和相关检索的效果；三是辅以分类检索工具，可发挥强大的类聚功能。

主题词一般分为标题词、元词、关键词、叙词四种。我国广泛使用的《中分表》和《汉表》皆采用叙词。所谓叙词，国内亦称主题词，是经过规范化处理的、以基本概念为基础的表达文献主题的词和词组。采用叙词标引，可通过概念组配、事物与方面的组配等方式充分表达文献主题。

刘湘生先生将构成文献主题的因素，归纳为五个基本方面，即主体面、通用面、位置面、时间面、文献类型面。其中，主体面是文献研究和论述的中心和关键性的主题概念，即包括各种事物、学科、问题、现象等具有独立检索意义的基本概念；通用面是指和主体因素密切联系，但没有独立检索意义的一般概念；位置面和时间面则分别表示文献论述对象所处的空间和时间因素；文献类型面则指将文献的主体、通用、位置和时间等因素加以组织、表达的著述体裁和形式。文献主题的各个"面"或"分面"，也可用"因素"来指称，即主体因素（中心因素）、通用因素、位置因素（空间因素）、时间因素、文献类型因素（文献形式因素）。

其提出的"主题引用次序公式"（主题分面公式）："主体因素—通用因素—位置因素—时间因素—文献类型因素。"其中主体因素包括研究对象、材料、方法、过程、条件等。通用因素是指文献主题中的次要成分，修饰说明文献内容的次要属性因素。通用因素是主体因素的通用性复分，在计算机检索系统中，一般不做检索入口。位置因素是反映文献主题中的空间地理位置属性的一组概念因素，包括自然区域和行政划分区域等方面的概念因素。在文献主题中，空间因素是对主体因素在地理位置上的限定、修饰。时间因素是反映文献主题中所处的时间属性的一组概念因素，如时代、朝代、年代等。空间因素、时间因素、文献类型因素，一般都不做检索入口。文献类型因素不表示一定门类的知识，而只标志着文献在著作形式或出版形式上所共同具有的特点的概念。有时是指著作的体例，如字典、词典、目录、索引、论文集、手册等；有时是由出版方式产生的，如丛书、丛刊、年鉴等。

7.3.2 《中分表》概述

《中分表》是将分类法的类号标识所代表的主题概念与叙词法的语词标识所代表的主题概念进行相互兼容对应的标引工具。它可以分别或同时用于文献分类标引和主题标引，降低标引难度，提高标引效率和标引质量。

7.3.2.1 词表发展过程

《中分表》是由《中图法》编委会主持编修的一部大型文献标引工具书。《中分表》自产生初始,便以叙词为主要形式,在《中图法》和《汉表》的基础上编制而成的分类检索语言和主题检索语言兼容互换的工具。该表自1987年开始编制,由我国著名文献检索语言学家刘湘生、张琪玉、侯汉青、朱孟杰等领衔主编,北京图书馆等全国40个图书情报单位、160多位专家参与,于1994年3月由华艺出版社出版第一版。但伴随着科学的发展和技术的进步,词表的滞后性逐渐呈现,并要兼顾电子资源标引的需要,须不断修订以维持其新颖性。该表自2000年开始修订,2005年9月第二版(电子版)出版。2010年3月,《中分表》Web版发布。2014年1月,随着《中图法》第五版的出版,将《中分表》更新为 Web 2.1 版。2017年4月,《中分表》第三版印刷版出版,Web 版 2.1 版已进行了三次更新。

《中分表》第三版更新重点在于增改主题词、与《中图法》第五版类目对应,它起到《汉表》第3次修订版的作用。根据文献保障原则,新增主题词、删除错误或无文献保障的主题词、修改主题词形式并将旧主题词转为入口词;为满足自然语言检索需要,增加非优选主题词(入口词、入口短语)。为解决与《中图法》类目对应中产生的复杂主题概念,新增入口短语6万余条,增强了优选词及主题词组配式的检索效率,以及文献主题族性检索的作用,为标引人员推荐了自然语言描述主题的规范组配检索形式;为大多优选词建立语义关系。

7.3.2.2 词表功能

《中分表》是将分类法和主题法结合起来的文献标引工具,是分类与主题、先组式检索语言与后组式检索语言相结合的一体化检索语言体系,反映了情报检索语言的发展趋势。分类法是先组式语言,主要通过学科系统揭示主题间的关系,更适用于族性检索;主题法是后组式语言,专指性是其主要特征。《中分表》在分类号与主题词之间建立了对应联系,有利于在检索系统中实现分类号与主题词之间的相互转换,从而提高检索效率。使用该表不仅可以使分类标引、主题标引经过同一主题分析、采用同一标引工具一次完成,而且能够降低主题标引的难度，提高标引的一致性。作为分类法和主题法相结合的词表，其功能超过了分类法和主题法的功能之和，实现了分类法与主题法、分类标引与主题标引的相互结合、相互转换，使二者扬长避短、互补互利，发挥二者最佳的整体效应，实现文献标引的一元化操作，达到文献一体化标引的目的。

《中分表》能够起《中图法》和《汉表》范畴索引的作用，分别建立从分类到主题、从类号到叙词的对照索引体系，以及从主题词到分类号、从标题到分类号的对照索引体系，可以部分实现标题词表的功能。从主题词的角度来看，词表能够显示文献、集中同主题文献，实现用户从词语角度检索文献的需要；对大量的同义词、近义词进行规范控制，使文献作者、文献使用者和编目员的用词一致成为可能，减少检索噪声。从分类法的角度来看，该表可以发挥更大的聚类功能，提供了相关主题词，一定程度上降低文献标引的难度。

7.3.2.3 体系结构与版本

从编辑结构来看，《中分表》分为三个部分：编例和使用说明、分类号—主题词对应表和主题词—分类号对应表。从条目结构来看，《中分表》的分类号—主题词对应表的条目包括分类号、类目名称、注释（来源于《中图法》第五版）、对应的主题词，主题词—分类号对应表的条目包括主题词、主题词的含义及语义参照、对应的分类号。表中的主题词可分为单元主题词和词组主题词两种。为了使主题词能够适合检索的需要，在组配的同时增强标引的直接性和明确性，在大量选择单词的同时，适当放宽词组的选择范围和级别，增加了词组的数量。

从反映词间关系的参照系统来看，《中分表》根据我国国家标准《汉语叙词表编制规则》GB 13190—91 使用 Y（用）、D（代）、S（属）、F（分）、Z（族）、C（参）作为叙词词间关系符号，反映主题词的等同关系（同义关系）、等级关系（隶属关系）和相关关系。"用""代"参照用于指引同义词之间的替代关系，以 Y 表示用项，指引用户从非正式主题词指向正式主题词；以 D 表示代项，指引主题词对应的非正式主题词。非正式主题词是一种引导词，通常是正式主题词的同义词或准同义词，本身不用来标引，其作用是通过它指向正式主题词。"属""分"参照用于揭示主题词之间的等级关系，分别以S、F为指示符，指示上位概念主题词与下位概念主题词。以Z标识的族首词，是一系列具有属分关系的主题词中外延最广的词，是查找词族索引的依据。参项参照以C为指示符，用于揭示相关关系。

从版本来看，《中分表》不仅有印刷版，还包括电子版和网络版（Web版）。电子版和网络版为不同用户设计个性化服务界面，以多文档、多窗体的形式，用动态手段再现了分类主题一体化的对应转换结构及其语义结构，克服了印刷版的线性结构和检索效率低、检全率和检准率低等缺陷，从而实现一体化机助标引和基于内容的信息检索等功能。

7.3.3 主题标引的基本原则与规则

主题标引的基本原则有四点。一是以用户为中心，选主题词时，必须时刻想到用户如何查询目录，揣摩用户的检索语言，以用户的信息需求为主题词选择的主要原则，查检主题词表的指定用语。二是一致性，即对同一主题对象一般只使用同一主题词标引，主题目录必须将同一主题概念的文献集中在同一主题词之下，将一个主题词所有相关文献聚合在一起以便用户查找。三是实用性，主题的选择必须能代表一般性使用，避免用户找不到文献。四是准确性，主题词的选用必须尽可能专指与具体。主题标引的专指性原则是指必须首先选用词表中与文献内容主题概念相对应的最专指的主题词标引，不得选用泛指主题词标引，即当词表收有最专指的主题词时，不得以该词的上位词或下位词进行标引，以免产生标引过宽或标引过窄的现象。

除了基本原则之外，主题标引还须遵循一定的规则。

7.3.3.1 组配规则

主题标引的组配规则是指当词表中没有专指主题词时，根据文献内容主题需要，对文献主题概念进行组配复分。组配标引可以提高文献内容主题描述和表达的专指性，并可以实现多途径、多层次的主题检索。主题词经由组配过程，可以组配出更专指、更精确的主题语言，以适切地表达文献的内容主题。

主题词的组配，必须是当词表中现有的单个主题词不能专指性地描述和表达文献内容主题时，才选用两个或多个主题词进行组配标引。主题词的组配必须是概念组配，即组配的主题词之间，在概念上必须是相容的、有着概念限定或概念交叉的关系，不能单纯地进行字面组配。参与组配的每个主题词，相对于被标引的主题概念应该是最专指的，不应越级使用上位主题词或下位主题词，即不能选用泛指的主题词进行越级组配。

另外，文献中如有地区、时代和文献形式等因素，应将其标引出来，以针对主题词作进一步限制，减少一个主题词下所汇集的文献量，并提高文献的查准率。但要注意是否合乎主题词的引用次序，是否合乎主题词组配的句法和逻辑规则。

7.3.3.2 上位主题词标引规则

上位主题词标引是指当文献的内容主题，词表中没有收入专指性的主题词，又不能进行组配标引时，可以选用最直接的上位主题词进行标引。上位主题词概念外延总是大于被标引文献主题概念的外延，因此，这是一种有助于查全率，不利于查准率的标引方式。为了尽可能降低上位主题词标引的不利影响，采用上位概念标引时，一般应同时标引一个与该内容主题相一致的自由词，或补入词表中作非正式主题词处理，以保证今后标引的一致性，并为专指性检索和增加新词提供文献数据保证。

7.3.3.3 靠词标引规则

靠词标引是将文献的内容主题用概念上与之相关相近的、交叉的、或有着某种渊源关系的主题词进行标引。当词表没有相应的专指主题词，也无法用适合的两个或两个以上的主题词组配标引，也没有可选用的、适当的上位主题词标引时，可以选用所表达概念与被标引概念相关的近义主题词标引，即靠词标引。靠词标引时，一般将原文献的内容主题概念的语词再作自由词标引于610字段，或补入词表中作非正式主题词处理。

7.3.3.4 多元主题标引规则

多元主题标引是指当文献的内容主题涉及多主题、多重特征属性时，需要从多个内容主题、多个特征角度给出多个或多组主题词进行标引，从多方面、多角度、多途径描述和揭示文献的内容主题。多元主题标引包括多个主题词的组配标引，也包括对各个主题、各个特征属性进行分组标引。

7.3.3.5 自由词标引规则

自由词标引，又称非控标引。它是直接使用未经规范化处理的自然语言词汇，作为描述和表达文献内容主题的一种标引。自由词标引必须是在主题词表中主题词对文献的内容主题无法描述和表达，或者是描述和表达不清楚的情况下使用。采用自由词作为补充标引，其目的主要在于提高文献的检索效率、扩大文献的检索途径。文献主题标引中的自由词，可以视为对词表主题词进行补充的主要来源。

7.4 分类法与主题法的差异

分类法和主题法是从不同角度、用不同方式揭示文献内容的。分类法要揭示文献所论述的问题、所研究的对象属于什么科学门类，同其他的问题和对象有什么关系等，是从文献的科学属性出发，将研究对象置于一定学科之内。主题法则注重揭示文献中论述的问题、研究的对象。直接性是主题法的主要特征，系统性是分类法的主要特征。下面具体比较两者的差异。

7.4.1 标识符号不同

分类法通常以号码（数字或字母）作为文献主题内容的标识，标引或检索时都必须使用分类号。主题法则是直接以自然语言中的语词（词或词组）作为文献内容主题的标识，标引或检索时都必须使用主题词。由于主题法的标记符号仅以自然语言中的语词为基础，因而在概念表达的直观性特点上，主题法优于分类法。但分类法的标记符号仅以号码为基础,基本上不受语言文字的束缚,不同语种的同一主题可使用相同的分类号来表达,所以在标识的通用性乃至标准化方面,主题法则逊于分类法。

7.4.2 体系编排不同

分类法以号码作为表达各种概念的标识,各种概念按知识分类系统排列,其规范工具或检索工具主要依数字或字母顺序编排。主题法则以语词作为表达各种概念的标识,各种概念按语词的字顺排列,其规范工具或检索工具主要依字顺(中文多依笔画或音序,西文依字母)编排。

7.4.3 语义关系不同

分类法主要的内在关系主要通过上下位类、同位类及交替类目、参见类目和注释来显示。尤其在体系分类法中,类目间的等级关系可以通过类目排列的位置、缩格形式,乃至字体直接且明显地显示出来。因而分类法的系统性、等级性较强,便于族性检索,并可根据检索需要进行扩检或缩检。主题法的主题内在关系,主要通过广义词、狭义词和相关词等词间参照系统的方式来显示,此外也通过词族索引、范畴索引等进行分类显示。所以,主题词表中相关主题之间的关系比较难以直接、一目了然地展示出来,因而在族性检索,尤其是较大范围课题检索中,不如分类法。

7.4.4 集中分散不同

分类法以学科内在联系为基础组织主题概念,以学科与专业为中心,将具有同一学科性质、研究不同对象的文献聚集在一起,具有很好的系统性。例如,将茶、稻、麦等各种农作物的栽培方面文献聚集在农艺类下,而将有关这些农作物加工和营养方面文献聚集在农产品加工和农产品业的类下,即同一对象的文献,因其研究角度的不同,因而在分类检索系统中分散至各处。

主题法仅以事物主题名称的字面形式来组织文献,将从不同角度研究同一对象的文献按主题词聚集在一起。例如,将有关茶的栽培、营销、价格、加工等各方面的文献都集中于"茶"这个主题词之下。

总之,分类法按学科集中,而主题法则按事物集中,因此可以说,在分类检索系统中集中于某一类目之下的文献,在主题检索系统中往往分散在不同的主题词之下;反之,在主题检索系统中集中于某一主题词之下的文献,在分类检索系统中往往分散在不同的类目之下。

7.4.5 适应性能不同

分类法因受学科体系及标记符号的束缚,增添新主题或改变原有主题位置的难度都比较大,更无法合理安置那些学科关系不明或关系复杂的主题,分类检索系统中所容纳的知识体系也往往落于科技发展之后。主题检索系统中的主题标识按字顺排列,增删主题词不会影响整个系统的结构,只需变更有关主题词之间的参照关系。因此,主题法的动态性较分类法更好,可随时根据科学技术发展与文献实际情况增补新词、删词和调整旧词,使系统中所容纳的主题容易与学术保持同步。

7.4.6 组织文献不同

利用分类法和主题法皆可以建立检索工具或检索系统,但是由于分类法系统性强,分类标记简短、易写、易排,因而可以发挥其系统组织文献的功能,用于分类排架、编制文献通报及分类统计等。图书馆按照分类号将文献排列上架,因此,给予每一种文献一个确切的排架位置是分类法的重要功能,而主题法基本上缺乏这方面的功能。

规范控制是维护主题系统不可或缺的措施,借以规范控制才能维持主题词表及参考款目的一致性与连贯性。将相关主题词、同义词加以连接则需要进行主题规范控制,即利用参照指引用户以不同的检索点找到所需的文献。受控的主题词之间的语义关系用参照系统等方式加以显示。

7.5 文献标引的一般步骤

文献标引工作的主要步骤可以概括为：审读文献—查重—主题分析（主题概念转换）—查表选词—确定标识（标引著录）—审核校对—建立检索工具（图1）。

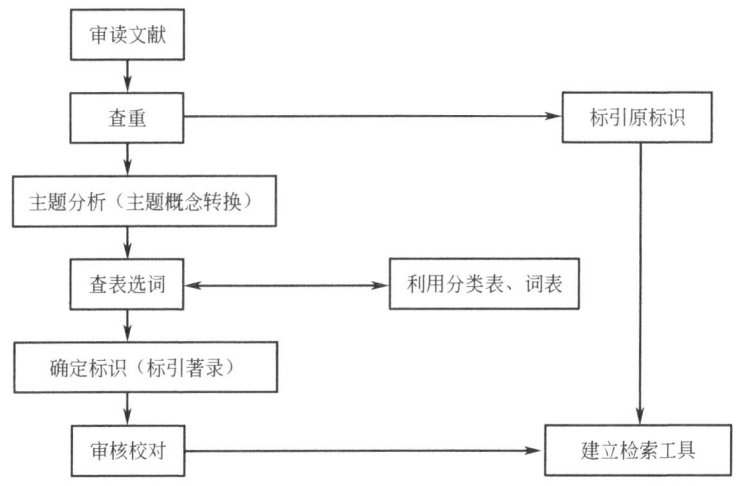

图 1　文献标引工作步骤

审读文献以文献题名为起点，以提要、前言、后记为重点，以目录、纲目求全面，以重要章节以至全文求了解，以作者、出版者、所属丛书、引文为参考，以书目、提要、书评、工具书、专家为咨询。许多文献的内容性质通常可以从题名上看出，但有些时候题名较为含糊，所以必须看前言、后记，有时还要看目录，甚至要粗略将文献看一遍才能决定。

查重，也称复本核查，是指查核在编文献是否为已进行过标引的复本，有无标引结果可以直接采用或作为参考，并且防止同一文献的标引不一致。如果属于复本或不同版本，可直接使用原先的分类号或主题词；如果是新文献，则进入下一步骤。

主题分析是根据主题标引和检索的需要，依据文献篇名、前言、目次、文摘、内容简介、正文等，辨明文献内容主旨，对文献内容特征进行分析，提取主题概念的过程。主题分析是文献标引方法的核心，包括主题类型分析和主题结构分析。它要求在充分了解文献内容及其学科属性、研究对象的基础上，分析主题的类型、主题结构和构成要素，对具有检索意义的主题概念进行提炼和取舍。主题分析以"题名切分"为重点，题名切分与文献标引的关系如下：从题名切分入手，以题名中的名词为切分对象，以单元词将题名予以切分；以切分出的名词为指导，查表选词，进行词汇交叉关系的解析。主题概念转换是以特定的分类法或主题词表为工具，将分析出的主题概念进行转换，即用标引语言的标识表达主题概念。

确定标识是通过查表，给文献以相应的分类号和主题词，形成检索标识。审核校对是对标引结果进行复核，也就是校对通常承担的工作，包括：文献主题概念提炼得是否正确；是否符合分类标引和主题标引的要求；是否符合相应标引方式的需要；号码配置是否准确；是否符合标引规则等。标引的良莠是影响用户信息检索结果好坏和文献能否被利用的重要关键。标引很容易受到主观影响而产生差异，应避免造成同内容、同性质的文献分散两处的弊病。

在文献标引过程中，重点把握两个关键：一是对文献主题的全面分析与准确提炼；二是对分类法的结构体系、各具体类的类目设置及其使用规则的了解、熟悉与掌握。

7.6 基于内容的标引方式

依标引针对的内容单元，常见的标引方式有四种：①整体标引，也称为浅标引或概括标引，是只概括揭示文献基本主题的方式，对于文献的从属主题、局部主题一般不予揭示。整体标引通过一个分类号、一个主题词单独标引或少数几个主题词组配标引。在多数情况下，整体标引都与补充标引结合使用。②全面标引，也称为深标引，是把文献中有价值、符合检索系统要求的主题内容全部予以揭示的标引方式。对于主题标引而言，一般可用数个主题词予以揭示；对于分类标引而言，除用主类号揭示基本主题之外，还应运用附加分类号、分析分类号揭示其他有检索价值的次要主题。③重点标引，也称为对口标引，是只对文献中适合本单位、本专业服务对象需要的信息内容进行揭示的标引方式，主要适用于专业图书馆或检索系统对与本专业相关的文献的标引。④补充标引，也称为分析标引，是在整体标引基础上，进一步将文献中的部分内容析出，提取个别局部主题予以标引的方式。补充标引是一种辅助标引方式，能够较好地揭示文献中有较大检索和参考价值的内容。

如果文献内容主题论述个数为3个，标引时应视分类法或主题词表是否有恰含此3个主题在内的类目，若恰有与文献主题相应的类目，则径以该类目标引之。但若无相应的类目，建议依下列方式处理：如是分类标引问题，建议分入上位类；如是主题标引问题，建议就3个主题分别标引之。文献内容有学科主体因素，也有文献形式因素，分类时通常以主体因素为主、以形式因素为辅。简言之，即先依主体因素分类，必要时再依形式因素复分。

7.7 标引字段分析

依主题词的不同类型，将标引结果著录于不同的字段，同性质的字段可以重复。主题词依类型可分为个人名称主题、团体名称主题、题名主题、论题名称主题、地理名称主题等类型。至于文献形式因素、时空因素等则归并到一般主题类型。根据《中图法》选取的分类号和所用分类法的版次著录在690字段。CNMARC标引常用字段、子字段见表6。

表6 CNMARC标引常用字段、子字段

字段标识	字段名称	子字段
600	个人名称主题	$a $o $f $x $y $z $j
601	团体名称主题	$a $b $c $d $e $f $x $y $z $j

续表

字段标识	字段名称	子字段
605	题名主题	$a $x $y $z $j
606	论题名称主题	$a $x $y $z $j
607	地理名称主题	$a $x $y $z $j
610	非控主题词	$a
690	中图法分类号	$a $v
686	国外其他分类法分类号	$a $v
696	国内其他分类法分类号	$a

7.7.1 个人名称主题字段

在主题标引中，当文献论述或研究的对象为某个人物时，如传记类文献，该人物名称应标引为主体因素，著录在 CNMARC 600 字段。著录个人名称主题时，应依据词表收词情况，选择相应的主题词标引，必要时在 606 字段从学科角度进行标引。当文献内容涉及多个人物时，如果在标引深度控制范围内，应分组标引，重复使用 600 字段。若论述的人物过多时，应按群体属性选出相应的学科主题词，标引在 606 论题名称主题字段。某个人物的全集、选集、文集、作品集等，首先应按其内容涉及的学科主题词与有关编辑形式的主题词组配标引。若内容涉猎广泛，不易找出重点学科主题词，或非文学体裁的个人日记、书信集，可将个人名称著录在 600 字段，全集、选集、文集等对应的文献类型因素主题词为副标题。

例1：2001#$a 邓小平时代$f 傅高义（Ezra F. Vogel）著$g 冯克利译
600#0$a 邓小平$f（1904—1997）$x 传记
690##$aA762$v5

例2：2001#$a 孔子研究$f 孔凡岭主编
600#0$a 孔丘$f（前551—前479）$x 哲学思想$x 研究
690##$a B222.25$v4

例3：2001#$a 名人传$f（法）罗曼·罗兰（Romain Rolland）著$g 傅雷译
600#0$a 贝多芬$c（Beethoven, ludwing Van$f1770—1827）$x 传记

600#0$a 米开朗琪罗$c（Michelangelo，Buonarroti$f1475—1564）
　　$x 传记
600#0$a 托尔斯泰$c（Tolstoy，Leo Nikolayevich$f1828—1910）
　　$x 传记
690##$aK835.165.76=41$v5
690##$aK835.465.72=331$v5

例 4：2001#$a 鲁迅全集$h 第四卷$i 三闲集　二心集　南腔北调集
6060$a 鲁迅著作$j 全集
6060$a 鲁迅杂文$x 杂文集
690##$aI210.1$v5
690##$aI210.4$v5

（说明：个人名称与学科概念构成的专指复合概念主题词，不能著录在600 字段。）

例 5：2001#$a 陶行知文集$f 江苏省陶行知研究会，南京晓庄师范学校编
6060$a 教育思想$y 中国$z 现代$j 文集
600#0$a 陶行知$f（1891—1946）$j 文集（不宜采用，优先选用学科主题词）
690##$a G40-092.6$v4

7.7.2　题名主题字段

在主题标引中，当文献论述的对象是具体某部作品时，可以直接选取该作品的题名为主体因素，著录在 CNMARC 605 题名主题字段。605 字段可以著录文献研究或论述的任何载体形式的作品题名，这一题名通常为作品的统一题名。当文献中涉及多部作品时，可重复使用该字段，分别著录被研究作品的题名。当作品过多，超过标引深度控制范围时，则按其文献内容选用相应的学科主题词进行标引。

例 1：2001#$a 论语新解$f 钱穆著
605##$a《论语》$x 研究

　　　　6060#$a 儒家$x 研究

　　　　690##$a B222.25$v5

　例 2：2001#$a 般若波罗蜜多心经讲录$f 李叔同著

　　　　605##$a《心经》$x 研究

　　　　6060#$a 大乘$x 佛经$x 研究

　　　　690##$a B942.1$v5

（说明：学术专著的主题标引，一般在选择 605 字段后，还应从学科内容角度标引。）

　例 3：2001#$a《临川四梦》校注$h 一$i 牡丹亭还魂记$f 王学奇，
　　　　　李连祥校注

　　　　6060#$a 传奇剧（戏曲）$x 剧本$x 注释$y 中国$z 明代

　　　　605##$a《牡丹亭》$x 注释

　　　　690##$a I237.2$v5

　例 4：2001#$a 中国四大名著解析$f 张天辉著

　　　　330##$a 本书对四大名著《三国演义》《水浒传》《西游记》和《红楼梦》进行了全面介绍与评论解析，探讨了每部著作的主题思想和文学、美学价值等内容。

　　　　6060#$a 古典小说评论$y 中国$z 明清时代

　　　　690##$aI207.41$v5

　或

　　　　605##$a《红楼梦》$x 古典小说评论

　　　　605##$a《水浒》$x 古典小说评论

　　　　605##$a《三国演义》$x 古典小说评论

　　　　605##$a《西游记》$x 古典小说评论

　　　　690##$aI207.41$v5

7.7.3　论题名称主题字段

　　在主题标引中，最大量的是论题名称主题的标引，亦称普通主题的标引,也就是文献研究或论述的主题是某个学科、事物或问题等具有独立检索意义的基本概念,在词表中,它们都是收自众多学科并能表达各种基本概念的词汇。通用因素、空间因素、时间因素、文献类型因素是主体因素的细分和限定,在一个标题中,其依次排列在主体因素之后。606的组配词序为$a 主体因素$x 通用因素$y 空间因素$z 时间因素$j 文献类型因素。

例1: 2001#$a 治乱迷局$f 陈抗行,任伟礼编著
6060#$a 政治制度$x 研究$y 中国$z 古代
690##$aD691.2$v5

例2: 2001#$a 清代直隶科举研究$f 刘虹,石焕霞,张森著
6060#$a 科举制度$x 研究$y 河北$z 清代
690##$aD691.349$v5

例3: 2001#$a 重大项目实施助推科技小巨人企业成长计划对策研究
　　　$f 魏津瑜[等]著
6060#$a 高技术企业$x 中小企业$x 企业发展$x 研究$y 中国
690##$aF279.244.4$v5
690##$aF279.243$v5

例4: 2001#$a 朝鲜核问题经纬$f 吴晶晶著
6060#$a 朝鲜问题$x 核武器问题$x 研究
6060#$a 核武器问题$x 研究$y 朝鲜(不宜采用)
690##$a D831.2$v5
690##$a D815.2$v5

(说明:朝鲜核问题已是国际问题,第一组主题组配更专指。)

7.7.4 地理名称主题字段

在主题标引中,当文献论述或涉及某一自然区域、某一历史地名、某一行政区域状况时,则选用 CNMARC 607 地名主题字段。607 字段的主标目必须是地名,其包括自然地理名称、历史地名及行政区划名称。论述某一自然

地域或历史地域综合性或某一方面状况的文献,地名作为主标目,著录在607字段。综述某一行政区域综合状况的文献,行政区划名称为主标目,著录在607字段。但论述某一行政区域方面或问题的文献,方面状况或问题对应的主题词为主标题,著录在606字段,行政区划名称为位置因素主题词,著录在606$y地区复分子字段。

  例1：2001#$a 长江防洪$f 仲志余主编
    607##$a 长江$x 防洪工程$x 研究
    690##$aTV882.2$v5

  例2：2001#$a 长安$f（日）佐藤武敏著$g 高兵兵译
    607##$a 长安（历史地名）$x 城市史$x 研究
    690##$aK928.6$v5

  例3：2001#$a 浙江地方史$f 林正秋等编著
    607##$a 浙江$x 地方史
    690##$aK295.5$v5

  例4：2001#$a 罗马史$f（德）特奥多尔·蒙森著$g 李稼年译
    6060#$a 古罗马$x 历史
    690##$aK126$v5

（说明：由地理名称和学科概念或时间概念构成的复合概念主题词,著录在606字段或其他相应的主题字段。）

7.7.5 非控主题词字段

本字段包含的主题词不是取自可控的主题词表,是根据文献内容主题选择的关键词,也称自由词。非控主题词不建议单独使用,可作为补充标引。有多个非控主题词需要标引时,重复$a。主题词表中的入口词不能著录在610字段。

  例1：2001#千年古刹白雀寺
    6060#$a 佛教$x 寺庙$x 介绍$y 宝丰县
    6100#$a 白雀寺

690##$aB947.261.4$v5

例 2： 2001#$a 传灯$e 星云大师传

6060#$a 僧侣$x 传记$y 中国$z 现代

6100#$a 星云（1927—）

690##$aB949.92$v5

例 3： 2001#$aPhotoshop 案例教程

6060#$a 图象处理软件

6100#$aPhotoshop

690##$aTP391.413$v5

例 4： 2001#$a 物联网关键技术与应用

6060#$a 互联网络$x 应用

6060#$a 智能技术$x 应用

6100#$a 物联网

690##$aTP393.409$v5

第 8 章

各类文献标引

各学科文献的标引方法有较大差异,不同类型文献其形式特点有所不同。本章选择一些学科和类型文献,结合《中图法》分类规则和《中分表》主题标引规则,说明其标引方法。

8.1 文艺作品

文学属于语言艺术。语言和艺术都是通过艺术手段塑造形象,通过作品反映人类社会生活,表达作者对社会现实的认识和思想感情的一种社会意识形态。文艺作品的主题标引,重在突出作品的文学体裁和艺术形式,采用文学体裁和艺术形式方面的主题词,以及创作者国籍和时代的主题词组配标引。在分类标引方面,《中图法》对文艺作品主要按体裁和形式归类,这与科学著作按内容的科学性质作为分类标准有所不同。

8.1.1 文学作品

《中图法》对文学作品列类的标准包括如下几种:一是国别标准。由于文学作品的著者所处国家的政治、历史、文化时期各异,因而文学作品的思想内容各不相同,《中图法》将文学作品类目的编列首先以"国别"作为类目划分的第一层次,形成类目的基本框架。二是体裁和形式标准。因为文学作品是通过一定的艺术形式,如诗歌、散文、小说、戏剧等形式来表达作者对生活的观察和理想。体裁作为文学作品的形式特征和要素之一,成为列类标准。三是时代标准。文学作品与作者所处的时代、生长环境息息相关,所以同时又采用了时代作为列类标准。

《中图法》规定,文学作品应依作者的国籍(国家)作为分类的依据。当遇到改变国籍的作家时,应以作品发表时作者的国籍(国家)作为分类的依据;国籍不明,无从考察者,宜参考作品内容分入相应国家的文学类目。国籍不明的文学作品按内容涉及的国家、地区归类,也是基于作品所呈现的国家或民族意识因素考虑的。但有的编目机构会考虑将符合下列标准的文学作品归入中国文学类下:一是凡出生并成长于中国的作家;二是以中文作为母语写作的文学作品;三是虽出生于国外,但主要文学活动时间在中国的作家;四是具有强烈中华意识的作家。

支持这种做法的主要观点是文学作品的创作风格与作者的文化背景是分不开的。虽然作者国籍和之后生活的环境发生变化,但在出生国接受数十年的学习教育,作者的人生观、世界观的形成已奠定了基础,其更改国籍之后的部分作品甚至全部作品的语言、读者群也与早期作品相同,如果硬生生地将这些作品归入他国文学之列,实在有点勉强。[1]另外一个原因是,作家的入籍时间有时不易查询和确定。虽然我国出版的文献信息源上一般都会标注外国责任者所属的国别,但对于已入外籍的中国人,文献上大多不会标注其更改后的国籍。对于文学作品,绝大多数编目员都会依据信息源上的作者国别进行分类标引,因此常将已入外籍的中国作家的文学作品归入中国文学的相关类目。作者简介里有时会提及作者旅居海外的时间和经历,但编目人员通常也不能据此确认作者是否已加入旅居国的国籍以及入籍时间。

文学作品除了按作者的国籍,还需按时代因素进行归类。文学作品的时代是指作者创作所处的时代,而不是作品内容涉及的时代。文学作品集有总

---

[1] 邓喜清. 关于文学作品依作者国籍分类的探讨[J]. 图书馆工作与研究,2009(1):61-62.

集和别集之分：多人作品集，称为总集；个人作品集，称为别集。作品集可能只限于一个时代，也可能横跨两个或多个时代。凡属跨时代的一部文学作品，应依完成写作的时代归类。跨时代的个人作品集，均按后一时代归类；跨时代的多人作品集，均按前面的时代归类。简而言之，就是总集按最前的时代归类，别集按最后的时代归类。当文献本身未注明作品创作的时期或创作时期难以查询时，编目人员可适当以作者的卒年或创作高峰期作为时代划分的参考依据。还有一些民间文学作品的创作时代无法确定，由于《中图法》并没有指出创作时代不明时如何归类，考虑到民间文学作品大多是由当代人整理编辑而成，就遵从传统习惯，按照当代处理。

改编类文学作品的主题和分类标引应尽可能地与原作品有所区分，应在主题和分类方面着重体现出文献内容或形式发生的变化。文学作品的节本、缩写本、改写本、改编本，如保持原作文体且篇幅改动较小，应随原作品分类。但如为特定对象，如以儿童读者为对象的文学作品改编本，则分入儿童文学的有关各类，以便于读者根据阅读能力自由选择。如果标明是小学或中学新课标读物或辅助读物的改编本，宜入相应教育程度的语文课外读物。对于不能确定的改编作品，就只能采取模糊处理，与原作品的类号保持一致。如果在原有作品基础上，通过改变作品的表现形式或者用途，从一种文体改为另一种文体，如从戏剧改编成小说，或从小说改编成电影，则属再创作之作品，依新作品进行分类，应按改编后的文体和改编者的国籍、时代标引。但对于改编类民间文学作品，因作品责任方式的不严谨，应不考虑改编者的国籍，按作品的发源地、流传地分类标引。

8.1.2 艺术作品

艺术按表现手段和方式的不同，可划分为语言艺术（文学）、造型艺术、表演艺术和综合艺术。《中图法》除将语言艺术单独立类"I 文学"外，其他各种艺术均编列在"J 艺术"类。J 艺术类将艺术形式作为划分的第一层次，形成类目的基本框架。因此，对于专论某一种艺术形式的作品集归入"J2/9 各种专门艺术"类，即归入相应艺术形式下按"中国""各国"区分的作品集类目，如需依世界地区复分，则用圆括号"（ ）"加以标识。两种或两种以上艺术形式的作品综合集，按创作者的国籍分入 J11/17 下相应各类。凡兼有中、外两种以上艺术形式的作品综合集入"J111 世界艺术作品综合集"；中国两种以上艺术形式的作品综合集入"J121 中国艺术作品综合集"；各国两种以上艺术形式的作品综合集入"J12/13 各国艺术"。

音乐作品的主题标引，采用艺术形式与相对应的"乐谱""总谱""作品集"等主题词，以及作品所属国别、时代的主题词组配标引。当音乐作品词曲都包含时，通常使用"作品集"组配。各种音乐作品集中归入 J64/65 有关类目。中国音乐作品入 J64，外国音乐作品入 J65，再依据作品的种类归入歌曲、戏剧音乐、器乐曲谱等类。外国作品如需按作者的国家区分时，应按注释规定使用地区区分标识。音乐作品集，若内容单一，可归入各专属之类；若内容多元，则可归入音乐作品综合集的相关类目。或可进一步细分为：①单个音乐家的单种音乐作品，或多个音乐家的单种作品，依作品性质入各个专属之类；②单个音乐家的作品集（内含两种以上类型的作品），或多个音乐家的多种类作品合集，入音乐作品综合集。

8.1.3 文艺作品标引实例

例 1：单一文学体裁
2001#$a 雍正皇帝$f 二月河著
6060#$a 长篇历史小说$y 中国$z 当代
6060#$a 章回小说$y 中国$z 当代
690##$aI247.43$v5

（说明：当代的章回小说，选择入章回小说，强调特性。）

例 2：作品总集
2001#$a 黄金她时代$e 民国女作家经典$f 叶君主编
330##$a 本书遴选了萧红、丁玲、白朗这三位民国时期女作家的重要作品。
6060#$a 中国文学$x 现代文学$x 作品集

690##$aI216.1$v5

例3：作品别集

2001#$a 莫言自选集$f 莫言著

6060#$a 中国文学$x 当代文学$x 作品集

690##$aI217.62$v5

例4：

2001#$a 钢铁是怎样炼成的$f（苏）奥斯特洛夫斯基著

6060#$a 长篇小说$y 苏联$z 现代

690##$aI512.45$v5

还是

6060#$a 长篇小说$y 乌克兰$z 现代

690##$aI511.345$v5

（说明：苏联时期的文学作品原则上应归入苏联文学类目。1917年前沙俄时期和1991年苏联解体后的文学作品归入原加盟共和国独立以后的类号，也就是按现在的国家划分处理。）

例5：

2001#$a 白蛇$f 严歌苓著

6060#$a 中篇小说$y 中国$z 当代

690##$aI247.57$v5

还是

6060#$a 中篇小说$y 美国$z 现代

690##$aI712.45$v5

（说明：严歌苓是美籍华人，《白蛇》是其1999年出版的一部中篇小说。遇到更改国籍的作家，更改国籍前后都有文学作品的，有的编目机构仍依先前的国籍归类。如严歌苓的作品，第一本入藏时为中国籍，入中国文学，之后严歌苓虽入美国籍，但作品仍归入中国文学。）

例6：

2001#$a 白蛇$f 严歌苓著

330##$a 本书收录中篇小说《白蛇》，短篇小说《魔旦》《冤家》

《拉斯维加斯的谜语》。

6060#$a 中篇小说$y 中国$z 当代

6060#$a 短篇小说$x 小说集$y 中国$z 当代

690##$aI247.7$v5

（说明：对于作品集与单行本同名的情况，标引时应注意加以区别。）

例7：

2001#$a 唐诗宋词元曲选编

6060#$a 唐诗$x 诗集

6060#$a 宋词$x 作品集

6060#$a 元曲$x 作品集

690##$aI222$v5

（说明：涉及三种文学体裁，主题可分别标引，分类归入上位类。）

例8：

2001#$a 鲁迅经典全集

330##$a 本书收录了鲁迅的短篇小说集《呐喊》《彷徨》《故事新编》，以及散文集《朝花夕拾》和《野草》。

6060#$a 鲁迅著作$j 选集

690##$aI210.2$v5

（说明：虽然题名是全集，实际上是个选集，而且这本书全集前有"经典"两字，经典通常是有选择的。此例也说明不能只从文献题名进行主题分析。）

例9：

2001#$a 三国演义$f 罗贯中原著$g 铁皮人美术编绘

210##$a 成都$c 四川少年儿童出版社$d2011

2252#$a 图说四大名著

6060#$a 图画故事$y 中国$z 当代

690##$aI287.8$v5

还是

6060#$a 讲史小说$y 中国$z 明代$j 缩写

6060#$a 章回小说$y 中国$z 明代$j 缩写

6060#$a 长篇小说$y 中国$z 明代$j 缩写

690##$aI242.43$v5

（说明：此改编本以儿童读者为对象，且以图画为主，应归入儿童文学类。）

例 10：

2001#$a 中华成语故事全集

6060#$a 成语$x 故事$x 作品集$y 中国

690##$aI247.81$v5

690##$aH136.31$v5

（说明：主要按体裁归类，学科内容可采用互见分类。）

例 11：

2001#$a 张大千书画作品集

6060#$a 法书$x 作品集$y 中国$z 现代

6060#$a 中国画$x 作品集$y 中国$z 现代

690##$a J222.7 $v5

（说明：书画作品如以画为主，一般按画归类。）

例 12：

2001#$a 俄罗斯列宾美术学院新生代油画家作品精选系列

6060#$a 油画$y 俄罗斯$z 现代$j 画册

还是

6060#$a 油画$x 作品集$y 俄罗斯$z 现代

690##$a J233（512）$v5

（说明：对于绘画作品的图册或画册，既有主题词"作品集"，又有主题词"画册"，这两个词的含义和性质略同，但专指和泛指不同。主题标引时应以专指词标引，尽量勿以泛指词标引。本例中建议使用"画册"为宜。）

例 13：

2001#$a 浙江百咏$e 诗书画印作品集$f 浙江省文联编

6060#$a 文艺$x 作品集$y 中国$z 当代

690##$aI219$v5

（说明：文艺类作品兼有，归入文学类。）

8.2 传记文献

传记是以人物为研究对象的历史文献。传记文献一般包括人物的传记、生平事迹、回忆录、访问记、年谱、年表、日记、书信、纪念文集、墓志铭、祭文、悼词、照片，以及对该人物的评论等。从写作形式上划分，传记可分为自传、评传等。其中，自传是指自述生平的传记。评传是指带有研究与评论性质的传记，一般不仅仅记述传主生平，还要对其思想、学术有所考证，做出相对客观的批评。从被传人物数量角度划分，总传是指文献内容包括多人的传记集，也称为列传，而分传是指只写一人的传记。

分传的主题标引应尽量使用人名主题词，以及相应的"传记""评传""自传""生平事迹"等主题词进行组配标引。详述人物一生经历的选用主题词"传记"标引，简述人物片段经历的选用主题词"生平事迹"标引。列传的主题标引应作整体标引，以被传群体所属学科概念主题词为主体因素，以及人物所属国别、时代概念的主题词进行组配标引。在标引深度控制范围内，可对每位被传人或作为重点内容的被传人进行分析标引。

在应用《中图法》组织传记文献的归类和入类时，历来存在的难点主要集中在三个方面：一是入各类还是入历史传记类；二是多重身份的人物传记如何归类；三是列传的复分问题。本节主要基于《中图法》第五版的应用实践，将传记文献的分类问题具体归纳为以下五点。

8.2.1 哲学代表人物的传记文献

《中图法》在"B 哲学、宗教"与"K 历史、地理"两大类都专门设有传记文献的相关类目。B 大类对古代和近代各国哲学家代表人物编列了专类，兼收哲学家的思想评传。同时，还为宗教人物传记在各教教史下设有专类。

K大类下设"K81传记"收入综合性内容的人物传记和各科人物传记，其中也包含为哲学人物设置的相关类目。

《中图法》对文献分类的这种操作模式主要基于如下考虑：古近代哲学家的学术著作年谱、思想评传，一般被认为与研究哲学或儒学发展史、经学传授史等相关，属于哲学家思想范畴的重要参考文献，应归入哲学相关类。中图法的K类相关类目注释也明确说明"哲学家思想评传归入B有关各类"。依照《中图法》的分类规则，哲学家传记除年谱、评传入B类外，其他均应归于K类。就传记文献在B类与K类的归类划分上，《中图法》的类目本身设置得较为科学。但在标引实践中，对于哲学家传记文献的归类问题，仍存在较大的分歧。目前常见的归类方法有两种：第一种是B类有专号的哲学家传记，不判断是否属于评传，统一归入B类，B类无专号的则归入K类；第二种是区分一般传记与思想评传，判断为评传的归入B类，否则按照一般传记归入K类。比如，王安石的传记，按照第一种归类方法，统一归入B244.55；按照第二种归类方法，则可能入B244.55，也可能入K827=441。再比如，伽利略的传记，按照第一种归类方法，无论是评传还是自传，都统一归入B503.922；按照第二种归类方法，评传应归入B503.922，自传则入K835.466.1=41。

这两种做法各有利弊。第一种做法的好处是将哲学家代表人物的各种传记文献集中一处归类，并与其哲学著作集中排架，免去因分两处归类而造成的混乱，方便标引人员。标引人员无须面对评传的辨析问题，不会出现因不同人员对评传的判定尺度和标准不同，而造成同一种传记文献归类不一致的现象。而弊端是其指导思想与《中图法》的类目注释及分类规则是相矛盾的。第二种做法的好处是本质上遵循依文献内容标引的原则。弊端是评传与自传等传记文献不能集中归类，且在标引实践中编目人员很难真正从内容上把握是否属于评传。多数人只根据题名或字面意义来判定是否属于评传，很容易出现同书异号的现象，给传记文献的集中与查找带来诸多不便。

笔者认为，两种做法产生分歧的原因主要有三点：一是评传的界定问题。《中图法》标引手册没有对评传作相应的界定，也没有在类表或手册中列举具体的示例导引标引人员。而且，不管文献字面是否含有评传，后来人写先人的别传，很少只关注生平，而不评论其思想的。写先人的成长，基本上也是为了探究他思想形成的源头，纯粹的、不加任何个人思想评论的传记是很少见的。这使得在标引实践中很难按照《中图法》的分类规则执行归类。二是认为一个人的传记不应分散给号，比如自传与评传都属于传记文献，是否有必要分开归类。自传对于理解一个哲学家的思想可能也是同等重要的，为何评传入哲学类，自传就须归入历史传记类。这种划分从用户角度而言是否有必要，从工作人员角度而言是否实用，有待进一步商榷。三是从传记文献的主要作用看。传记是企图说明个人的生平活动，个人的思想、事业、性格的发展过程，以及个人在其时代中的作用和影响。❶生平活动构成了传主所从事的事业的一个不可分割的部分，应归入与被传人的生平活动最有关系的类。《中图法》使用手册也明确说明各学科人物的学术思想评传，入有关学科史类。

总之，传记文献集中或分散处理各有利弊。但既然确定使用某种分类法，就得遵循该类表的使用规则，以达到分类的一致性。综上所述，笔者更认可第一种做法，将哲学家代表人物的传记同其所从事的哲学事业联系在一起，归入哲学类，既便于进行一个人的研究，又便于进行专业的历史的研究，也便于发挥传记文献的最大作用。❷

8.2.2 青年、学生、妇女的传记文献

《中图法》对于青年、学生、妇女的传记文献的类目设置与哲学人物颇有相似之处，同样是分两处列类、归类。《中图法》将涉及青年、学生、妇女先进事迹的传记文献归入 D 类思想政治教育相关类目。若没有"先进事迹"因素的传记文献，则归入 K 类相关类目。具体而言，青年、学生先进人物事迹的文献入"D432.62 思想政治教育工作"，妇女先进人物事迹的文献入"D442.62 思想政治教育工作"。《中图法》还规定，凡属综合介绍各行各业人

---

❶ 刘国钧. 刘国钧图书馆学论文选集［M］. 北京：书目文献出版社，1983：261.
❷ 郑伦. 传记图书怎样归类才好［J］. 江苏图书馆工作，1983（6）：23-26.

物的先进事迹的文献，入各有关学科类目，不入人物传记类。文献分类首先以其内容的学科或专业属性为主要标准，但有时也可从文献的写作意图或文献对读者的用途角度来决定它的科学性质。《中图法》这样设置类目，可能考虑到这类传记文献的写作目的主要是突出宣传某类人，认为其属于思想政治教育活动的范畴。

但在标引实践中，D 类与 K 类相关类目界定不够清楚，常会造成归类混乱和不一致问题。首先是先进事迹的界定，先进事迹的范围可大可小，标引人员不易把握。比如某某学生是感动中国人物，属于典型的先进事迹，但如果只是由其所在的学校评选出来的优秀学生事迹、模范事迹，是否算作先进事迹难以确认。其次是在当代学生、青年的传记文献中，纯粹讲述某个学生或青年生平事迹的文献是较为少见的，立传本身便是对被传人的颂扬，多少都带有一些表彰性质。如果将这类文献都归入 D 类，可能会导致 K828.4 等相关类目下的文献非常少，有文献但不归入其类，造成类目形同虚设，违背了类目设置的文献保障原则；也可能会将这类文献的主题标引成先进事迹，但给号时又归入 K 类，造成主题和分类自相矛盾。

例 1：《长江大学"全国见义勇为舍己救人大学生英雄集体"先进事迹报告》

国家图书馆归入 D432.62，湖北省图书馆、浙江图书馆等则归入教育类 G645.5。

例 2：《心中有阳光 脚下有力量——沈阳高校大学生标兵、模范大学生事迹选编》

国家图书馆和 CALIS 都将主题标引为：大学生—模范学生—先进事迹—沈阳—现代；中图分类号却归入 K828.4=76。

例 3：《塞上花儿沁人香》

国家图书馆标引成：女职工—先进事迹—宁夏—现代，归入 D442.62。

CALIS 标引成：女性—先进工作者—生平事迹—宁夏，归入 K828.5。

文献分类的目的是将同性质的文献集中在一处便于用户使用，因此分类须做到前后一贯，避免将同性质的文献分入不同的类，是对分类工作的基本要求。笔者建议编制分类法时，类表应该在 D 类与 K 类的相关类目建立参照，并注释入类差异，以避免类目的模棱两可。在不影响分类法篇幅的前提下，类目注释中可适当加一些示例，以提醒和指引标引人员，帮助标引人员准确理解类目，明确类目的内涵和外延，从而尽量减少同类文献的出入分野。

8.2.3 回忆录等兼具文体特征的传记文献

回忆录是指追忆本人或他人过去生活经历和社会活动的一种文体。访问记是对人物或事件进行采访，再用文字表达出来的一种新闻形式。书信集是一种人与人传递信息、交流思想感情的应用文书。以人物为中心的回忆录、访问记、书信集、日记，既是写人的又是纪实的，具有传记性质，同时也具有历史文献的价值，因此都属于传记文献的范畴。但它们也是常见的几种文学体裁形式。因此在分类时，常常会将回忆录、访问记、书信集、日记的传记性质与文体特征相混淆，区分不清楚何种情况按历史传记归类、何种情况按文学作品入类，而造成分类的不一致性。

那么，如何将这类型传记文献分入恰当的类，只需牢记掌握一条原则：当传记文献在可以依内容特征归类又可以依形式特征归类时，总是先按内容，后按形式。内容特征是指文献论述主题的内在学科特征，形式特征是指文献所具有的出版形式、载体形式和体裁形式等外部的特征。[1]也就是说，有关人物生平史实的回忆录、访问记、书信集、日记，尽量以人物所属的学科特征归类，不要轻易归入文学类。只有在内容上类无专属时，才可作为文学性传记处理，依其文学体裁归类。具体示例如下。

例1：《当旧制度遇上大革命——托克维尔回忆录》
主题标引：政治家—回忆录—法国—近代，类号入 K835.657=41。

例2：《岁月的记忆——记我的父亲和母亲》
主题标引：回忆录—中国—当代，类号入 I251。

---

[1] 安晓丽.《中国图书馆分类法》总论复分表修订的再思考[J].图书馆工作与研究，2003（1）：73-75.

例3：《院士书信》

主题标引：书信集—中国—当代，类号入 I267.5。

8.2.4 具有多重身份特征的人物传记

人处于社会群体中往往被赋有多重身份特征，如性别、年龄、籍贯、职业等。比如某个人有其性别特征女性、年龄特征青年、地域身份华侨，还有其职业身份。许多杰出人物的才华往往也是多方面的，能在多个领域有所建树，具有多重学科身份。比如，王安石是政治家、思想家、文学家。居里夫人是物理学家，也是化学家。朱德、叶剑英既是政治家，也是军事家。这些具有多重身份特征或在多个领域都有成就的人物，按照《中图法》的规定，其传记文献的分类也须遵循一致性的原则，归入同一个类目。

对于多重身份特征的人物传记，遵循文献分类的基本原则，应以被传人所属的学科或专业为优先考量原则。只有那些不具备任何事业或职业特征的人物，不适于以学科属性为区分标准时，才考虑按其性别、地域、年龄等特征归类。对于多重学科跨领域的人物传记，《中图法》规定按其重点或按编列在前的类目归类，即首先根据传主的主要活动或主要贡献，归入成就最大、最有影响、最被人们所熟知的学科领域类目。当多学科领域皆有建树且难以区别重点时，规定采用最前标号法确定学科归属。❶ 比如居里夫人的传记，有的按照化学家传记归类，有的按照物理学家传记归类，由于她主要从事物理学方面研究，所以考虑将其按物理学家归类比较合理。

但在实践中，常因不了解分类规则，导致归类不一致。例如，《奋斗与感恩——在新西兰的岁岁月月》讲述的是某移民新西兰多年的乒乓球教练员的传记，有的按照体育人物归类，有的则按华侨归类。再比如，梁启超著的《王安石传》，是关于王安石政术思想的评传，有的按照王安石的最高成就归入政

---

❶ 刘少武.《中图法》（第4版）传记类目述评［J］. 北京图书馆馆刊，1999（4）：123-128.

治人物传记,但因哲学大类中有其专号且属于评传,有的亦归入 B 类。同样是遵循《中图法》的规定,但产生的却是如此有差异的分类结果,也间接说明分类法本身有设置不甚合理之处。

为尽量减免类似的分类差异,保持类号的一致性,各馆在应用《中图法》的过程中会渐渐形成一些约定俗成的做法。这些做法与《中图法》的规定可能会有冲突,我们应允许少量这类冲突的存在,不必过于纠结是非对错。比如国家图书馆认为有专号的人物传记可尽量归入专号。再比如,中小学教师个人传,一般入教育人物传,但大学教师的个人传,一般不入教育人物,会尽量按其最有成就的学科归类,也就是遵循先按专业、后按职业的入类原则。

8.2.5 总传的复分问题

总传是以多人为研究对象的传记。总传都可以依人物的学科、时代、地区等属性复分。一般复分的先后顺序是先学科、后地区与时代。在依地区和时代复分时,仍存在不少问题。首先是错误使用概括类目。"K812/K820 人物总传:按时代分""K815/K825 人物总传:按学科分""K820.8 人物总传:按地区分",这些类目都属于概括类目,不具有直接类分文献的功能,不能直接给号。其次是时代和地区的复分混乱。《中图法》规定凡需依时代复分时,应以人物的主要活动时期或其卒年为取号依据。跨时代的人物传记,按照最早的起始年代复分,即入前一个朝代或时代。当按地区复分时,主要是依人物所属国家和涉及的地理范围复分,并非专指人物的出生地点和血统关系,而是人物从事主要活动的地方。许多标引人员不清楚复分规则,时代一律以卒年作为取号依据,地区则是望文生义地复分。

例 1:《任继愈论历史人物》

涉及跨学科、跨地区、跨时代的人物列传,归入 K820 是错误的,应归入 K82。

(注:本书收入任继愈先生有关中国历史人物的论说文章 53 篇。包括从古至今比较重要的政治家、史学家、哲学家、军事家、文学家、教育家等,

按照古代、近代、现代、其他予以划分。）

例2：《万安人物志》

有归入K820.8，有归入K820.81，宜入K820.6。

（注：本书介绍了葬于北京万安公墓的历史名人。万安公墓是北京历史上最早的现代公墓之一，建于1930年，葬及晚清、民国、现当代的名人。北京从元代就是首都，荟萃了全国优秀人才，不宜按地区复分到北京。）

传记文献不管是入各类还是入历史传记类，最终目的都是根据读者的需要，将文献分入最大用途的类。因此，根据不同传记类型的特征可以采用不同的分类方法。一是特定类型传记文献是否应该归入传记类中。哲学人物传记应该优先考虑其学科属性，不宜划入传记类中；青年、学生、妇女代表特定社会身份的传记文献，应依是否属于先进事迹进行归类，非先进事迹类才宜划入传记类；而回忆录等兼具文体性的传记应根据内容优先于形式的原则，在内容不具有专属的情况下将其划入文学类中。二是具有多重身份特征的人物传记细分归类问题。根据学科和专业优先的原则，按照其主要贡献领域归入特定学科或专业的传记，如果难以区分时采用最前标号法确定学科归属。三是总传的复分问题。总传复分应按照先学科、后地区与时代的原则，解决错误使用概括类目、跨时代等问题。

有关人物的传记、年谱（年表）及其生平事迹的文献，应以人名主题标引。凡纪念个人的论文集、祝寿集、逝世纪念集等，依文献所涉及的主要问题的学科性质归类；如果内容涉及许多方面，没有特别的重点，归入综合类普通论文集；如果内容偏重于评述所纪念人的生平事迹，则归入此人的传记。

以小说体裁写成的人物传，应归入传记类或小说类。文献分类有"体、义"之分。"体"指体裁，即文献形式、编制形式或文艺体裁；"义"指内容主题或学科领域，即文献所探讨的对象、问题或事件。传记小说以"体"为主，故分类时宜按体裁标准分入著者籍贯所在国别文学类下的小说类目。例如，日本作家写《孔子》，应归入日本小说类。

8.3 志书类等涉及地名的文献

8.3.1 地名主题标引的一般规则

论及地名主题的文献，主要分为地理类文献和某一地区综合或某方面状况的文献两大类型。地名属于文献主题因素中的空间因素。空间因素主要是指文献研究论述的对象、问题等所处的空间或地理位置的主题因素，包括国家、地区、行政区域、方位等概念因素，主题标引时选用的多数是地理名称概念。在文献主题中，空间因素通常是对主体因素在地理位置上的限定、修饰，揭示文献内容涉及的地域范围，是文献标引的辅助标准。但是文献如果以国家、地区为中心，将其地理、概况等作为研究对象，则空间因素就转化为文献主题的主体因素，具有重要的检索意义，应作为检索入口，即标引时，这些表示空间概念的地名就成为主体因素，作为主标题著录在CNMARC"607地名主题"字段。

地名包括自然地理名称、历史地名、行政区划名称。在CNMARC格式中，有关地名的主题词通常著录在各主题字段的"$y地区复分"子字段，或著录在"607地名主题"字段。"607地名主题"和"$y地区复分"虽然都著录地名，但一个是主体因素，一个是空间因素，在主题标引时，要注意二者的区别，认真分析文献主题，不能简单地把所有的地名处理为空间因素，也不能一看见地名就使用607字段。历史地名应该按词表中的词形标引。地名主题标引的一般规则如下。

中国地名标引，省、自治区、直辖市、地级市、县级市一般不带行政区划名称，采用《中分表》中所标引的名称。例如，"北京市"标引为"北京"，"江苏省"标引为"江苏"，"西藏自治区"标引为"西藏"，"宁夏回族自治区"标引为"宁夏"，"香港特别行政区"标引为"香港"，"江苏省南京市"标引为"南京"，"江苏省苏州市"标引为"苏州"，"浙江省义乌市"标引为"义乌"。县级须带行政区划名称，但无须冠上省区名称。例如,"安徽省凤阳县"标引为"凤阳县","山西省平遥县"标引为"平遥县"。但为了区别不同行政区划的相同地名,则须同时标引行政区划名称,如"吉林省吉林市"标引为"吉林市"。

外国地名标引,以国家名称为主,除单字国名,如美国、英国等可带"国"字,其余国名一律不带"国"字。世界各国地名,除少数地名之外,均以不带行政区划名称为原则,且不冠以国名。例如,"美国旧金山市"标引为"旧金山","日本京都府"标引为"京都","日本冲绳县"标引为"冲绳","韩国釜山市"标引为"釜山"。如果文献中涉及不止一个国家或地区,归入可以包括这些地区的较大区域。

中国地区表根据中国现行行政区划编列,首先列出北京市,然后依次列出我国的六大行政区。每个地区下再划分出所属的省、直辖市、自治区及特别行政区等。对于某些跨省的地域均依惯例将其归于某一个地区,并通过注释加以说明。各省、直辖市、自治区如需进一步细分,可使用中国地区表的专类复分表分;如还需进一步对各专区、地辖市、县等进行区分,可直接将有关地区名称的前两个字的拼音首字母加于复分号之后。

8.3.2 地理类

地理类文献可以进一步分为人文地理、自然地理、专类地理或部门地理等。《中图法》关于地理的类目是分散编列的。人文地理集中编列在 K9 类,自然地理集中在 P9 类,专类地理或部门地理则按研究对象分入有关各类。主题标引选择地理学科专指主题词与文献内容对应的地区名称主题词组配标引,地理学科主题词为主体因素。关于一个国家或区域综合状况的文献,应归入该国或该区域的地理,即 K9 类。

8.3.3 方志类

涉及某一地区综合或方面状况的文献,重点为方志类。地方志也称方志,是记述地方情况的史志,主要以行政区划或区域为范围,分门别类记载自然、社会各方面的历史和现实状况的综合性著述。方志是我国特有的一种地理学文献。自古以来，地方志按空间划分，有全国性的总志（旧称一统志），地方性的省志（又称通志或总志）、地区志（旧称郡志、府志、厅志、州志、卫志等），现代还有县志、盟志、乡镇（村）志等。地方志按内容划分，也称类志，是依类编辑成的地方专志。类志属于地方志的一种，如山志、水志、湖志、园志、寺志、书院志、经济志、教育志、财政志、军事志、公安志等。

对于综合性的方志类文献，无论其涉及的是行政区域，还是历史地域或自然地域，主题标引都使用相应的行政区域名称、历史地名或自然地域名称为主体因素。凡关于某一地区方面状况或问题的类志文献，应按其研究的方面入有关各类，并根据《中图法》的类目设置，决定是否加地区复分号。如果涉及的是某一行政区域的方面状况或问题，主题标引应使用方面状况或问题对应的学科主题词为主体因素，行政区域名称只能作为空间因素主题词。如果涉及的是历史地域或自然地域的方面状况或问题，主题标引应使用相应的历史地名或自然地域名称为主体因素，相应的学科主题词只能作为通用因素主题词。

关于专志的标引问题，有些入概况，有些入史。比如地区教育志，教育志和教育史应该是相同或相近的概念，都是时间轴上纵向叙述某一领域的发展。主题概念应是可以互换的，但分类法有区别。这是分类法类目设置的关系造成的。可以按如下规则掌握：现当代的地方志，一般入地方，不入史。民国及之前的地方志，入史，忽略地方，即中华人民共和国成立前的忽略地方属性，入史，按时代分；中华人民共和国成立后的，按现状、概况，强调地方属性，按地区分。

另外要强调的是，地方志、地方史、年鉴等使用中国地区表的专类复分表复分时，除了直辖市的区按照小表复分到 3，其余的区一般复分到 4。比如《大观年鉴》，这里大观是指安徽省安庆市的大观区，主题标引成安庆—年鉴，类号应为 Z525.44，而不是 Z525.43。另外市再复分时，首先要确认是地级市还是县级市，如果是县级市复分到 4。

8.3.4 标引实例

例1：

2001#$a 中国地理百科$i 黄河中游峡谷

6060#$a 地理$y 中国

607##$a 黄河$x 中游$x 峡谷$x 概况

690##$aK92$v5

690##$aP931.2$v5

例2：

2001#$a 名家话泰山

607##$a 泰山$x 概况

690##$aK928.3$v4

例3：

2001#$a 江苏历代方志全书$i 江宁府部$f 江苏省地方志编纂委员会办公室编

607##$a 江苏$x 地方志

607##$a 江宁区$x 地方志

690##$aK295.3$v5

690##$aK295.34$v5

例4：

2001#$a 同里镇志

607##$a 吴江$x 乡镇$x 地方志

610##$a 同里镇

690##$aK295.35$v5

例 5：

2001#$a 杭州市西湖区教育志$e 1991—2005 年
6060#$a 教育事业$x 概况$y 杭州$z1991—2005
6100#$a 西湖区
690##$aG527.551$v4

例 6：

2001#$a 福州市教育志$e 308—2005 年
6060#$a 教育史$y 福州$z 308—2005
690##$aG529$v5

8.4 历史类等论及时代的文献

历史类文献基本上分为两种类型：一种是综述某一区域、国家或地区历史发展状况；另一种是研究和论述专门学科、专门问题历史发展状况。前一种类型的文献，主题标引应揭示其国家或地区名称，并与历史范畴中相应的主题词"历史""古代史""近代史"等组配标引。其中地区因素是主体因素，分类应归入 K 历史类。有关历史研究的文献，以叙述时间范围来划分，可分为通史和断代史两类。通史指通代研究，即史前至 21 世纪为止。断代史则以某段时间史事为叙述范围，如明史、清史等。一般史籍先分入各代史，再依体裁（纪传、编年、纪事本末、杂史）细分。而后一种类型的历史文献，主题标引应注意选用相应专门学科史概念的主题词为主体因素，如"文化史""民族史""教育史"等。记述专门学科史、事业史或专门问题的历史文献，应归入各学科，加"-09"复分（有专类的除外）。

凡内容涉及时代的文献，应先依内容的学科性质分，再依时代分。凡内容涉及不止一个时代时，归入这些时代的最前一个时代；凡关于一个国家在某一个时期内发展的情形的文献，归入该国历史，依时代复分；凡内容涉及一个国家或地域，同时又涉及时代的文献，先按内容的学科性质分，次依地区分，再依时代分。

例1：

2001#$a 简明中国通史$f 吕振羽著
6060#$a 中国历史
690##$aK20$v5

例2：

2001#$a 二十四史精编$e 文白对照
6060#$a 二十四史$x 译文
6060#$a 中国历史$x 古代史$j 纪传体
690##$aK204.1$v5

例3：

2001#$a 中国通史$i 隋唐五代史
6060#$a 中国历史
6060#$a 隋唐时代$x 历史
6060#$a 五代十国时期$x 历史
690##$aK20$v5
690##$aK241$v5

2001#$a 中国通史$i 明清
6060#$a 中国历史
6060#$a 明清时代$x 历史
690##$aK20$v5
690##$aK248$v5

例4：

2001#$a 古希腊文学史
6060#$a 文学史$x 古希腊
690##$aI109.2（198.4）$v4

8.5 教材教参

教育是培养人的一种社会活动,也是人类生产经验得以继承发扬的关键环节。一般所称教育主要是指学校对适龄儿童、少年、青年进行培养的过程。从广义上讲,一切增进人们知识和技能,影响人们思想道德的活动都是教育。狭义的教育专指学校教育,是教育者根据一定的社会要求,有目的、有计划、有组织地对受教育者的身心施加影响,把他们培养成为一定社会所需要的人的活动。

学校可以分为多种类型,包括幼儿园、大中小学、职业学校、电视大学等。学校教育包括学前教育和幼儿教育、小学教育、中学教育、大学教育等。课程类型从学科角度分为语文、数学、外语、政治、体育、历史等。教育文献是教育活动的经验总结和记录,反映了教育活动的各种特性,可以划分为教材、教学参考资料、手册、字典等形式。教育文献主要回答教育谁、教什么、怎样教、谁来教、用什么教、在哪里教等问题。因此,教育文献除教育科学、教育事业、教育管理、各级各类教育外,还包括学校、教学、课程、教材、教育人员、受教育者等主题因素,标引中要根据文献内容采用不同的标引方法。在教材教参等教育文献标引过程中需要对这些主题因素进行重视。

学前和中小学的教材教参,课程内容对应的主题词应作为主体因素,并与各级各类教育对应的主题词,以及教材教参类型对应的形式主题词进行组配标引。中等教育以上的各科教材教参,以及非学校教育的各行业、各类型教育的教材教参,均按其内容对应的学科主题标引。也就是说,课程主题词通常只能标引中等教育程度以下、类分到"G4 教育类"的主题,中等专业教育程度以上的各科教材与教学参考书应使用反映其主题的学科主题词标引。

《中图法》规定,以中学为界线,凡普通中学以下程度的教学用书,包括学前和中小学各科教材、教学大纲、教学计划以及根据各科教材内容特点、教学需要编写的各种教学参考用书、学生课外读物、自学读物一律分入"G教育类"的有关类目；凡中专以上（含中专）的教学样书一律按其内容归入有关各学科；职业中学的教学用书、属于中学文化基础课的教学用书归入 G 类，属于职业中学专业课教学法、教学参考书等按学科内容各入其类。中小学各类教学法、教材、教学参考书、教学大纲，考试复习题汇编等均在 G62、G63 设有专类，分为教师用书和学生用书两大部分。教师用书分别入 G623、G633 有关类目。学生用书分别入 G624、G634 有关类目。中等专业学校、技校、高等院校的教学用书依内容归入有关学科，职业中学的教学用书也依其内容归入有关学科，但职业中学的基础课教学法、教学用书应归入"G63 中等教育"有关类目。

《中图法》将有关学前和中小学教学的文献，包括各学科教材、教参、课外读物等，均集中于"G 教育类"。这样分类，中小学图书馆大部分文献都将集中于 G 类，使得该类所包含的内容杂乱且庞大，给排架和检索都带来了诸多困难，为此，《中图法（未成年人图书馆版）》提出按学科分类的原则，规定中小学各科教学计划、教学大纲及其汇编、教科书、课外读物等均按其学科归入有关各类，然后再依总论复分表进一步细分，以适应分散分类的需要。

例 1：

2001#$a 数学$i 九年级下册

300##$a 义务教育教科书

6060#$a 中学数学课$x 初中$j 教材

690##$a G634.601$v5

例 2：

2001#$a 中小学数学课教学参考书

6060#$a 中学数学课$j 教学参考资料

6060#$a 小学数学课$j 教学参考资料

690##$a G634.303$v5

例 3：

2001#$a 社会$i 中班 下
300##$a 黑龙江省幼儿园用书
6060#$a 常识课$x 幼儿园$j 教材
690##$a G613.3$v5

例 4：

2001#$a 语文导与练
300##$a 中等职业学校配套辅导用书
6060#$a 中学语文课$x 职业高中$j 教学参考资料
690##$a G634.303$v5

例 5：

2001#$a 福建省中等职业学校学业水平测试指导用书$i 英语
6060#$a 英语课$x 职业高中$j 教学参考资料
690##$a G634$v5
690##$a G634.413$v5

例 6：

2001#$a 实用化学教程
300##$a 21 世纪高职高专规划教材
6060#$a 化学$x 高等职业教育$j 教材
690##$a O6$v5

8.6 英语类文献

英语类文献的标引难点主要在于分类标引。《中图法》第五版与第四版的区别主要有两点：①明确规定中等学校以上（包括中等专业学校英语专业）

的英语教学法、英语学习方法、教材、课本、教学参考书等入 H319.3 有关各类；②专业英语入有关各类。

8.6.1 教学教参及考试类英语

中小学英语与职业高中英语入 G 类。入 G63、G62 类的中小学英语，主题词一律用"英语课"。中等专业以上英语，主题词一律用"英语"，不用"英语课"。中等专业以上英语教材、课本、教学参考书，第五版改入"H319.3 中等专业以上英语"，包括中等专业学校、技工学校等。

英语水平考试（包括四六级、研究生入学考试、托福、雅思、GRE）、等级考试（EPT、PETS）的综合性教材教参、自学参考资料入 H310.4 有关各类，专论入 H319 有关各类。非教材教参类英语入 H31/H317 有关各类，不含教育程度的英语自学参考资料视同非教材教参类。中等学校以上的英语综合性试题、习题入 H319.6，专论入 H319.3 有关各类并加-44 复分。英语水平考试试题、习题入 H310.4 有关各类。示例如下：

6060#$a 英语课$x 中小学$j 教学参考资料；690##$a G634.413$v5

6060#$a 英语课$x 职业高中$j 教材；690##$a G634.411$v5

6060#$a 英语$j 自学参考资料；690##$aH31$v5

6060#$a 英语$x 专业学校$j 教材；690##$aH319.39$v5

6060#$a 英语$x 语音$x 高等学校$j 教材；690##$aH319.32$v5

6060#$a 英语$x 写作$x 高等学校$j 教学参考资料；690##$aH319.36$v5

6060#$a 英语$x 阅读教学$x 高等学校$j 教学参考资料；690##$aH319.37$v5

6060#$a 英语$x 口语$x 中等专业教育$j 教材；690##$aH319.9$v5

6060#$a 英语$x 翻译$x 高等职业教育$j 教材；690##$aH315.9$v5

（由于 H319.3 下没有与英语翻译相对应的类目，因此有关翻译的教材教参均入 H315.9。）

6060#$a 英语$j 试题；690##$aH319.6$v5

大学英语四六级考试：

  6060#$a 英语$x 高等学校$j 教学参考资料；690##$a H310.421$v5

  6060#$a 英语$x 高等学校$j 试题/习题/习题集/题解；

  690##$aH310.421-44$v5

  6060#$a 英语$x 语法$x 高等学校$j 教学参考资料；

  690##$aH319.35$v5

研究生入学考试：

  6060#$a 英语$x 硕士生入学考试/博士生入学考试$j 升学参考资料；

  6060#$a 英语$x 研究生$x 入学考试$j 升学参考资料；

  690##$a H310.421-44$v5

  6060#$a 英语$x 研究生$x 入学考试$j 试题/习题/习题集/题解；

  690##$a H310.421-44$v5

托福 TOEFL、雅思 IELTS、GRE 水平考试：

  6060#$a 英语$x 水平考试$j 教材/自学参考资料；

  690##$a H310.41$v5

  6060#$a 英语$x 词汇$x 水平考试$j 自学参考资料；

  690##$aH313.1$v5

  6060#$a 英语$x 语法$x 水平考试$j 习题；690##$aH314-44$v5

EPT、PETS 等级考试：

  6060#$a 英语$x 等级考试$j 教材/自学参考资料；

  690##$aH310.422$v5

  6060#$a 英语$x 写作$x 等级考试$j 教材；690##$aH315$v5

  6060#$a 英语$x 写作$x 等级考试$j 习题；690##$aH315-44$v5

8.6.2 专业英语

  《中图法》第五版规定，专业英语入有关各类。专业英语的阅读、翻译、写作、听力、口语等也入有关各类。示例如下：

  6060#$a 会计$x 英语$x 高等学校$j 教材；690##$aF23$v5

6060#$a 商务$x 英语$x 写作；690##$aF7$v5

6060#$a 图书馆学$x 英语；690##$aG250.1$v5

6060#$a 图书馆学$x 英语$x 口语；690##$aG250.1$v5

8.6.3 英语读物

英语读物是指以学习英语、提高英语阅读能力为目的的各种简易读物、对照读物、注释读物等。英语读物主题标引以读物的写作目的，即英语学习为主要对象进行标引，其叙述的内容或文学体裁可根据情况进行双重标引。英语语言读物、英汉对照读物入 H319.4，并可根据情况用组配编号法细分。示例如下：

语言读物：

2001#$a 用英语说中国

6060#$a 英语$j 语言读物

6060#$a 中国历史$j 通俗读物

690##$aH319.4: K209$v4

对照读物：

2001#$a 哈姆雷特$e 英汉对照

300##$a 宁波大学外国语言文学学科资助出版

300##$a 英语读物爱好者

6060#$a 英语$x 汉语$j 对照读物

6060#$a 悲剧$x 剧本$y 英国$z 中世纪

690##$a H319.4: I561.33 $v5

2001#$a 圣经的故事$f（美）房龙著$g 张晨光译

300##$a 读名著·学英语 双语名著

6060#$a 英语$x 汉语$j 对照读物

605##$a《圣经》$x 故事$x 作品集

690##$a H319.4: B971 $v5

8.7 绘本类少儿文献

绘本主要是指图画书，是一种文献的外在形式，若内容纯属儿童故事，归类时按其文学体裁归入儿童文学相关类目之下，主题标引使用"图画故事""儿童故事"等主题词。若是有主题的绘本，仍应按主题归类较妥，如某文献的实际内容是介绍海洋生物的，应归入有关海洋生物的类号，并辅以"儿童读物""少儿读物""少年读物"等形式主题词，以说明该文献的适用对象。有些标引人员会想当然地认为，绘本应该集中在某一类目下。这种分类观点显然违背了分类的学科属性原则。因为分类法是按人类知识体系而设计，分类时是按照文献揭示的内容分类，而绘本只是作品的一种类型（作品外在的特征），内容可以是跨各学科的，不限儿童阅读也不仅限于儿童故事，所以绘本不会集中在某类之下。

绘本类少儿文献主要划分为故事类、文学类、艺术类、科学类等几个大类，再于各大类下依主题、适用阅读级别等方式去区分。标引时应按绘本的内容分入各适当的类号，再辅以"绘本"这一主题词，以弥补对绘本外形特征描述的不足。由于《中分表》未将"绘本"作为正式主题词收入，编目机构可根据实际需要在一般附注项注明其为"绘本"，让使用者知道该书的形式是绘本。

例1：

2001#$a 我不想上幼儿园
300##$a 皮皮狗生活故事绘本
6060#$a 图画故事$y 中国$z 当代
690##$a I287.8$v5

例2：

2001#$a 成语故事$e 彩绘本
6060#$a 成语$x 儿童故事$x 作品集$y 中国

690##$a I287.5$v5

690##$a H136.31$v5

例3:

2001#$a 海洋生物

300##$a 儿童趣味科普绘本

6060#$a 海洋生物$j 儿童读物

690##$a Q178.53$v5

例4:

2001#$a 再微小的地方 都值得认真考量

2252#$a 心灵正能量绘本·自强崛起丛书

6060#$a 成功心理$j 青少年读物

690##$a B848.4$v5

8.8 特殊编辑形式类文献

特殊编辑形式类文献主要指具有显著形式特征的文献，包括词典、百科全书、年鉴等工具书，书目、目录、索引、文摘等二次文献，以及丛书、丛刊，个人文集、选集、全集。凡词典、百科全书、年鉴等，如果内容是综合性的，归入总类中各类；如果内容是专门性的，按其学科属性归类，再依总论复分表中有关工具书的类号复分；凡综合性内容的工具书入综合性图书有关各类。

书目、目录、索引、文摘等二次文献，无论是综合性的还是专科性的，一般均先集中归入 Z8 有关各类，再依所属学科类号加以组配；关于专科性的二次文献，如有必要，还可以所属学科类号加总论复分号-7 作为附加分类。文献分类有时不能不兼顾到文献的形式。各类文献目录以集中在目录学，而互见于专科类目中比较便利，但也可依其内容性质分别归入各类。

凡综合许多文献变成的索引，依其内容范围，如果是综合性的，就归入目录学群书索引目录；如果是专门性的，就按主题性质归入各类。凡专书索引，随原书归类。

丛书的分类方法有两种：一种是集中分类，另一种是分散分类。对于一次出齐的，或有明确的编制规划和编制目的的丛书，一般宜集中归类，必要时再以各单册内容的学科属性作分析分类；否则，依各个单册内容的学科属性归类，必要时再辅以综合分类。凡丛书、丛刊等有一定编纂计划与组织体系，版本一致，装订一律，全部一次发行或分辑发行，并且册次连贯编有号码的，作为一种文献归类；如果内容是综合性的，就归入综合类；如果内容是专门性的，先依内容归类，再依形式复分。

个人论文集、选集、全集，学科内容较为单一或重点突出的，主题标引应选用学科主题词，分类标引则按照其学科内容，归入各有关类目，并加总论复分号"-53"。如果内容复杂，重点不够突出，涉及各个学科，宜用人名主题词与"文集""选集""全集"组配标引，归入"Z4 综合类论文集"有关类目。

例1：

2001#$a 中国大百科全书$i 军事

6060#$a 百科全书$y 中国$z 现代

6060#$a 军事$j 百科全书

690##$aZ227$v5

690##$E-61$v5

例2：

2001#$a 牛津高阶英汉双解词典

6060#$a 英语$x 汉语$j 双解词典

690##$aH316$v5

例3：

2001#$a 汉语成语词典

6060#$a 汉语$x 成语词典
690##$a H136.31-61$v5

例4：

2001#$a 美国哈佛大学哈佛燕京图书馆藏中国新方志目录
60102$a 哈佛大学$x 院校图书馆$x 地方志$x 图书馆目录$y 中国
690##$a Z88: K29$v5

例5：

2001#$a 史记索引
605##$a 《史记》$x 专书索引
690##$a K204.2-7$v4

例6：

2001#$a 季羡林全集
600#0$a 季羡林$f（1911—2009）$j 全集
690##$a C52$v4

例7：

2001#$a 曾国藩文集
600#0$a 曾国藩$f（1811—1872）$j 文集
690##$a Z425.2$v4

第三篇　名称规范

第 9 章

名称规范工作

9.1 名称规范控制的概念与意义

9.1.1 名称规范控制的概念

图书馆在建立馆藏目录的过程中，目录中逐渐出现同事异名、同作异名、同人异名或同名异作、同名异人的现象，当多个名称指向同一实体时，为了创建书目记录中使用的这些名称（个人、团体、会议、地点、题名、主题等）的各种形式的一致性，建立同一实体不同名称之间的相互关系，从而使用户不管以何种形式检索都能被导引到同一实体，提高检索查询的正确性。我们将这一书目控制方法称为规范控制（authority control），又称权威控制。规范控制意味着为一个实体名称建立一个公认的形式，每当该名称在书目记录中作为检索点时，就使用这个公认的形式。规范控制将用户由文献上出现的形式引导到书目记录上出现的检索点形式。规范控制也是针对文献的责任者、题名、主题等主要检索点的同一关系、等级关系、相关关系进行关联控制的过程。

规范控制包括决定检索点的形式和记录有关这些决定的信息。当目录的检索点形式达到一致，并且保证这种一致性的手段（规范文档）和有关的编目政策建立起来之时，就实现了规范控制。这些规范化的检索点可能有几种不同的类型：个人名称、团体名称和会议名称、地理名称、统一题名和丛编，也包括主题标目。因此，规范控制主要划分为两大类型：名称规范控制和主题规范控制。名称规范控制的主要内容是对题名与责任者名称的规范控制，对相同文献或者相同责任者的不同名称规范聚集，对不同文献或不同责任者的相同名称规范区分，名称著录规则、名称选取规则的研究与制定。主题规范控制广义上分为主题词规范控制与分类法类目控制。主题词规范控制主要包括词形、词义、概念关系的控制，主题词著录规则、主题词标引规则的研究与制定；分类法类目控制包括类目规范控制（类号、类名、注释、概念关系体系控制），类目著录规则、分类标引规则的研究与制定。但主题规范控制不属本章内容范围。

9.1.2　名称规范控制的意义

建立索引是目录查询的基础。针对记录中的主要项目建立索引，便可经由其查到一条或多条有相同款目的记录。而这些被同时查找到的记录是基于有相同索引词汇或名称的单纯关系。若要该索引词汇或名称更具有纵横向连接的功能，就必须对这些词汇或名称进行规范控制。规范控制是书目控制的重要内容，也是编目工作的重要组成部分。目录日益精细复杂使得规范控制工作变得越来越重要。规范控制影响书目层次的展开，影响检索点的控制，影响目录功能的最终实现。与此同时，规范控制关系着图书馆书目记录品质，而书目品质的良莠更影响使用者的查询结果和图书馆的其他服务。有经验的编目员都痛切地知道，编目工作总是在无休止地改变着，规则、条例、细则都在变，规范工作正是为了防止编目工作无休止的变化造成书目混乱而做的工作。

正如国际知名编目专家芭芭拉·蒂利特（Barbara B. Tillett）女士所言："用户完全可以用他们想使用的任何名称、题名或主题进行检索，而前提是图书馆馆员必须控制检索，这样用户就不会淹没在信息的海洋中。有了检索控制，用户可以根据个人、团体、会议、丛编、主题或著作的属性确定所有相关资料。"规范控制应充分体现 IFLA 的书目功能要求,能根据使用者的检索标准,查询到数据库中的相关资料,即控制书目所使用的检索点,加强目录的参照结构,将变异形式的检索点以参照关系相互引见,以帮助用户提高检索效率,增进检索精确度。通过规范控制这种机制,我们才能实现书目记录所必要的标准化程度。这正是规范控制所折射出的意义。

此外,规范控制在目录的查询、汇集及辨识的功能上,发挥不可或缺的作用,可以从已知的个人、团体、题名、主题扩展到未知、相似、相关、广义、狭义的资源,实现资源的集聚功能。具体而言,规范控制能够实现以下五个功能:一是保证目录结构中书目实体形式的统一性和连续性;二是利用参照关系,改善目录的检索功能和汇集功能;三是跟踪书目实体形式的变化过程;四是了解实体的相关信息及文献来源等;五是有效管理书目实体及相关检索点。在网络时代,规范控制的重要性在不断增强,同一作品或作品实体的名称若具有唯一性,就更容易在庞大的网络资源中被找到。

9.2 名称规范控制的内容

名称规范控制的内容涵盖四个方面。一是建立名称规范记录,包括规范检索点的确立、检索点之间参照关系的建立、参考来源的考证与说明。规范检索点的确定是指记录由编目规则所规定的检索点的规范形式,以便保证在增加使用同一检索点进行存取新记录时,统一使用这种规范化的检索点形式,并且确保相同检索点的记录汇集在一起。检索点之间参照关系的建立,是指除了被选作为标准化形式的检索点之外,还记录其他所有检索点的形式,即采用参照的方法把产生各种不同检索点形式的决定记录下来。参考来源的考证与说明,是指记录做出的决定、检索点的来源。二是汇集规范记录形成规范文档。规范文档是规范记录的有序集合。三是连接规范文档与书目文档,形成规范体系,实现规范数据与书目数据的连接,从而达到书目控制的目的。四是规范文档与书目文档的维护与更新以及对规范文档和体系的经济评估。这项工作主要是确保书目记录和规范记录的主要检索点及数据的完整和一致。名称规范工作的经济性需要评估。应结合本馆的人力资源情况，找准定位，形成特色。而评估的内容包括：弄清在实际工作中使用规范文档是否有助于书目文档的检索；了解规范文档对书目文档比例的真实含义；是否完成包含所有规范数据用户在内的任务，将符合现代文献特点的规范控制落到实处；扩大建立名称规范数据的合作计划，等等。

在上述多项内容中，建立名称规范记录是最核心的。规范记录是由编目规则规定的检索点形式及其相关信息的记录，用于实现书目记录的一致性，并对目录中相关的名称和主题提供一个链接框架。名称规范记录的组成部分，包括名称的规范形式，对规范形式的参照，查询的参考来源，对于规范形式产生的注释以及相关的参考来源，附注说明。其中，参照是规范记录的重要组成部分之一。参照一般是规范化检索点形式的交替形式或不同的形式，也可能是和规范检索点形式有特殊关系的相关检索点形式。但规范记录不一定非得包括参照。在规范记录中，附注项常被用来完成指明信息来源、阐述关系，或者检索点形式演变、发展历史情况的背景材料等各种各样的任务。在编文献是规范数据的基本来源，参考工具书、数据库等是规范数据的可靠来源。

9.3 中文名称规范工作的历史发展

中国最初从事中文名称规范控制工作的主要为国家图书馆和 CALIS 两家机构。随着规范控制的区分和汇集作用为越来越多的人所认识和了解，国内一些大型的编目机构，如上海图书馆等也逐步开始了名称规范控制的实践工作。大陆地区采用的机读规范格式为 UNIMARC/CNMARC。在台港澳地区，从事中文名称规范工作的以台湾汉学研究中心、香港岭南大学图书馆、香港中文大学图书馆、澳门大学图书馆、澳门科技大学图书馆等机构为代表。台港澳地区采用的格式则是 MARC21。

9.3.1 国家图书馆名称规范控制发展概况

国家图书馆的名称规范控制研究始于1989年,直至1995年正式成立了"名称规范组",名称规范控制工作才由理论研究阶段转变到实践阶段。在2003年以前,名称规范数据的制作主要是通过整理国家图书馆过去积累的名称标目卡片,并利用计算机广泛收集各种中文图书书目数据库中的规范数据源(主要是314字段数据),并借鉴各领域权威的工具书核对补充完成。在这一阶段,名称规范数据与书目数据分别建库,相互间没有进行挂接,两者处于分离的工作模式。当时的工作流程可归纳为:规范数据源—格式著录—著录校对—系统处理—发行规范数据。自2003年4月起,国家图书馆引入ALEPH 500集成软件系统,同时名称规范组与书目数据组的业务工作合并,使得名称规范数据的制作工作完全融入编目流程,改变了过去书目数据库与规范数据库各自独立的状况,实现了名称规范数据与书目数据的同步挂接,真正意义上实现了对书目记录标目的规范控制。

长期以来,国家图书馆都将名称规范工作融入中文图书编目的主流程中,名称规范数据的新建与维护都由编目人员根据在编图书上的作者简介、知识数据库、互联网等渠道予以开展。编目人员在进行名称规范控制时,可以根据实际情况选择修改、新建、删除或引用名称规范记录,基本做到名称规范数据与书目数据的实时更新。这种工作模式使名称规范数据的数量得到快速增长。之后基于编目效率、数据质量等多方面的考量,国家图书馆先后于2008年、2018年将名称规范工作从中文图书书目数据组拆分,部分归入名称与主题规范组,之后全部归入新成立的名称规范维护与整合组,专门负责书目数据与相关名称规范数据的挂接,以及名称规范数据的新建和维护。总体而言,国家图书馆的规范控制工作起步较早,多年来积累了大量的实践经验。

国家图书馆中文名称规范控制是依据《UNIMARC手册:规范格式》(第二版)、《中国机读规范格式》WH/T 15—2002、《中国文献编目规则》(第二版)标目法等标准和规则,新建和维护规范数据,并与相应书目数据挂接。

一旦规范数据与书目数据相挂接，书目数据中的相关检索点就受到了规范控制。名称规范数据库主要包括个人名称、团体名称与题名名称三大部分，其中个人名称占主体地位。截至2019年12月31日，国家图书馆名称规范记录已达1734542条，其中个人名称规范1554984条，团体名称（包括会议名称）规范117594条，题名规范61964条。

实际上，除了责任者名称规范之外，国家图书馆名称规范还有一种类型，即主题专有名称规范。国家图书馆在为两者制作规范时选取规则是不同的：主题专有名称是被研究的对象，须达到一定研究频率才为其制作规范。而对于责任者，只要有其作品就为其制作名称规范，所以数量较为庞大。

9.3.2 CALIS名称规范控制发展概况

CALIS于2003年9月启动联机规范控制系统项目，2004年8月建立包含书目数据库和规范数据库的实验数据库和实验检索系统。该规范系统主要分两个阶段实现：第一阶段建立初始化规范记录，形成实验规范数据文档。第一阶段的实验规范数据文档主要是在全面整理原先书目数据库中7××字段的名称标目的基础上，通过系统软件处理和人工判断相结合的办法批处理生成。首先用软件抽取自动生成初始化记录或未经人工干预的记录，即"准规范记录"。之后对于某些重要标目，如比较著名或著作较多的责任者编制详细记录，通过批处理的方式装入，覆盖初始化记录。第二阶段是在联机建立书目记录的同时实现联机规范控制。将实验规范数据文档中具有可识别性的规范记录与书目数据库中的受控标目相连接，当书目记录中的标目与规范记录确认为同一实体时，自动连接规范控制号；若不属于同一实体，则另建规范记录，同时实现对新建书目记录的连接规范控制。

CALIS的名称规范数据也包括个人名称、团体名称（包括会议名称）、统一题名（包括丛编题名）三大部分。截至2019年9月30日，CALIS规范数据库中含有规范记录178万余条，实现了书目控制和检索控制的基本功能。在名称规范数据整理与维护的过程中，不断改进和完善包括客户端和OPAC在内的规范系统。

9.3.3 中国台湾地区名称规范工作发展概况

中国台湾地区鉴于各图书馆人力有限,绝大多数图书馆皆无法进行书目规范控制,以至于书目查询利用、联合目录的品质及运用连带受到影响,因此台湾汉学研究中心和台湾大学图书馆于1998年开始合作建立"中文权威参考资料库",期望经由合作提升各图书馆书目品质及资料查询效益。后资料库改称为"中文名称权威资料库"(Chinese Name Authority Database,CNAD)。台湾大学图书馆规范记录的建档格式采用MARC21。台湾汉学研究中心规范记录的最初建档格式为CMARC,但由于CMARC存在无法即时共享国际资源、国际系统厂商支持CMARC需额外设定等限制,台湾汉学研究中心决定将规范记录转换为MARC21格式。

截至2019年8月,台湾"中文名称权威资料库"提供权威记录总计705902笔,经汇整修订的权威记录为512267笔。目前,台湾将名称权威记录以MARC21格式储存于"台湾书目整合查询系统"(Synergy of Metadata Resources in Taiwan,SMRT),将权威建置的成果纳入了SMRT,同时将中文名称权威记录上传至VIAF。

中国台湾地区自2018年7月1日起实施RDA,而考虑逐条新增RDA编目元素所需的人力与时间,故对不同时间节点的规范数据采用不同的操作方式。2018年7月1日前的中文规范,采用批次方式建立RDA编目元素,而2018年7月1日后新增的中文规范,则全部采用RDA进行编目。

9.3.4 中国香港地区名称规范工作概况

1999年1月,由香港岭南大学图书馆和香港中文大学图书馆发起,联合香港数所大学图书馆设立"香港中文名称规范数据库[Hong Kong Chinese Authority(Name),HKCAN]工作小组",旨在建立一个能反映中文著者和机构名称特点的规范数据库,采用类似合作编目的方式,以改进和简化规范工作。HKCAN工作小组于2001年成为香港大学图书馆联合咨询委员会(Joint

University Libraries Advisory Committee，JULAC）的一个项目，并在同年被正式命名为 JULAC-HKCAN 数据库。参与 HKCAN 工作组的八家图书馆分别是香港中文大学图书馆、香港岭南大学图书馆、香港城市大学图书馆、香港大学图书馆、香港浸会大学图书馆、香港教育学院图书馆、香港理工大学图书馆、香港科技大学图书馆（后加入）。它们分担了向 HKCAN 数据库提供规范记录的工作。

2018 年 1 月，HKCAN 将规范记录转移至新近转换的图书馆系统 ALMA 工作环境。ALMA 成为 JULAC 名称规范的工作平台，以建立新的规范记录，并进行记录更新或修改。据统计，截至 2018 年 10 月初，存于 ALMA HKCAN 的规范记录总量为 310236 条[1]，其中以人名规范数据居多。转用 ALMA 之前，JULAC 八家图书馆各自保存及维持各自所需用的规范记录，各自在自己的系统中编制规范记录，然后定期将新编制的规范数据上存至特定的 FTP 平台，再由 HKCAN 合约工作人员把重复的规范数据删除并上存至 HKCAN 服务器。转用 ALMA 之后，HKCAN 规范记录集中在 ALMA 网络区中央管理，八家图书馆皆可直接处理规范记录相关工作，实现了规范数据实时更新，避免了数据重复。

中国香港地区的名称规范数据库建设主要采取套录美国国会馆名称规范与自建名称规范相结合的方式；对欧美著者习惯上以其原名为检索点，对中文译名的使用需求不高；对中国著者注重对其汉语拼音名称形式的揭示，以汉语拼音名称为规范标目，汉字形式作为连接标目处理。在名称规范发展上，高度关注英美图书馆界的编目动向。值得一提的是，香港地区有些图书馆因编目规模重组与缩减人力，西文名称规范由外包公司提供。

9.3.5 中国澳门地区名称规范工作概况

中国澳门地区名称规范的建档工作，个人名称规范分别由澳门中央图书馆、澳门大学图书馆、澳门科技大学图书馆各自进行，团体名称规范则由三

---

[1] 因还有清理工作未曾完成，此数量只是估计之数。

家机构合作编制，主要就澳门特别行政区政府各个部门分工处理相关的中文名称规范。澳门中央图书馆负有收集地方文献的任务，故该馆有关澳门的馆藏特别丰富，所建立的名称标目别具澳门特色。该馆最初采用中国台湾地区开发的 TOTAL 系统，机读格式为 CMARC，后转用 MARC21 格式。澳门大学图书馆采用 MARC21 格式，于 1998 年开始建立名称规范文档，截至 2018 年 10 月，共有中文名称规范记录 14308 条。澳门科技大学图书馆的名称规范记录建立在澳门特藏书目数据的基础上，主要为澳门本地以及与澳门相关的人物制作规范记录。该馆从最初有选择地制作，扩大到该馆采购的澳门特藏涉及的人名都制作规范记录，包括葡萄牙语文献，以提升澳门人名规范档的人名覆盖率。澳门科技大学图书馆的个人名称规范主要定位于与馆藏发展特色相关的责任者，比如澳门作家、艺术家、名人的特色专题，团体规范以澳门政府机构为主。该馆于 2017 年加入中文名称规范联合协调委员会。

9.3.6 国外名称规范合作概况

美国国会图书馆于 1977 年开展"名称规范合作计划"（Name Authority Cooperative Program，NACO），已有 400 多家机构参与。欧盟多国自 2001 年进行"规范文档连接和探索"（Linking and Exploring Authority Files，LEAF），以建立实体与虚拟并存的规范文档为目标。2003 年，联机计算机图书馆中心（Online Computer Library Center，OCLC）、美国国会图书馆、德国国家图书馆在互联网上合作建立"虚拟国际规范文档"（Virtual International Authority File，VIAF）。VIAF 是一个国际性的规范文档，是一个将已有的规范文档联系起来的系统。该系统可以匹配和连接来自不同国家的规范文档，并将这些规范文档进行分组，形成一个描述同一实体的"记录集合"，作为每一个给定实体的"超级"规范数据记录，包含表示这个实体的不同名称。VIAF 打破各地区记录建档格式、语种的差异，建立同一实体不同来源记录之间的关联，不但连接规范记录，也连接相关的 WorldCat 书目记录。目前 VIAF 收录已扩及 40 多个国家图书馆的规范记录文档。

9.4 中文名称规范工作存在的问题

中国于20世纪90年代开展中文规范控制工作,在理论研究和具体实践中碰到很多疑难点。由于规范控制在编目中的特殊性,至今国际上没有统一公认的标准。对于中文而言,处理规范控制问题又有其特殊性。相比较而言,我国的规范控制工作还处于不很完善的阶段。受到编目标准规范滞后、工作量大幅度增加、完整信息源获取难度大等诸多因素的影响,名称规范控制的效果距离理想还有一定的差距。❶尤其是个人名称标目的规范形式,缺乏科学性、准确性,编目人员主观臆测因素太多,使得书目数据与规范数据的挂接混乱不清。目前名称规范控制工作的薄弱环节主要包含下列几点。

9.4.1 理论发展滞后——编目规则和MARC格式都未及时修订

开展规范工作,规范记录的编制必须遵循有关的规则与标准。目前在中国,图书馆业界在规范数据的制作方面还缺乏统一权威的编目标准,无论是在决定规范文档的检索点形式和选取原则的编目规则还是中文机读规范格式方面,都没有公认的国家标准。规范格式方面,目前仅有一个文化行业标准——《中国机读规范格式》WH/T 15—2002。编目规则方面,正式出版的规范文件只有2005年4月出版的《中国文献编目规则》(第二版)的标目法部分。

《中国机读规范格式》WH/T 15—2002主要是依据1984年版的《规范款目与参照款目指南》(*Guideline for Authority and Reference Entries*,GARE)和IFLA 1991年出版的《UNIMARC/规范格式》,并结合我国当时的编目实际制定而成。当时的参照标准距今已30余年,其中GARE已于2001年修订了第二版《规范和参照记录指南》(*Guideline for Authority and Reference*

---

❶ 王彦侨,王艳萍.中文团体责任者名称规范控制的实践与思考——基于国家图书馆的实践[J]. 国家图书馆学刊,2014(5):82-85.

Records，GARR），《UNIMARC/规范格式》分别于 2001 年、2009 年修订出版了第二版和第三版。国际图联分别于 1998 年出版了 FRBR、2008 年出版了 FRAD 等系列编目文件，提出了书目记录和规范数据的概念模型。而国家图书馆如今依然使用的是 1999 年出台的内部文件《中文图书名称规范数据款目著录规则》；CALIS 开展名称规范控制工作所依照的也只是内部文件《CALIS 联合目录规范控制过程详细说明》。

国家图书馆于 2013 年翻译出版了《UNIMARC 手册：规范格式》（第三版），并在此基础上开展国家标准的研制工作。但我国在开展名称规范控制的理论研究方面还稍显滞后、前沿跟踪得不够。随着国际上一系列编目标准的制订或修订再版，我们对中国名称规范控制方面的编目规则与 MARC 格式却都未能够及时修订。

9.4.2 规范数据不够规范

规范控制的最终目的是为满足用户从名称或主题等多角度、多形式检索到同一文献，选择合适或正确的标目，从而使用户检索到需要的书目文献。规范化标目是由编目规则以及各单位目录的实际情况所规定的检索点形式。建立规范记录是为了将标目及有关标目的其他信息记录下来，以便在目录或机读书目文档内可以统一地使用这些标目。这个选定的形式就叫作标目、规范化标目、统一标目、规范检索点形式，它可能与在编文献上所出现的名称形式不同，还可能包括名称的附加成分，可能呈现倒置形式，或者用与文献上的语言不同的语种表示。

对于目前的名称规范控制模式而言，必须区分不同责任者、汇集相同责任者。从理论上讲，标目应具有唯一性、一致性、相对稳定性等特点。首先，图书馆的目录要求检索点的形式必须是唯一的、始终一致的。这样通过检索点连接起来的书目的"共同特征"会在整个目录里都以同一方式呈现出来，即规范文档的建立与维护都应具备一致性。缺乏唯一性和一致性，目录检索不会达到理想的效果。而唯一性是名称规范工作要遵循的核心原则。其次，标目的稳定性是指检索款目选定的标目形式，必须相对固定，不可频繁改动。

但在制作名称规范数据的实践过程中，目前存在的两个主要问题是标目缺乏统一性和稳定性。所谓标目的统一性亦指检索款目选定的标目形式（统一标目）应该唯一，并足以区别其他名称，不致混淆。

国家图书馆规定，对于普通中文图书，凡是在书目数据中提供检索点的责任者均须制作名称规范数据。编目人员为达到标目形式的唯一性，在信息不够充分的情况下大量采用学科、职务、职称等属性对标目进行区分。由于标目附加成分推断得比较随意，所以标目也必然缺乏稳定性。有些为了区分而区分、为了规范而规范的"规范数据"不仅没有起到规范控制的效果，在很大程度上还造成了规范数据库的混乱，降低了数据质量，也为后续的规范数据维护带来诸多问题。之后，国家图书馆又规定如果当前所掌握的信息不足以区分同名的不同责任者，可建于同一条未加区分的记录内，若今后有了充分信息，再从该空白记录中析出，重新建立规范记录予以区分。

无论是对标目附加成分进行推断的做法，还是所谓"白板数据"的做法，都直指如下这个亟待解决的问题：是否有必要对所有的名称进行规范控制，建立规范数据？名称规范控制工作开展的维度在何许范围，才是合理的、基于现实的？如果我们对标目进行刻意区分而达成标目形式的唯一性，并不意味着规范数据的唯一性，往往会存在两个标目形式不同，实质却是指向同一实体的规范数据，即所谓的重复数据。大量重复数据的存在，显然没有达到区分和汇集的目的。标目统一的问题一直是困扰图书馆界的一个问题，很难在一朝一夕解决。

9.4.3 标目形式的选取存在较大分歧

9.4.3.1 个人名称标目形式

一般中国人名由姓和名构成，且姓在前，名在后。姓分为单姓和复姓。名有单字名，也有双字名。我国大陆地区对一般中文人名首选名称的选取规则是，不管单姓还是复姓，单字名还是双字名，一律姓居前，名居后，且姓和名都作为标目的主体。中国台港澳地区则采用姓作为标目的主体，名作副标目。即使在大陆地区，国家图书馆和 CALIS 两家机构在标目形式的选取方面至今也未达成共识。乃至在国家图书馆内部，从事相关工作的人员之间看法也存在较大的分歧。对具体规范标目的选择，不同的机构由于文化和编目背景不同，选择原则也不同。比如国家图书馆在选取外国人名规范标目时，优先选择惯用的中文翻译名称，或权威工具书上的翻译名称。中国香港地区则大部分直接从国外数据源中套录，以尽量与源数据保持一致，如果某一个人名称的规范标目已经由美国国会图书馆选定，则这类标目一般不做更改。

当某个特定的名称形式一旦被选定为规范化的标目之后，编目员面对的一个问题是，这个名称是否唯一。这时往往需要加著附加成分或限定成分，使这个名称和其他与之相同的名称有所区别。对于个人名称来说，最大的分歧在于除生卒年之外的附加成分的选取顺序问题，即自然属性和社会属性附加成分的优先选取问题。首选自然属性的人员认为活动领域、专业、职业等社会属性的附加成分是可变的，而国别、朝代、民族、性别等自然属性的附加成分相对要稳定。因此，从区分的角度讲，他们建议优先选择自然属性。首选社会属性附加成分的人员则认为，从读者利用标目便利性和便于编目人员识别标目的角度考虑，社会属性附加成分无疑是更合适的。

另外，对国别、朝代、民族等前置附加成分的著录争议也较大。部分人员认为在不需要区分重复标目的情况下，标目形式应尽量简洁，所以国别、朝代、民族等前置附加成分无须有则必备；另有部分人员则认为国别可将中国人和外国人明显区分，朝代可将中国古代人和现代人明显区分。具体理由在于：从实践操作的层面来看，国别是进行人名区分的一个重要属性，应该预先保留；从标目区分和维护的角度讲，国别也是保证标目唯一性和稳定性的一个重要方面。而朝代的著录是个人名称规范中极具中国特色的一个方面。在少数民族人名前一般需前冠民族简称作为名称附加。并且考虑图书馆工作的延续性、稳定性和继承性，因此建议国别和朝代作为前置附加成分著录，有则必备。

9.4.3.2　团体名称标目形式

国家图书馆和 CALIS 在团体名称标目形式方面最大的不同是对地方各

级政府机构团体名称标目的选取，主要分歧在于主标目和从属标目的划分问题。对于各级地方人民政府及办事机构的标目，CALIS 选取人民政府的简称"政府"前冠所属省、市、地、县、直辖市、自治区等名称（全称）组成，即各级政府机构的行政管辖区名称为主标目，"政府"为从属标目，办事机构作为"政府"的下一级机构，著录在"政府"以下的从属标目子字段。国家图书馆则不选用行政管辖区名称作为主标目，直接选用各地方各级机构的惯用简称为标目，对于其下属办事机构，标目形式一般冠上级机构的简称即可。列举两家机构选取标目形式的不同，如表 7 所示。

表 7　国家图书馆与 CALIS 团体名称标目形式对比

机构团体名称	国家图书馆标目字段形式	CALIS 标目字段形式
北京市人民政府	21002$a 北京市政府	21001$a 北京市$b 政府
北京市人民政府研究室	21002$a 北京市政府$b 研究室	21001$a 北京市$b 政府$b 研究室
桂林市人民政府	21002$a 桂林市政府	21001$a 桂林市（广西）$b 政府
江苏省人民代表大会	21002 $a 江苏省人民代表大会	21001$a 江苏省$b 人大
江苏省人大常委会办公厅	21002$a 江苏省人大常委会$b 办公厅	21001$a 江苏省$b 人大$b 常务委员会$b 办公厅

CALIS 的做法是国际化的，与《国际编目原则声明》及《英美编目条例》（第二版）中的规定相一致，但与我国编目机构的传统做法不同。我国传统的中文团体名称标目，一般不选用行政管辖区名称作为主标目，而通常将含有辖区名称的团体名称直接作为主标目。国家图书馆采用了传统化的做法，但与西方国家通行的以行政管辖区名称作为主标目的做法不同。

笔者认为，名称作为一种社会现象，折射着不同国家、不同民族的历史传统和文化。编目人员制作规范数据首选应该考虑各个国家、各种语言、各个民族的传统和习惯，也就是说，首先要考虑本国读者利用名称标目的习惯性和便利性，在此基础上才能尽量考虑与国际大原则保持一致。全盘舍弃传统的国际化做法是盲目的。名称规范控制的必要性源于实体的名称及其形式的多样性。由于历史、语言、文化、学科等差异，同一实体鲜有世界范围内统一的名称形式。

9.4.4 名称规范的维护成本高

变化是规范工作的重要特征,对于变化的控制和处理也应该是重要的。名称规范数据编制完成后仍需要持续的维护,名称规范数据库需要经常维护。

首先,一条规范数据产生后,它必须归并到已有的规范文档中去。在归并的过程中,就可能要对以前选定的检索点做改动。编目人员可能发现所选的检索点形式和已经存在的另一个不同的检索点形式完全一样。这时往往需要改动后选取的检索点形式或者两种形式都要改动。这样才能保证规范文档不含有混淆不清的信息,诸如两条规范记录上检索点的形式也许一样,但实际上所指的是两个不同的实体。

其次,个人名称标目往往需要不断地维护,有添著标目附加成分的维护,有社会属性附加成分变更到自然属性附加成分的维护,也有对名称实体的各种关系之间的维护。在数据资源日益庞大的今天,附加信息作为个人名称标目的重要组成部分,随着时间的推移常常会出现数据的动态增长和不断变化的问题。针对个人名称中频繁增长与变动的社会属性的附加信息,如果要及时更新名称规范档中这部分数据,则要投入相当多的人力资源。团体名称较个人名称变化更快。团体名称的基本职能、组织结构往往随着历史的变迁、体制的改革而发生变化,其名称会随之发生改变,从而产生同一团体不同名称的各种关系。比如,机关团体除了其正式法定名称外,常因历史变迁、更名、机构合并等原因,具有简称、全称、多个名称、原名、新旧名称等。一个团体改变它的名称,通常是因为团体本身活动的目的和范围有了改变。活动目的和范围的变化是团体的一种根本变化,将团体更名看作一个组织的终结和另一个组织的诞生,这个不同足以要求建立另一条规范记录和一个不同的规范化标目。这些名称之间需要建立参照关系加以关联。

最后,某些名称变更和错误更正经常发生。名称变更涉及得到关于某些名称的新的信息、新的名称间的相互关系的说明,都需要补充到规范记录中去。此外,某些错误需要更正,比如一些因为当时标目信息不允分而造成的错误标目的维护,再比如错把团体名称当作个人名称、重复标目的维护等。这些变化可能影响单条规范记录和书目记录,也可能影响多条规范记录和书目记录。

规范数据制作成本较高,尤其是名称规范档的维护占到书目数据库日常维护的很大一部分。规范标目的改变与维护往往需要先经编目人员进行甄别与判断,之后还需要对书目数据进行同步的挂接与维护。受数据库的建置影响,有时无法对相关的书目数据进行批处理的维护,需要编目人员逐条手工挂接。大量的规范数据仅由有限的编目人员制作和维护,并且在识别和分析的过程中,需要人工逐条分析、识别,花费大量的时间和精力。可见,规范数据的维护也是一项长期性的系统性工程,需要投入相当高的人力成本。

9.4.5 规范系统的缺陷

建立规范文档的某些问题还关系到规范系统的设计方式。在整个图书馆核心业务中,图书馆自动化系统通常扮演了联系图书馆内各项业务工作的角色。图书馆自动化系统也是协助图书馆达成目标和提升图书馆服务品质的重要条件。目前规范系统功能与规范控制的作业流程不甚相符,图书馆自动化系统的规范控制功能和操作流程仍有相当大的改善空间。

以 CNMARC 规范格式为例,完善的规范控制功能主要体现在下列三个方面:①规范数据中的 2××形式与书目数据中的每一个相关检索点都有连接。当规范数据中的规范检索点形式发生变化,与其对应的书目数据中所有相关的检索点形式也应随之发生相应的变化。②当用户使用 4××非规范检索点形式查询书目数据库时,"见参照"(see)将其指向规范检索点形式,从而使用户能够获取所需要的信息。③当用户使用 5××检索点形式检索时,"相互参照"(also see)会把同一实体不同形式的规范检索点或者相关的规范检索点全部检出,使用户能最大限度地获取所需要的信息。

以国家图书馆为代表,目前使用的 ALEPH 系统在规范控制方面的功能不够完善,主要体现在三个方面:首先,系统对于名称检索的指引功能不足。从检索的角度来看,中文名称规范提供的检索点途径只支持主标目检索,系统并不提供标目的附加成分、附注内容及整条记录的关键词检索,导致查找规范数据的效率非常低。其次,从挂接方式来看,实现书目记录和规范记录的挂接主要靠形式一致，未启用国际通用的标准识别号如 ORCID（Open Researcher and Contributor ID，开放研究者与贡献者身份识别码）或 ISNI（International Standard Name Identifier，国际标准名称标识符）等进行关联控制，所以难以提升名称消歧的精确度和资源关联的效率。实际上，UNIMARC 规范格式已新增相关字段著录与 2××字段命名实体相关的标识符，规定可在 010、017 字段分别著录 ISNI 和 ORCID。最后，系统缺少自动关联校验的维护和管理功能，不具备能够根据规范记录中的信息自动更新书目记录的功能。

9.5 思考与建议

9.5.1 加强理论和业务政策研究

规范理论上的发展一方面能够反映我国名称规范控制工作的发展过程，另一方面也是我国图书馆界开展名称规范控制工作的需要，能够对规范控制的著录规则和机读格式的修订和完善提供指导与参考。我们必须及时跟踪国际编目领域前沿，结合中文文献的特点，制定符合 FRBR、FRAD 和 RDA 的编目规则，深化 RDA 在规范工作的使用，加强规范数据的语义描述与关联化研究，并探讨相关领域的全球发展方向。只有足够重视规范控制理论和发展趋势的研究，制定出立足本国国情、符合国际发展潮流的相关原则和标准，才能做到理论在前、实践随行，及时总结并修正实践中的错误，少走弯路，为中文规范数据走出图书馆、走向互联网、走向国际打下坚实的基础。

另外需要制定行之有效的业务政策，持续修订与维护各项书目规范与标准，使规范记录的制作和维护做到有章可循、有据可依。业务政策至少应该涉及以下四个方面：①规定规范记录格式；②如何处理名称相同或相似的问题；③规定在各种情况下制作参照的范围；④对规范记录的参考来源给出优先次序或先后次序，并对不同的来源做出具体的规定（选用、修改、参考等）。

鉴于规则的形成与发展，也需要依赖编目经验的总结。所以，业务政策也可以灵活些，给编目人员以斟酌决定的自由。

国际上名称规范数据和主题规范数据大多处于同一个规范数据库中。而我国名称规范数据和主题规范数据基本是分开建库。名称规范数据和主题规范数据在个人、团体、题名部分存在重合的地方。例如，对于同一个个人实体，名称规范数据和主题规范数据在规范格式上可能存在较大的差别。这也是我们在实际规范工作中面临的一个问题。因此，中国机读规范格式在今后的发展与应用上，应能够兼顾名称和主题两个方面的内容。

9.5.2 加强交流合作

9.5.2.1 加强国内馆之间的合作

规范控制工作的任务量大、涉及范围广，一个图书馆的力量是十分薄弱的。而且，很多图书馆都面临资深编目人员退休、而培养具有同等水平的编目人员需要花费巨大力气的局面。不同于书目数据，名称规范数据的信息来源不仅仅限于在编文献本身，需要编目人员通过网络、工具书、电话、E-mail等多种渠道获取，这些信息获取花费的成本大大高于建立或维护规范数据本身的成本。因此我们需要继续推进图书馆领域内的共建共享，开展规范数据交换工作，进一步推进图书馆行业内的合作。笔者建议，可由大型的联合编目机构牵头，积极推进名称规范数据的利用，组织开展培训工作，让有条件的图书馆首先参与中文名称规范库的建设与整合工作，再逐步扩大范围。

9.5.2.2 加强中国和国际合作

规范数据如同书目数据，可以成为在各地区共享的资源，因此需加强规范控制在区域内的实务合作。但规范数据的合作与共享不仅涉及书目数据的汇集、标目选取，更考验合作机构如何整合各自以不同格式建立的规范数据。有关中文名称规范数据共建共享的"中文名称规范数据库项目"是"中文文献资源共建共享合作会议"的子项目，参与成员包括国家图书馆、CALIS、台湾汉学研究中心和香港 JULAC、澳门地区图书馆。该项目从 2003 年联合发起"中文名称规范联合协调委员会"开始至今已历经十余年的发展,虽然在协调规则、减少差异方面持续改进,各成员馆都积极上传数据、讨论规则、交流经验,但在实践层面合作进展还比较缓慢,在实践应用方面还不够深入。中国今后合作的方向,应依托"中文名称规范联合数据库检索系统(CNASS)",充分了解各地的名称规范记录格式的特点,从整合历史人物数据入手,逐步实现各成员机构之间名称规范数据的全面共享;同时逐渐协调规则,减少差异,求大同存小异,进一步探索实现中文虚拟规范文档的可行性。

全球化的深远影响,改变了编目机构的观念及做法,也促使编目机构更重视国际认识与了解,寻求可能的合作方式。我们亦要关注西方图书馆界中文名称规范工作的开展情况,采取积极融合的态度,努力实现全球范围中文名称规范资源的共建共享。比如,继续探索与 VIAF 合作,通过加入 VIAF 国际社群合作,以及关注 RDA 关于名称规范方面的有关发展,将中文规范资源推广至国际图书馆界及更大的语义网社群。

9.5.2.3 推动跨行业合作

现阶段名称规范工作的交流与合作,还仅停留在图书馆机构之间。实质上,规范控制并非图书馆专有的工作。辨识作者名称不但在提升图书馆馆藏管理及目录服务品质方面扮演重要角色,对档案馆、博物馆等文化记忆机构而言,因其藏品的检索辨识需求,也以不同的标准开展规范控制工作。对出版社、版权管理等机构而言,更有商业利益考量的必要性,以便借此确立作者与作品的关联性,避免因名称混淆造成的纠纷。为了辨识和区分各领域作者,图书馆界、出版界及版权管理机构等,各自建置不同规范的人名记录档,不同机构可能花费重复的人力和经费维护同一作者的数据,而且这些规范档独自建立和维护的成本都比较高。

基于名称规范记录的建立对于各个文化记忆机构都具有相当的需求和迫切性,国内若建立一套让各界都能参与的合作模式,同时既能让同一实体的各种标目兼容并蓄,又能节省维护成本的合作机制,将会形成多赢局面。

笔者认为，首先应加强与出版行业的交流与合作，与出版社取得共识，在申请 ISBN 或 CIP 的流程中，设法以图书馆建档可用的格式，将作者或出版物本身相关的信息提供给图书馆。如此可以更准确地获取各种责任者信息，从源头上保证名称规范数据的质量，借助外力做好名称规范数据的维护工作。其次是加强与科学机构、文化遗产、版权管理等机构和专业组织在共同感兴趣的领域合作。如此不仅可以拓宽信息获取的渠道，还能以省时、省力和省钱的方式做好规范控制工作。面对各种新型载体、新目录形态，图书馆必须在资金有限、数据量增加的情况下，掌控规范控制的成本，才能有助于整体机构的业务运作。也只有通过各个层面的合作与共享，汇集各机构日积月累的成果，才可减轻单一机构孤军奋战的压力，降低编目成本，提升名称规范数据的质量，真正推动中文名称规范控制工作的发展。

9.5.3　拓宽服务与利用

规范数据的价值没有被足够看到，是因为规范数据没有被深度挖掘、没有被有效利用，没有充分达到服务用户的目的。数据的应用范围与其开放程度也相关，开放度高的数据被应用的可能性就越大，数据的价值越高。目前中文名称规范文档的建设仅限于图书馆内部，由于信息的不完整及其没有与书目记录进行很好的集成，并没有在图书馆的机构名、作者名识别中发挥重要的作用，导致基于名称的检索准确率不高。❶

在未来，我们须对规范数据进行深入分析和挖掘，加强对现有名称规范数据的整合，提升名称规范数据的使用价值，寻找规范数据更多的应用场景，多角度利用数据。首先，将规范数据更好地应用于馆藏书目数据，提高馆藏资源的检全率和检准率。其次，应用于相关的文献数据库建设，如用规范记录制作理念理解学者库，进行学者库建设。最后，将书目数据与规范数据进行各种有效关联，多做一些 FRBR 化、FRAD 化的实证尝试，让终端用户受

---

❶ 赵婕，贾君枝. 数据网络中中文名称规范档的建设与发展 [J]. 图书情报工作，2017（11）：134-139.

益，使他们用名称的任何受控形式，都能从目录中检索到书目资源，从而足够认识到规范数据的意义所在，从而推动名称规范控制工作在我国图书馆界内的全面开展。

9.5.4 加强基于万维网的规范控制

传统规范控制最重要的工作是汇集与消歧，即集中同一实体的各种名称形式，区分具有同一名称形式的不同实体。中文名称规范档以传统 MARC 格式保存信息。但进入数字时代后，需要规范控制的场景不仅有图书馆目录，网络资源、学术成果以及作为数字学术研究对象的其他资源也需要对其相关实体进行规范控制，这些数字资源中的实体通常需要直接标记，难以像图书馆目录那样采用描述与检索点分离的处理方式。胡小菁[1]认为，图书馆目录长期以来采用描述与检索点分离的处理方式，规范控制依赖于选择一个形式一致的规范名称，这种方式在去中心化的互联网时代已经不再适合。将名称规范工作由强调名称形式选择转变为通过标识符实现对实体或身份的管理，已经成为规范控制的发展方向。规范控制以代表实体的标识符取代名称的规范形式，即实体或身份管理的发展趋势十分明显。

规范控制原本是基于实体的，在国际化的多语言文化环境下，执着于选择实体的某个名称形式显然是没有意义的。在实体管理的标准与技术日渐成熟的情况下，国内相关标准应该与时俱进，不再让编目员将精力浪费在确定"规范形式"上，而是将其判断放在选择正确的实体上，实现优质的规范控制。因此，需要发展更加完善、更加合理的方法实现规范控制。探讨在网络环境下名称规范数据的表示、描述及如何应用，建立关联数据，商讨统一格式；提供规范控制从基本建立文字字串到聚焦于辨识与实体管理的转换。

互联网下的规范控制，需要对各类规范实体，如人、机构、地点、事件，从概念的层面进行区分，用统一的文字标签来表征概念，用明确的语义来表述这些规范实体概念和概念间的关系，并基于概念模型对各类实体进行规范

---

[1] 胡小菁. 规范控制：从名称选择到实体管理[J]. 数字图书馆论坛，2018（1）：2-7.

控制，解决同一人名、地名等不同表达方式的认定、消歧与合并等问题。❶ 基于网络资源的规范控制，要求规范词能在全网域范围内被唯一标识和定位，规范词的语义描述信息能被机器获取、识别和理解。对于中文名称规范文档的发展，如何准确完整地获取实体信息，提高与其他网络资源的交换能力，发挥其在网络环境中的规范控制作用，应该成为我们关注的重点。

9.5.5 改善图书馆的自动化系统

建立与维护规范记录，以提供图书馆的目录适当参照，需要通过思维转换，需要新的系统提供规范控制的技术手段，不断探索解决问题的方法。很多图书馆自动化系统虽然宣称有规范控制功能，但由于设计方式不一、功能也不尽相同。因此，图书馆自动化系统的设计应符合标准规范，除了在书目记录检索点与规范文档之间建立连接之外，应具备辅助生成和动态关联校验和维护功能，以及联机批更新维护的功能。如果规范记录中的一个检索点发生变化，通过系统的标目全域更新功能，将书目记录中所有相应的标目一同更改。如此才能尽量减少人为干涉的因素，提高数据正确率，提升规范数据的质量，从而提高规范库的自维护能力，进而提高规范数据的权威控制能力，真正实现实时更新的控制。

此外，图书馆自动化系统需要考虑很多问题：比如对图书馆而言，其进行规范控制的程度及对规范控制功能的了解或应用情形怎样？对用户而言，到底有规范控制及没有规范控制的差异在哪里？如何优化数据的索引配置？因此，图书馆应与自动化系统厂商密切配合，了解自动化系统的规范控制功能及其设计方式以及编目员使用规范控制系统的情形，比较做规范控制及未做规范控制的检索效能。图书馆的 OPAC 也应加强配合规范控制的指引功能，以提高用户检索的效益。

---

❶ 夏翠娟，等. 家谱关联数据服务平台的开发实践［J］. 中国图书馆学报，2016（3）：27-38.

第 10 章

FRAD 与中文名称规范控制

信息技术飞速发展,信息环境日益不同,信息资源急剧增加,传统的编目理论和实践受到冲击,FRBR 概念模型应运而生。FRAD 是 FRBR 模型的延伸与扩展,主要针对 FRBR 模型中的第 2 组实体,不包含作为第 3 组实体的主题规范数据所独有的属性和关系。国际编目原则与 RDA 对 FRBRs 概念模型的采用,充分彰显了这个模型在实现目录功能方面的巨大价值。而规范控制的架构和规范记录的内容会影响目录查询的效益。FRAD 提供了一个可以检视目前规范记录数据内容和结构的框架,协助我们更好地反映目录及其背后资源错综复杂的关系。

10.1 FRAD 概念模型概述

10.1.1 FRAD 概念模型的基本内容

规范数据的概念模型是"国际图联规范记录的功能需求与编号(FRANAR)工作组"于 2008 年 12 月形成的最终报告——《规范数据的功能需求》(FRAD)中提出的。FRAD 于 2009 年 3 月被"国际图联编目组"和"国际图联分类标引组常务委员会"批准。简单描述 FRAD 概念模型就是：书目记录里的实体可通过名称或标识符识别。在进行规范控制的实践时，这些名称和标识符是创建受控检索点的基础。FRAD 概念模型亦可表述为："机构"根据"规则"，在书目实体的"名称"和"标识符"的基础上，构建"受控检索点"。

FRAD 首先定义了 16 个实体，具体包括《书目记录的功能需求》(FRBR)中已定义的 10 个实体——个人、团体、作品、内容表达、载体表现、单件、概念、实物、事件和地点，以及另外的 6 个实体——家族、名称、标识符、受控检索点、规则、机构。之所以增加家族这个实体，主要是为了档案类型馆藏的需要，有关个人档案与家族有密不可分的关系，将家族视为一个实体确有其必要。名称是指一个字符或一组词和（或）字符，现实世界中的实体通过它们被认知。标识符是指在限定的某标识符所标识的领域内，用于区别其他实体与某实体相关联的一个数字、代码、词、短语、图标、图案等。受控检索点是指一个名称、术语、代码等，通过它们可以找到某书目记录、规范记录或参照。规则是指受控检索点（规范形式、变异形式或参照）格式和记录应遵循的指令集合。机构是指负责创建和修改受控检索点的团体。机构负责应用和阐释其创建或使用的规则，也可以负责其领域内标识符的创建和维护。需要说明的是，在最新的 LRM 模型中，由于名称、标识符、受控检索点都是实体的标识，因此被合并为超类 nomen❶（名称）。

其次，FRAD 对这 16 个实体的属性进行了描述并列举了这些实体之间的关系，主要包括：个人、家族、团体与作品的关系，作品、内容表达、载体表现与单件之间的关系，个人、家族、团体以及作品的变异名称之间的关系，受控检索点之间的关系。

最后，FRAD 阐明规范数据的用户任务，并将实体属性和实体关系与用户任务之间进行了映射。

---

❶ 是指实体与指称它的称呼之间的关联。

10.1.2 FRAD概念模型的研究范围

首先需要说明的是,在FRAD中涉及一些名称术语的变化。例如,将"标目"改称为"检索点",将"统一标目"和"相关参照标目"改称为"规范检索点",而"单纯参照标目"改称为"变异检索点",规范检索点和变异检索点则统称为受控检索点。这是因为随着机读目录时代的到来,数据显示方式发生了根本的变化,源于卡片目录时代的一些术语逐渐失去意义,并且较为晦涩难懂。

FRAD概念模型的研究范围基本涵盖了所有类型的规范数据,包括个人、家族、团体、地理实体的规范数据,题名规范数据,主题规范数据。但主题规范数据不是FRAD研究的重点。FRAD认为规范数据展现了图书馆、博物馆、档案馆等机构通过个人、家族、团体,或具有同一题名的不同版本来组织作品的受控检索点和其他信息。受控检索点包括编目员为识别个人、团体、作品等实体而收集的这些实体名称的规范形式和变异形式。因此,FRAD将规范数据定义为个人、家族、团体或作品名称的信息集成体,这些名称是参考书目或图书馆目录和书目数据库记录的受控检索点的基础。

10.1.3 规范数据的作用与构成元素

根据FRAD的描述,规范数据应具有以下四种基本作用:①记录编目人员的各种决定(包括检索点形式、处理规定、信息来源等);②在选择和确定文献检索点时作为参考工具,比如可以让编目人员确定原来的检索点是否正确、是否需要提供新的检索点,同时可以给图书馆其他相关人员提供参考咨询;③控制书目记录检索点的形式(当规范记录里检索点形式发生变化时,能通过系统使书目记录里相对应的检索点随之自动进行更新);④作为扩展信息、支持书目数据库的检索,比如能把用户所使用的检索点指引到书目记录所使用的检索点。

FRAD指出,在目前的实践中,规范数据通常包含由编目机构建立的实体的规范检索点,这种规范检索点作为缺省结构显示在其目录体系中,也包括名称变异形式的检索点和相关实体的规范检索点。除此之外,规范数据通常还包括确定受控检索点建立所依据的规则、参考来源、负责建立受控检索点的编目机构等。换言之,规范数据主要包含以下元素:规范化的检索点形式(包括记录用于识别相同或相近实体的附加成分等);所有作"见"参照的形式(变异检索点形式);连接到所有作"参见"参照的规范记录;记载选定规范检索点的决定和来源;规范检索点的先前形式与其他用法一览等。

10.2 FRAD对中文名称规范控制的启示

设计FRAD概念模型的目的主要有两点:①提供一个明确定义的、结构化的参考框架,这个框架将规范记录创建者制作的数据与用户需求相关联,也就是理论指导规范数据的制作如何更加贴近用户的需求;②协助评估规范数据的国际共享和使用。在名称规范控制的实践工作中,时常会有一些问题困扰我们,这里笔者主要结合第一个目的,从探索和尝试的角度借鉴了FRAD的一些思想和方法,希望能为我们的实践工作带来一些启示。

10.2.1 实体定义带来的启示

以国家图书馆名称规范控制的实践为例,在工作中曾经要求编目人员对于每个提供检索点的责任者均须制作规范数据,例如,名称为"李伟"的个人实体,由于标目信息不充分,难以对同名为"李伟"的群体一一进行区分,这样就出现了大量为区分而刻意制作出的名称规范数据。这样刻意的区分,显然存在不明确甚至推测错误等问题。如此,不仅没有起到规范控制的效果,反而造成了名称规范数据库的混乱,也为数据维护带来诸多不便。国家图书馆随后也意识到此类问题日益严重,于是规定对于同名的不同作者无法进行区分时,则首选已有的未加区分的规范记录,建于同一条规范记录内,不再对数据进行刻意区分。这种做法曾一度存有争议,但从FRAD对实体的定义中我们找到了一定的理论依据，并在一定程度上缓解了数据的不规范现象。根据 FRAD 对个人实体的定义，个人也可能包括使用同一名称的个体集合，为集合中的每个个人建立不同的身份是不可行的。FRAD 这条针对个人实体的定义，表明将个体集合看成一个单独的个体，建立一条名称规范记录，这种做法是可行的。也就是说，汇集无法区分的个人名称于一条名称规范记录中是可行的。

另外，在实践过程中，编目人员常常困惑于针对一些临时团体或已不存在的团体，是否需要对其团体名称建立规范记录。FRAD 中也明确阐述，团体是指视为一个整体进行活动的一组人或一个组织，包括如下几种类型：①临时组织的团体和会议、大会、代表大会、探险、展览、节日、博览会；②共同出品作品的音乐表演组合、视觉艺术团队和舞蹈团；③区域性行政当局；④仍然履行职责和已经解散或不存在的团体和组织；⑤虚构的团体和组织。结合 FRAD 对团体实体的定义以及团体名称的标目法，可以帮助编目员明确一些临时团体或已不存在的团体是可以为其建立名称规范记录的。

10.2.2 实体属性带来的启示

实体属性是指实体的特征。这里我们仅以个人属性为例：FRAD 中阐明，个人属性可包括与个人相关的日期（RDA 核心元素）、与个人相关的地点（国别、出生地、居住地、死亡地）、性别、隶属机构、活动领域、职业/专业（RDA 条件核心元素）、头衔（RDA 核心元素）、名称的更完整形式（RDA 条件核心元素）、传记/历史等。

①与个人相关的日期，是指与个人相联系的重要日期，包括出生日期、死亡日期、活跃期。当有区分必要时，可以年月日的形式记录个人的出生日期或死亡日期。个人活跃期是指标识一个人活跃在其主要业务领域的时间或时间段。当需要与另一名称相同的个人做区分或个人的出生日期和死亡日期均未知时，可记录个人的活跃期。规范记录中朝代的著录，著者如果出生到死亡跨越两个朝代，著者时代断限以卒年为准。②与个人相关的地点，是指与个人相联系的重要地点，包括出生地、死亡地、居住地。出生地是指个人

出生的国家、省、市、县。个人出生地所在的国家有时被作为国籍，表示个人是该国的公民。③性别，是指一个人被他人所认知的性别，包括女性、男性、变性、未知。④隶属机构，是指个人通过就业、成员、文化认同等方式所隶属或曾隶属的组织，包括现任职机构、曾任职机构等。⑤个人的活动领域，是指个人所从事或曾经从事的专业领域等。⑥个人的职业或工作，是指一个人所从事或曾经从事的职业或工作。有关职业或工作的专业术语应取自规范的受控词表。⑦个人的头衔，是指皇室身份、贵族封号、教会职级或个人宗教职位称谓的词或短语。⑧名称的更完整形式，是指在被选作首选名称的形式中仅以首字母缩写或缩写表示的名称一部分的完整形式，或未包括在首选名称形式中的名称的一部分。

可以看出，个人名称的标目附加成分属于个人属性所囊括的范畴。个人的名称附加分为前置附加和后置附加两种。前置附加主要用于冠以朝代、国别、民族；后置附加用于生卒年、学科领域、职业、性别、籍贯、原文名称等。当需要与另一名称相同的个人做区分时，编目员一般优先选择生卒年、性别（只针对女性的个人名称）、国别、朝代、民族等自然属性作为名称附加进行区分，其次选用学科领域、职业等社会属性进行区分。自然属性的附加成分可以使标目的区分变得相对简单与客观，也有利于保持标目的稳定性，但欠缺对标目内涵的揭示；社会属性的附加成分可以起到揭示标目内涵的作用，能够更加贴近规范数据的用户需求。

但在实践工作中，对于二者的选取缺乏规范与细则予以指导。过去我们一直认为，在对个人名称标目附加成分的选取方面，自然属性信息要优先于社会属性信息，这是因为自然属性相对精确、固定，而社会属性往往含混、易变。实际上这种认识主要是从编目员的可操作性角度来考虑问题的，而忽视了FRAD所倡导的用户任务的实现问题。比如当我们谈到"李白"时，绝大多数人的第一反应会是：唐代著名诗人，"诗仙"，然后才是字太白，号青莲居士，701—762年在世等。也就是说，作为一般用户在识别个人名称时，在习惯上往往优先选择个人名称的某种社会属性。

对于这个问题，FRAD也并未能够提供明确的解决思路。正如FRAD所说：定义属性并不是具体定义规范数据单元。因为在某些情况下，给定实体的属性会不时发生变化，例如，某人所从事的活动领域。FRAD 没有对随时改变的属性与不改变的属性做出严格的区分。因此，针对自然属性还是社会属性的附加成分选择，依然是仁者见仁，各有优劣。所以，在编目员所追求的标目附加成分的准确性、稳定性和用户所希望的标目通俗性、便捷性之间，我们确实需要做进一步的权衡，需要编目员有"用户至上"的编目意识。

个人名称的数据元素涵盖了同一标目下与名称相关的属性集合，在区别不同个人和识别同一个人实体中有不可替代的作用。因此如何丰富已有数据信息，提高信息的价值和重用性，是当前名称规范工作需要重点考虑的问题。

10.2.3 实体关系带来的启示

FRAD 描述了规范数据中的四大类关系。第一大类包括各实体类型间的关系。第二大类包括个人、家族、团体和作品等特定实体事例之间的关系，如个人之间的关系、个人与团体的关系。第三大类包括规范记录中参见结构所映射的关系（如参照本身、信息附注、说明语或编目员附注），如个人名称之间的关系、团体名称之间的关系、作品名称之间的关系。第四大类包括规范记录中嵌入的连接结构所反映的受控检索点实体的事例间的关系（如用不同文字记录相同数据的字段之间的连接）。

10.2.3.1 针对个人

FRAD 在实体关系部分列举了个人之间的关系，主要包括别名关系、世俗关系、宗教关系、合作关系、职务关系等。其中，别名关系是指个人与通过一个或多个化名所表示的身份之间的关系。例如，"周树人"与其用于文学作品的身份"鲁迅"的关系。世俗关系是指个人与其世俗身份之间的关系。例如，"弘一法师"与其世俗身份"李叔同"之间的关系。合作关系是指在知识或艺术方面合作的两个以上个人之间的关系，如合作笔名。FRAD 阐明，个人之间的关系通常借助实体的规范名称（相关参照）的连接或信息附注体现在规范数据中。

另外，FRAD也列举了个人名称之间的关系，主要包括曾用名关系、后用名关系、不同语言形式关系、其他变异名称关系。其中，变异名称关系是指某人的不同名称之间的关系，例如，名称的写法不同（异体字、音译、标点差异、大小写不同），词序不同（顺序、倒序），绰号、昵称、尊称等。

在名称规范的实践过程中，我们常把个人之间的别名关系、世俗关系、宗教关系直接简单理解为某个人的变异名称关系。针对上述举例，如果将"周树人"与"鲁迅"视为个人之间的别名关系、将"弘一法师"与"李叔同"视为个人之间的世俗关系，我们通常应该为"周树人""鲁迅"分别建立名称规范记录，为"弘一法师"与"李叔同"也各自建立规范记录，两条规范记录之间作相关参照。如果将其只视为某个人的变异名称关系，即把"周树人"仅看作"鲁迅"的原名，"弘一法师"看作"李叔同"的法号，则只需建立一条规范记录，名称之间作单纯参照。笔者认为，针对一些在不同领域都很著名的个人，尤其是在不同领域都有较为丰富作品的个人，不应该将个人之间的关系简单等同为个人的变异名称关系。但考虑到实际情况，大多时候将个人之间的关系直接理解为某个人的变异名称关系是可行的。比如，某个普通作者的别名关系，在这种情况下，基本没必要为其原名与别名分别建立规范记录，而只需建立一条规范记录，将原名与别名作单纯参照；有时甚至单纯参照也不需要，只需在规范记录的附注中说明关系即可。

10.2.3.2 针对团体

目前，国家图书馆的团体名称规范记录，其直接参考来源均为中文图书专著，同时与相关书目记录进行挂接，这是作品与团体的一种责任关系。但除中文图书之外，国家图书馆还具有学位论文、中文资料、电子音像资源、缩微胶片、古籍善本等多种类型的作品，其中与团体还可以构成例如指导、表演、发行、拍摄、收藏等多种关系，如何选取并建立有意义的关系类型是成功应用FRAD的关键之一。另外，通过相关参照根查，可表示两个团体间存在关系这一事实，并将其连接。但关系的具体类型（如前身/继承、分支、部分拥有、合并、等价）并未能在连接这一过程发生时"阐明"，或者说不能被计算机更好地理解。

此外，除了部分规范记录附注信息中描述了与团体相关的个人信息，团体规范记录与个人规范记录完全没有对应的关联，通过书目记录分析，出现较多的关系有：个人为某团体成员、个人为团体领导者、个人对团体负主要责任等。关联团体与个人后，可利于实现个人与个人的更多关联，从而最大化利用 FRAD 的核心理念聚合相关实体事例为用户服务。

10.3 规范数据的用户分析与建议

10.3.1 规范数据的用户任务

FRAD 概念模型将规范数据的用户分为两大类：①规范数据的创建者和维护者；②规范数据的终端用户——直接获取规范数据或使用目录、国家书目以及类似数据库中通过受控检索点（名称的规范形式、名称的变异形式/参照）间接使用规范信息的用户。其中，编目员是规范数据的主要用户之一。首先，编目员建立规范数据与规范文档，并且在以后的编目过程中利用规范文档去确定某个已知标目是否已经用过，哪个标目应采用什么样的形式，还需要依据在编文献确定原有的规范记录是否需要作改动等。

FRAD 定义了规范数据的四个用户任务：①查找（find），即使用单一属性、属性的组合或实体间的关系作为检索条件查找一个实体或一组实体；或使用属性及其关系在整个书目实体的世界中查找。②识别（identify），确认描述的实体是否符合目标实体，以区分具有相似特征的实体，或确定受控检索点的名称形式。③阐明关系（contextualize），阐明两个或多个个人、团体、作品等之间的关系；或阐明一个人、一个团体的众所周知的名称之间的关系。④提供依据（justify），即提供规范记录创建者选择这个名称或名称形式作为受控检索点基础的依据。

明确规范数据的用户任务，有助于我们更好地认识目前的规范数据存在的问题，使我们制作的规范数据能够更加贴近用户的需求，不仅使终端用户能够以名称的任何受控形式从目录中检索到书目资源，也能够为规范数据的创建者和维护者进行规范数据维护打下良好的基础。

10.3.2 规范数据的用户调查情况

规范控制意味着受控检索点的实体识别和及时管理，是目录功能不可或缺的部分。任何规范记录数据元素的缺失、差错或混淆不清都会影响到这些目录功能的实现。由此我们应加强用户调研，深入了解用户的需求。

10.3.2.1 规范数据制作者如何看待规范工作

笔者针对国家图书馆规范数据的制作者做了简单的问卷调查（主要针对名称规范控制），共有43名人员参与问卷调查，其中25名人员（58%）认为开展规范控制工作很有意义，13名人员（30%）认为开展规范工作意义一般（认为规范工作可有可无），5名人员（12%）认为开展规范工作意义较小。

持有开展规范工作意义较小观点的人员，认为目前规范工作最亟待解决的问题主要集中在下列三个方面：①规范数据库比较混乱、质量较差；②重复数据常见、重样的人名无法区分；③信息不对称，编目人员没有充足的时间利用网络、邮件、电话等查询到准确信息，应该合理安排工作量。

持有开展规范工作意义一般观点的人员，认为目前规范工作最亟待解决的问题集中在下列六个方面：①重复的个人名称规范数据太多，应做好该类数据的合并、删除工作；②没有较为标准、严谨的规范细则可供执行；③白板数据太多、没有意义；④针对通俗的人名查找起来过于烦琐，应设置一个检索平台可更便捷地查找；⑤明确名称规范数据的制作范围，是否所有的个人名称都需要制作规范数据；⑥规范数据缺乏专人进行日常维护。

持有开展规范工作比较有意义观点的人员，认为目前规范工作最亟待解决的问题集中在下列六个方面：①信息不对称、信息不完整、信息获取难，造成规范数据混乱；②规范数据不规范，伪规范现象严重，将会误导读者；③重名很多，很难进行有效区分；④重复规范数据多，造成数据冗余，亟须整合；⑤制作规范数据时随意性强，缺乏科学、规范的理论规则；⑥规范数据库未做到及时维护与更新。

10.3.2.2 一般用户如何看待规范工作

参与调查的43名规范工作从事人员，只有2名人员认为一般用户了解规范工作，41名人员认为一般用户不了解规范工作。笔者对规范数据的终端使用者，即一般用户进行了问卷调查，共有39名人员参与调查，需要特别说明的是，这次参与调查的一般用户基本是未从事过规范工作的图书馆员。其中29名人员（74%）对规范工作泛泛地一般了解，10名人员（26%）不了解规范工作。29名对规范工作一般了解的人员中，18名人员认为开展规范工作对读者检索的意义较大，9名人员认为意义一般（可有可无），2名人员认为意义较小。

另外，大部分人员认为应该对历代名人名家，具有持久影响力、在某一领域有突出贡献的个人制作名称规范数据；小部分人员认为应该对所有个人作者制作规范数据，因为我国重名的现象比较严重。

总结上文两份用户调查的情况，可以发现对规范工作稍加了解的人员，绝大多数会认为开展规范工作比较有意义。虽然规范工作的作用和意义在目录学、编目理论中早有定论，在此调查开展规范工作是否有意义似乎显得多余。但笔者的本意是了解图书馆员对开展规范工作的认可程度。名称规范工作经过多年的实践，不断积累的问题已经给实际从事这项工作的人员带来了越来越大的困惑。比如，有些问题在理论层面有足够的立脚点，可能根本构不成问题，但在实践层面却难以操作。针对这样的问题，我们应该特别注重倾听用户的心声，了解他们的需求，如此才能真正找到解决问题的方法而不是总停留于纸上谈兵。

10.3.3 规范数据的用户任务实现情况分析

结合规范数据的四个用户任务，本节着重分析国家图书馆名称规范数据的用户任务实现情况。

10.3.3.1 "查找"实现情况分析

查找,即查找一个实体或一组实体。暂且不论查找整个书目世界的实体,仅准确查找个人实体就非常不易。国家图书馆的名称规范数据量在2007年年底时约为80万条,截至2017年年底,名称规范数据库的数据量已高达160万余条。十年期间,名称规范数据量增长了一倍,其中个人名称占大多数,且个人实体重名现象太普遍。比如截至2018年年底,同名为"李伟"的个人名称规范数据有297条,同名"李强"的个人名称规范数据有260条,同名"张平"的个人名称规范数据有138条,同名"王立新"的个人名称规范数据有79条,同名"李国华"的个人名称规范数据有50条。用来区分的附加成分可谓五花八门,随意性较大。同为经济学领域的附加成分就有"经济""经济学""经济学教师""经贸"等词,同为计算机领域的附加成分有"计算机""计算机教学""计算机应用""计算机软件""计算机编程""软件""软件技术"等词。这给实体查找带来了难度,也降低了查找的准确度。同时,受控检索点之间的关联性设置得过少,使查找的途径变得相对单一,比如只能用个人名称来查找个人实体、用团体名称来查找团体,却无法用"个人名称+机构名称"组合的方式来查找某个个人实体。这使查找的效率变得很低,尤其是在百万数量级的规范数据库中查找。

另外,国家图书馆名称规范数据能够提供完成的用户查找任务,还只限于书目实体中的载体表现和单件层面,远未实现在作品和内容表达层面进行全面查找。目前,只有中文图书和部分古籍善本等少数文献类型利用规范数据进行了书目控制,并多局限于2003年之后到馆的文献。规范数据的书目控制尚未应用到全部类型的文献资源。如果能满足用户在整个书目实体的世界中进行查找,我们还需加强对名称规范控制工作的宣传,拓宽名称规范数据的书目控制范围。

10.3.3.2 "识别"实现情况分析

识别,即主要区分相似特征的实体,确定受控检索点的形式。识别是规范数据最难实现的一个用户任务。查找与识别两个用户任务,其实现结果是相辅相成的。未能够准确地查找,识别必然做得不好;未能够很好地识别,必然也无法做到准确查找。上文用户调查得出"信息不对称"是目前规范工作的难点之一。识别的核心是区分,能否做到有效区分,与获得信息的完整程度直接相关。信息获得的越完整,就可以越准确地描述实体,从而实现不同实体之间的有效区分。相反,由于信息获取的不完整,为了理论上的区分而区分,由规范数据制作人员从海量的互联网信息中查询,或根据不充分的信息推断而形成的规范数据,存在不少"伪规范"数据和重复数据。"伪规范"数据即描述的实体并非目标实体,造成张冠李戴。重复数据,即同一实体存在多条规范检索点形式不同的数据。

国家图书馆的名称规范数据主要由从事中文图书编目工作的人员制作,要求编目人员对经手编目的每种图书的责任者制作规范数据。文献中责任者信息的不完整,获取信息渠道的问题以及获取信息的成本等因素,造成了名称规范数据库中特别是个人名称存有大量的伪规范数据和重复数据。另外,团体的归属层级关系、全简称、缩略词等关系辨析不清,也造成了一定数量的重复数据。团体名称使用大量结构化标目,不采用文献或参考来源上团体名称的直序形式,不便于用户识别。这些不仅给编目人员进行书目数据与规范数据挂接带来麻烦,影响书目控制的效果,甚至会误导终端用户,起到适得其反的作用。

10.3.3.3 "阐明关系"实现情况分析

阐明关系,即阐述不同实体之间的关系以及阐述同一实体的不同名称之间的关系。阐明关系是国家图书馆规范数据用户任务中实现较好的一个,尤其是阐述同一实体的不同名称之间的关系。比如名称之间的曾用名关系、笔名关系、全称关系、简称关系、惯用名称关系以及其他变异名称关系等,名称规范数据对这些关系的揭示都较为清晰。另外,国家图书馆的名称规范数据也注重对受控检索点之间关系的揭示,比如受控检索点之间的交替文字关系。阐明较为清楚的关系,一方面可帮助编目人员更准确地选择和确定文献检索点;另一方面也有助于日后的规范维护工作。

10.3.3.4 "提供依据"实现情况分析

提供依据,即提供创建受控检索点形式的依据。提供的依据主要包括参考数据的文献源、查阅到信息的出处等,也就是受控检索点的参考源。国家图书馆的名称规范数据在这方面似乎有些不尽如人意。比如文献来源通常只提供一个书名,不提供出版者、出版年等任何其他信息。对于其他信息来源,如网址的著录、出处的著录也不够规范,可以说没有具体的规范细则遵循。提供依据,对于规范整合和维护来说也至关重要。依据提供得不清楚,会造成混淆,影响其他用户任务的实现。

总之,规范数据的四个用户任务是相辅相成、互为补充的,阐明清楚实体间的关系,提供明确可靠的创建依据,都是为了更好地满足用户进行查找和识别。

10.3.4 改进建议

10.3.4.1 重视规范数据的日常维护和长期维护

我们知道,规范工作是一项长期积累的工作。国家图书馆名称规范数据库中存在大量重复数据和伪规范数据,除了有规则方面的原因、历史的原因之外,归根结底都是日积月累而形成的。用户调查的结果已显示,编目人员亟待解决规范数据的维护问题,希望开辟专人对规范数据进行日常维护和长期维护。国家图书馆虽然存在相关专业人士,但人员数量有限,其维护和整合的速度远远跟不上规范数据发展的速度。而且维护工作在规范工作的计划阶段常常被忽视。笔者认为,应着重从以下三个方面入手。

第一,对 COR 标目进行日常维护。所谓 COR 标目,是因 2×× 的标目形式发生改变而产生的,原来的标目形式会以 COR 标目的形式存于规范记录中,以便检索点形式未予更新的书目数据与标目形式已更新的规范数据之间的挂接。COR 标目之所以存在,主要也是因为书目数据和规范数据难以做到实时、同步更新而采取的一种暂时存在形式。据笔者统计,国家图书馆名称规范数据库平均每日新建和维护规范数据 500 条左右,每日大概有 25 条(5%)规范数据产生 COR 标目。应开辟专人及时删除这些 COR 标目,对书目数据进行重新更新挂接,如此才能保证数据库中标目形式的整齐一致,规范、不混乱，规范控制的作用才可能真正得以实现。

第二，对重复数据进行日常维护。重复数据的日常维护涉及标目形式和内容的合并、删除，书目数据的重新挂接等一系列工作。重复数据长期存在，会使书目控制的功能有所缺失，无法完整汇集书目。同一人名有不同的标目形式，标目形式出现变动而没有及时更新等。这些问题日益严重，影响到用户体验。

第三，对伪规范数据、不完善规范数据进行长期维护。编目人员若不能掌握百分之百的信息，伪规范数据、不完善规范数据现象就不会消除，长期维护就十分必要。长期持续的维护才能保证规范数据库的质量。

10.3.4.2 编制维护指南

规范数据的维护涉及必须的改动和是否需做改动、如何进行修改等问题。编目员编目时，发现选作检索点的名称在规范文档里已经有了，这个名称通常要对照在编文献中的新信息进行核对，以便了解规范记录是否需要改动；原确立的这个名称依据新的信息是否仍然有效；是否需要做新的参照或者是否有其他信息需要著录进规范记录，如附注、生卒年等。规范记录的改动不仅需要有如何去掉或者替换数据库里标目的知识，而且需要有关于编目规则以及涉及那些规则说明的全面知识，进而还要求了解整个系统、各种文档，记录某一改动对目录用户的影响。编目员在编目过程中发现某个规范记录有错误，或者认定某个规范记录需要做某些改动，他要进行必要的修改，采取什么行动，在很大程度上取决于图书馆当时规定的业务政策。

笔者建议，编目机构应该编制工作规程性的指南，不仅对改动记录程序有规定，对向负责做改动工作的人员提出建议的程序也有规定。如果决定要做改变，就必须有一个工作规程性的指南。比如，对同名责任者重复出现的频率进行统计和排序，规定优先对重名率高的责任者规范数据进行维护与完善，以帮助用户更好地区分同名但不同责任者的文献。

编目以及运用规则确定名称形式是一项说明性工作，需要较强的理解能力和较多的编目经验。对于现行条例说明是怎样形成的、怎样使用的，有实践经验的编目人员对它们是怎样解释的及用户怎样检索这样形成的名称,都需要做更多的研究。因此,基于编目过程中面临的各种事项编制维护指南显得非常必要。

10.3.4.3 重新评估规范数据的制作流程

目前名称规范工作的主要难点之一是规范数据的制作流程问题。规范记录建立时间、建立人及信息来源都需要考虑。例如,什么时候建立规范记录,编目中还是编目后?是编目时建立还是其他时间建立亦或事先预建?由专人、编目人员还是资深编目人员建立?信息来源取自文献资源、外来资源还是互联网资源?无论是融入分编环节还是在编目后开辟专门科组专人负责,这两种模式都各有优劣。融入编目流程的优点是文献中的责任者信息可直接用于制作规范记录,无须通过复印、扫描等方式保存相关信息;缺点是规范记录的来源信息广泛,需要编目人员积极主动搜寻,规范工作无法用单纯的工作数量衡量。并且,在日常编目工作中同时进行相关的规范文档建设,往往会缺乏针对性或数据不够完整。在编目后由专人负责的流程,优点是规范文档的建设更具有针对性,而且可以大大提高编目时效。

上文提及参与调查的 43 名规范工作人员中,24 名人员认为名称规范工作与书目数据的制作融合在一个流程中较好,19 名人员认为名称规范工作的流程单独分开较好,赞成流程融合在一起的略多。国家图书馆的名称规范数据制作流程,过去是与书目数据制作流程分开的,在 2003 年 4 月之后才融合在一起。2018 年 4 月之前,国家图书馆名称规范记录的制作和维护直接在编目环节实现。

当名称规范工作融入编目环节时,国家图书馆中文原编图书初编的工作量为 23 种/天,审校的工作量为 42 种/天。其中,初编人员负责名称规范数据的新建和挂接,审校人员负责规范数据的校对和维护,但都要求工作人员到互联网上尽量查询信息以完善规范数据。多年来,编目人员的显性工作量似乎未增加,其实隐性工作量已大大增加。隐性工作量主要是由名称规范工作带来的,随着名称规范数据库的越来越庞大,编目人员进行查找、识别、查询、区分的工作量正潜在地增加。有责任心的编目人员会感到编目工作越来越累，责任心稍差的人员会敷衍了事，不认真对待规范工作，所以加快了名称规范数据库的乱与差。

编目人员除了要从事著录、标引等传统的书目数据制作工作，还要分出相当部分精力从事规范工作，分工不够细化和编目数量呈级数增长的现实，某种程度上使得编目人员只能疲于应付，也使得规范数据的质量无法得到保证。另外，制作规范记录或选取人名的规范形式，对编目员的知识面有比著录和标引更高的要求。如果在时间有限的考量之下，编目人员要完成规定的工作量，势必无法进行特别深入的信息查询，信息查询越完整越准确，日后用户查询才能够越受益，但代价是编目人员所需花费的时间将大为增加。针对这种情况，国家图书馆对名称规范数据的制作流程和工作量进行了重新评估。

过去融入编目环节的名称规范工作一方面是考虑到规范数据的维护离不开实体文献资源，因为有很多信息源直接来自文献本身；另一方面也是考虑到规范数据与书目数据的同步挂接与维护问题。但考虑到编目人员工作任务饱和乃至超负荷的情况下，名称规范控制的效果不甚理想，规范数据的质量不可控，此后，国家图书馆便安排专门人员负责新建、维护和整理。2018年4月之后，国家图书馆将名称规范工作从编目流程剥离，成立名称规范维护与整合组，专门从事名称规范数据的新建、维护以及书目数据与规范数据的挂接。流程调整之前随书进行名称规范控制，根据在编图书、互联网和相关工具书建立和维护名称规范数据，之后图书送库。调整之后，分两步走：第一步，根据书上的信息新建和维护名称规范数据；第二步，图书送库后继续根据网络资源完善名称规范数据。这一举措大大提高了编目效率，提高了图书上架的时效。

笔者认为，无论流程是分开还是融合，都与每一时期面临的编目环境息息相关，但有一点我们需要认真评估与审视，即规范控制工作是一项投入成本相当高的工作。这是编目工作中耗费昂贵的部分，需要投入大量的人力和经费。我们应借鉴FRAD的成果，系统有序地改进并完成规范档建设，在规范控制工作中更上一层楼。

10.4 小结

我们知道，FRAD 概念模型只是提供了一个理论框架，针对 FRAD 概念模型如何具体落实、如何制作一条 FRAD 化的规范记录，至今还尚无前例可循。中国人重名过多似乎是一个不争的事实，因此规范控制引入后的实体识别和查找问题，可能较之西文编目更为突出。由此我们更应加强用户调研，深入了解规范数据制作者在实践中的困惑以及我国用户的认知习惯，从而实现用户利用的便利性（编目的最高原则）。

本章尝试将 FRAD 的思想和方法在一定程度上得以应用，但这种应用依然是浅层次的、非系统性的。我们要明确，在实践工作中，FRAD 不是圣旨，还要注重与编目员的编目意识相结合，任何一个理论框架或编目规则也代替不了编目员的主观理解与判断。另外，若要尝试将 FRAD 概念模型深层次地、系统性地应用于规范控制实践，不仅有赖于对编目规则的重新修订，还有赖于图书馆的系统能否提供各种实体关系的连接与显示功能，实现书目控制领域的各种实体信息以结构化方式显示在书目或规范记录中，注重与实现用户任务的需求相结合。

可见，FRAD 理念的实现是个漫长的过程。本章虽然只是针对中文名称规范控制中的一些具体问题的启示加以探讨，但只有解决了规范控制工作中这些具体现实的问题，才有可能实现 FRAD 在规范控制实践中的全面应用。

第四篇 编目相关问题研究

第 11 章

基于采访视角的图书编目工作

11.1 图书采编工作的基本内容

图书采编工作是图书馆基础业务工作之一,是图书馆开展读者服务工作的基础与保证。图书采访是指图书馆为建立其馆藏而进行的图书选择、收集、获取工作,是依据本馆图书的采选与入藏标准,负责图书的受赠、购买、补缺、经费管理、建设与维护采访数据库,以及文献交接、质量检查、工作量统计等工作。图书采访工作作为图书馆工作的重点,对图书馆的馆藏质量、馆藏结构、馆藏体系起着至关重要的作用,它直接影响到经费的合理使用、分配及藏书指标、读者指标、借阅指标的高低,是图书馆建立馆藏文献信息资源、满足读者需求的重要环节。图书采访途径包括交存、购买、赠送、交换、征集、调拨、复制。其中接受交存和购买是获取国内文献的主渠道,其他方式则是辅助性的补充。除了核心的选书工作之外,图书采访工作还涉及图书验收、图书记到分流、贴条形码、图书查重、套录数据、依据著录规则进行初始著录等与编目工作息息相关的工作。

图书编目是指对图书的组织、整理工作,它包括对图书的著录、分类标引、主题标引、规范控制等工作程序,以形成一个可供检索的目录体系。编目工作是一项比较细致的技术性工作,具有连续性、累积性规律。为保证目录质量，编目人员须遵循编目规则，熟悉与掌握各种编目规范与标准，克服工作中的盲目性、随意性，使目录做到规范、统一，以提高目录的效能。

概括而言，图书采编流程主要涉及五个环节：一是图书采选（依据采选原则与入藏标准）；二是图书验收（取包、拆包、信息核对）；三是记到分流（查重、修建订单、盖馆藏章、贴条形码、创建单册信息）；四是图书编目（著录、标引、规范）；五是图书加工（创建馆藏记录、打贴书标、夹放磁条、贴RFID标签）。

过去图书采访与编目通常分属两个不同的部门管理。采访部门主要根据其目录体系负责对图书的采集，与出版社和图书发行业打交道。编目部门则主要负责图书的著录、主题分类、加工，遵循图书馆行业的标准和规范。但随着图书馆自动化程度的提高，图书采访和编目工作的基本内容并未发生多少改变，但两者之间的关系却越来越密切。也正是因为其关系的密切，如今在大多数图书馆，图书采访和编目也基本划归于同一采编部门，便于统筹管理。考虑到国家图书馆在整个图书馆领域的核心地位和代表性，下文将以其为主说明图书采访工作对编目工作的影响和其他特殊问题。

11.2 图书采访工作对编目工作的影响

11.2.1 采访政策对编目工作的影响

每个图书馆都会根据本馆的实际情况制定相应的图书采访政策。采访政策的科学与否直接决定了入藏编目文献的数量、质量，也间接影响了编目数据的质量。就笔者所在的国家图书馆而言，文献采选原则是中文求全，外文求精；国内出版物求全，国外出版物求精；多品种，少复本。国家图书馆的中文图书采访政策是指导完整级别的藏书，中文以求全为目标，努力收藏各学科各专题领域的所有知识记录。据出版行业统计，2018年全国共出版新书24.7万种，较2017年下降3.1%；其中，重印图书27.2万种，增长5.7%。2018年国家图书馆中文新书编目量为24万余种，2019年增至26万余种。为了更好地履行其作为国家总书库、国家书目中心的职责，国家图书馆近些年来花费了大量人力物力积极推进文献交存、少儿文献入藏、重印书入藏等工作。但其在中文图书采访政策上不断求全的指导方针，却也给图书编目工作带来了深远的影响。

首先，采访量的激增造成了采编工作量的急剧增加，除了核心的采访工作外，图书验收、记到分流、查重等工作都已逐渐外包，许多图书馆开始采用书商配送的书目数据。其次，图书交存率、采访率一个百分点的提高，可能带来编目工作量十个百分点的增加，编目人员也不堪重负，除了积极寻求合作编目、共享编目的出路，图书馆也逐渐将图书著录、加工等工作予以外包，有的图书馆甚至直接将编目工作全盘外包。

信息时代，现代图书馆不再以馆藏量大、图书多取胜，更多地取决于通过各种电子媒体存取信息的速度与方便程度。所以图书采访需要在有限的经费条件下，收集一些有利于馆藏特色化的文献资源。与此同时，图书采访需要开展读者调查，收集了解各种读者的需求信息，充分了解读者的需求取向。读者调查是图书馆工作也是文献采访工作的一项重要内容，能否满足读者多元化、多层次的需求是图书馆是否适应时代的标准之一。采访政策的制定，要立足于图书馆的性质和职能，在考虑已有馆藏和读者文化层次的基础上，从战略高度加以审视。

面对海量的文献，任何一个图书馆都要有所选择和取舍，即使是履行国家总书库、国家书目中心这样重要职能的国家图书馆，在以中文文献求全为整体方针的前提下，也应该在充分论证和调研本国出版情况、本馆的馆藏体系、现有的采访政策等基础上，制定实时的、立足于实践的采访政策。

11.2.2　记到分流对编目工作的影响

图书记到分流是指为图书建立订单、发票，登到、按照相关要求进行单册分流。单册分流的主要目的是建立分藏制度，划分文献用途，满足当前和长远的文献利用需求。因此，在登到过程中，要注意图书馆藏分配地点的区分。图书馆一般有不同的馆藏地点，以国家图书馆为例，主要包括书刊保存本库、中文图书基藏库、中文阅览、中文外借等常用的馆藏地点。馆藏地点众多，因此要求记到工作人员必须做好分流工作，记到时要做到认真仔细、准确无误，避免挂错单册。

如今大多数图书馆的图书记到分流工作主要由外包人员来做。由于国家图书馆的馆藏地点较多，记到分流工作的失误尤其会对后续编目工作造成较大的影响。比如，最常见的挂错单册现象，造成了张冠李戴。后续流程的编目人员若没有及时发现、更改，很可能会造成读者在利用索书号取书时，发现并非自身拟借阅的图书。在此种情况下，编目人员往往需要提取馆藏的各个复本予以核查、重新编制书目数据、重新挂接单册，并需要重新加工图书，由此所带来的工作量与人力成本是非常大的。

另外，新书验收这一环节的工作看似简单，但重要程度也较高。查看新书质量、数量是否完好齐备，条形码是否记到等工作做好与否都会给编目工作带来影响。比如，新书验收环节把残本分流到第一复本，用于作为履行建设国家总书库职责而特藏的永久保存本，显然是不合适的。遇到这种情况，编目人员需要将残本反馈给采访环节的人员，重新进行分流；若遇到只有一个复本的情况，这本书的书目数据编制工作还可能无法再继续，需要等到采访回新的复本才能完成编目工作。

11.2.3　采访查重对编目工作的影响

查重指查核所要处理的文献是否为复本。而复本是指图书馆入藏与原有出版物同名同版的图书。同版要求题名、责任者、出版者、出版年、出版地、ISBN 等信息皆相同。查重是图书采编工作流程中一项很重要的工序，通过查重可减少图书复本，建立合理的藏书结构体系。图书采访查重是利用各种检索途径调查了解本馆新书的预订、图书的收藏情况，以便有的放矢地预订、购买、增补图书，有计划地进行藏书建设。可以说，图书采访查重是控制复本量、节约经费的重要措施，也直接关系到图书馆的藏书建设和读者服务的效果。编目查重是查看在编文献是否已制作书目记录，即在编文献与某一书目记录的题名、责任者、出版项、ISBN 等著录信息是否完全相同。如果属同一文献的复本，直接挂接单册；如果是新文献，则进入新建书目环节。查重包括题名查重、正题名查重、丛书题名查重、ISBN查重、重印图书查重、不同装帧形式查重、一本多号查重、著者查重等。

在通常情况下，采访到的新书大致可分为两部分：一部分是已有书目数据的新书，另一部分是目前没有书目数据且需要原始编目的新书。鉴于采访与编目工作的部分交叉，且现今大多图书馆的采访和编目基本共用一个书目数据库，因此采访查重对于编目工作的影响是显而易见的。采访查重工作若做到位，采编工作即可以完全做到查重只查一次，编目只编一次，以提高工作效率。

国家图书馆的采访查重工作目前主要也是由书商的外包人员来做，一些外包人员没有明确重复数据的定义，也不熟悉查重的方法和途径，因此造成了数据库中不少数量的重复数据。比如，平装、精装等不同装帧形式但内容相同的图书，通常有不同的ISBN，查重时其实可当作复本，在编制书目数据时只需要重复著录010字段即可；不熟悉编目规则、不清楚著录信息源如何选取而造成查重有误；纯粹因为没有认真核对图书信息与书目数据条款，如ISBN、题名、著者是否相符而造成的重复数据。

另外，有关复本的概念，在实践工作中，不同的采编人员还存在认识上的不同与偏差，尚存有争论、有待商榷之处，因此在一定程度上也给查重工作带来了混乱。为避免采访与编目环节对复本概念理解的不一致，造成工作中各行其是、互相扯皮，解决这一问题的关键是统一认识，共同制定并严格遵守复本条例。此外，凡采购送交编目加工的复本文献，应尽量做出复本标志，使编目人员在查考复本时易于识别；对新编文献则应做到心中有数，以利于减少重复劳动，提高编目效率。❶

11.2.4 初始著录对编目工作的影响

采访人员在开始就负责创建简单的书目记录，即所谓的初始著录工作。

---

❶ 黄俊贵. 文献编目工作 [M]. 北京：北京图书馆出版社，2000：55.

采访环节所产生的书目记录虽然不完整，但其书目信息为编目环节所必需，编目环节要予以核对修改。可见，采访人员和编目人员在书目数据制作过程中存有一定的工作重叠。并且采编人员也都依据共同的著录标准，因此采访人员初始著录工作的好坏会对编目工作构成直接的影响。比如，最常出现的有关多卷书分散著录还是集中著录的问题。在采访环节，有时将该集中著录的多卷书弄成分散著录，该分散著录的弄成集中著录，甚至有的集中著录、有的分散著录，因此在书目数据制作源头上就造成了数据的不一致。类似这样的问题在采访环节若没有得到及时解决，编目环节就需要花费更多的时间去修改、合并书目记录，另外还牵涉采访人员需要到各个馆藏地点去提取图书进行单册的重新挂接、加工人员需要重新打贴书标。由此可见，这个过程是非常耗时耗力的。采访和编目工作的密切联系越来越要求一些具体的编目问题需要采访人员和编目人员共同协商解决。

另外，随着文献中各种附件日渐增多并成为原件的重要组成部分。在初始著录时，经常会遇到多部分资源组成的文献，即会涉及文献的某一组成部分是作为编目主体还是作为附件处理的问题。一般而言，当采用综合著录对文献整体进行描述时，要将附件作为资源本身的一部分处理；当对文献的一个或多个组成部分进行分析著录时，则将附件作为相关文献处理。这对从事初始著录的采访人员和外包人员的编目素养都提出了更高的要求。

为了提高图书上架的时效性，国家图书馆在初始著录环节，要求采访人员根据《中国图书馆分类法简本》给出一个采排架分类号，这样采访来的新书若是作为临时馆藏，分流至阅览室、外借室的，可以直接从采访环节送至加工环节，图书加工人员可根据采排架类号生成索书号、加工成书标。如此做法，大大缩短了图书复本在编目环节周转的时间，更好地满足了读者的需求。但采访人员若是不熟悉中图法、不了解图书分类的基本理论与方法，则会造成将 A 大类的图书分至 B 大类等错误，长期累积下来不仅会导致图书排架的混乱，也导致了读者在这方面的意见呈不断上升趋势。因此采访人员需要了解编目工作，具备一定的编目知识。

11.3 图书采编流程中的特殊问题探讨

上一节主要从总体上探讨了图书采访对于图书编目的影响，本节主要针对图书采访环节对于编目有影响的一些特定的、业内关注较高的问题进行讨论。

11.3.1 重印图书的处理

根据全国新闻出版业基本情况统计，2016—2018 年，全国共出版重印图书分别是 23.7 万种、25.7 万种、27.2 万种。出版界和图书馆界，对于重印书的理解存有一定的分歧。具体表现为重印书在什么程度上属于复本、在什么程度上属于新书尚未有清晰的界定。鉴于每年出版的大量重印书，我们亟待解决这类问题，否则将会对后续编目工作带来不可估量的影响。

图书的出版印制有版次与印次的差异。印次指同版不同时间的印刷次数，其内容基本是相同的。编目时对于不同版次、重版的图书，视为新书进行处理，另建一条新的书目记录。但对于同版不同印次的图书，一般视为该书的复本，依复本原则进行处理，而不新建一条书目记录。偶有出版社由于图书正式出版后才发现内容有误，若未能另行改版，可能通过不同印次的时机，提供修正内容。对于这种同版不同印次的图书，在编目实践中，仍视为复本处理，必要时可在单册的描述信息中注明复本的印次或简述与正本的差异，或者在书目记录的附注项说明有变化的地方。

累积多年重印图书采编工作的经验教训，国家图书馆规定对于无重大变化的重印书一般按照复本处理，即无重大变化的重印书第 2 部及后续复本，全部挂接在原版书书目数据后，按原版书复本分流规则操作。若发生重大变化的重印书则按照新书处理，重大变化主要指如下五种情况：①ISBN 发生变化（如只是在原书号的基础上增加了 978，ISBN 不算发生变化）；②开本、版式发生变化；③页码发生变化；④责任者发生变化；⑤书的内容进行了较大修订（基于出版前言和序跋说明等判断）。

11.3.2 随书附件的处理

随书附件是依附图书主体而存在的，它随图书而来却又独立于该图书。根据附件的载体形态不同，其形式呈现出多样化。最常见的随书附件包括光盘、书或手册。对于与图书内容或利用相关的附件信息应予以客观描述。同时，应视附件重要程度决定是否对其按单册贴条码处理。附件若只是采取与原件粘贴相同索书号，夹附于原件中的方式进行加工处理，很容易导致其在流转过程中与主件分离或在流通中丢失等情况出现。为了更方便文献管理和流通需求，建议在采访环节对重要的附件进行记到、粘贴条码。附件的处理着重要考虑以下三个因素：①读者借阅册件数量的限制；②方便文献管理和流通需求，防止附件在流转过程中与主件分离或在流通中丢失等情况出现；③节约加工成本。

国家图书馆要求对随书光盘都单独建立订单和单册，逐册件盖馆藏章，并按分流要求粘贴条码、索书号或 RFID 标签。对于图书附带的书或手册：页数少于 49 页的附件，只盖馆藏章，不贴条形码；不建订单和单册；在 215 字段和 307 字段著录附件载体形态和题名、ISBN 等补充说明信息。图书与附件在流转过程中须放置在一起。页数多于 49 页或虽然不足 49 页但对原件使用具有重要意义的附件建立单册，逐册加盖馆藏章、贴条形码。采用 49 页作为是否建立单册的分界，是基于如下考虑：联合国教科文组织对图书的定义是凡由出版社（商）出版的不包括封面和封底在内 49 页以上的印刷品，具有特定的书名和著者名，编有国际标准书号，有定价并取得版权保护的出版物称为图书。此外如需加固在图书上的附件，加固时应确保不影响图书外观和内容展示，确有必要可通过另附包装袋和包装盒与原书一起登记加工。

11.3.3 特殊装帧图书的处理

随着社会发展和进步，现代出版技术越来越发达，读者审美水平提高，书籍出版外观和形式越来越多样,书籍装帧形式已经从平面化向立体化转变，从书籍的开本、装帧形式、封面、腰封到字体、版面、色彩、插图、装订及工艺等都包含了一定的艺术思维、构思创意和技术手法的系统设计。特殊装帧主要是指一些带有腰封、活动艺术封面、书签、起宣传美化作用的封套、盒子、木函或箱子等与图书内容关联不大的外包装，以及卷轴、相框等装帧方式。

国内图书馆对于图书的特殊装帧形式在采访环节多予以保留，但基本不贴条码和书标，如此很容易在流通环节丢失，有时甚至会因此引起读者与工作人员的纠纷。国家图书馆只对分流至永久保存的图书的特殊装帧形式，尽可能忠实于图书原貌进行长期保存。而对分流至流通阅览的非永久性藏书的特殊装帧形式，为了便于存储和管理，通常在编目加工环节采取去原始包装化的处理。

台湾地区对于护封、书腰等特殊装帧形式有很详细的规定。比如护封都予以保留，且要求封面及护封都须贴上条码及书标。书腰则选择性地保留，即当书腰的设计和图书绑定在一起时，予以保留。如书腰的设计和封面不可分割，或书腰的信息和封面、封底绑在一起才是完整信息时，予以保留。如果书腰上有 ISBN，而封底没有 ISBN，则无论其高度，均予以保留。且保留的书腰，须贴上书标。而对于破损的书腰和书腰的高度未及书的 1/2（书腰太矮），不予保留。

在记到分流环节，对于先按普通装帧形式出版，后又按带有封装设计等装帧形式整套出版的图书，可视重印、再版等具体情况决定是否新建书目记录。对于特殊的无法用 010 或 091 字段中常规装帧术语（如精装、经折装、活页装等）描述的书籍装帧形式，应在附注 310$a 子字段用相对规范性语言描述，例如：310$a 盒装。

11.3.4 少儿图书的界定

信息时代,培养获取知识以及获得终身学习和信息素养的能力已经成为当今社会的首要工作。肩负传承文化知识和参与社会教育职能的图书馆更需要帮助少年儿童获得这一能力。图书馆的服务应满足儿童信息、文化和娱乐的需求,使每个孩子熟悉和乐于使用图书馆。在我国,绝大多数公共图书馆都已提供少儿读者服务。若要更好地为少儿读者提供服务,少儿文献采访工作是至关重要的第一步。2018年,全国共出版少年儿童读物新版22791种、重印21405种。少儿图书以图画书、童话、童诗、寓言故事、小说,以及天文、地理、自然、科学等方面的书籍为主。通常涵盖国内外得奖的优良儿童读物,促进儿童身心发展的读物,鼓励亲子共学、增进亲子互动的相关书籍,以及儿童参考工具书及百科全书等,因此对于支持儿童阅读的学术研究也颇多助益。

但少儿图书的采选入藏范围与分流界定标准,是一直困扰采编人员的问题之一,即什么范围的图书可以界定为少儿图书。《联合国的儿童权利公约》指出儿童是指18岁以下的任何人。当代儿童心理学、儿童教育学和儿童图书馆学的研究成果也为"儿童"的概念做了新的、科学的定义,即"儿童"是指0~18岁的孩子。这一概念的划定,使少儿图书采访的范围有所扩大。图书馆通常会以图书目标读者的年龄为界线,划分少儿图书与普通读物。少儿读物一般指目标读者对象为15周岁以下的少年儿童。但因不同馆对年龄的限定存在差异,并且有的图书因年龄界限模糊或少儿成人皆宜,在记到分流环节很难处理单册的分流去向。

与少儿图书关系密切的还有青少年图书。但"青少年"的年龄层也很难界定。一般是指十几岁的人,有时因为不同个体在发育上的差异,会往前后延伸。以男性来说,一般是指11~22岁。青少年一般分为青年和少年,在不同社会的标准不一,即使在同一个国家因不同场合的标准不同而常有重叠的地方。此外，很多国家皆把成年的法定年龄定义为 18 岁以上，所以青少年与儿童和成年间有重叠及跨龄的问题，因此大多数图书馆并未将青少年图书专门与儿童图书或一般图书以特定馆藏代码区分开来。台湾地区一些图书馆为方便青少年适用图书的辨识，会于该类图书加上标签方便识别，例如，在馆藏青少年适读书刊的书背上贴上"Y"或"YOUNG"的标签，以助于辨识。

CNMARC 以定长字段 100 字段字符位 17—19 著录阅读对象代码。若认为有必要进行区分或进一步细化阅读对象时，各馆可自行约束统一阅读对象代码的著录。但由于书目记录并不注重阅读对象代码的著录，对于青少年适用的图书，其阅读对象代码很多时候未与普通图书进行区分，这也不便于读者查询和辨识青少年书籍。

11.3.5 中外文图书编目归属问题

随着我国与其他国家出版界合作、国际学术成果交流的增多，以及我国科学工作者国际地位的提高，国内出版的外文图书越来越多，类型越来越复杂。由于我国中外文图书通常采用不同的编目规则和 MARC 格式，对这些图书进行记到分流的第一步就是决定它们的编目归属问题。编目归属问题直接关系到编制机读记录时采取何种 MARC 格式、应用哪种编目条例及采用什么主题标引体系来揭示文献内容等一系列问题，因此必须在着手编目前就作出决断。但国内对中外文图书的编目归属并没有统一的界定原则，有的依照出版地区来区分，有的则按照内容的语种区分，使得有些图书在联合目录中按中文图书处理，有的则按外文图书处理。

国家图书馆对中外文图书的编目归属问题，主要是依据版权页的语种划分。遇到如下三种情况按照中文图书进行编目：①当题名页或版权页为中文，内容为外文的图书；②中国人学外语用的教材、课本、缩写体小说读物；③国内出版社购买了国外图书版权后出版的加有中文题名，版权页为中文，而内容为外义的图书。遇到如下两种情况则按照外文图书进行编目：①题名页、版权页为外文，书中内容中文、外文均有的图书；②题名页、版权页既有中文译文亦有外文原文,而内容全部为外文的图书。

CALIS 则主要按照文献的正文/主体决定其编目工作的隶属范围,只有专门用于外语学习目的的语言读物除外。[1]凡正文为中文的文献,入中文联合目录数据库。正文为西文的文献,分别按以下几种情况处理:①西文授权重印书,指国外出版的西文文献,授权给国内出版社重印出版的文献,其书目记录入西文联合目录数据库。②中国(含港、澳、台)出版、单纯以学习外语(包括专业外语)为目的的文献,书目记录入中文联合目录数据库。③专业学术文献,包括语言学学术专著(如怎样学语言、英语语言研究等性质的文献),书目记录入西文联合目录数据库。④正文为中西文兼有的文献,书目记录原则上入中文联合目录数据库;但由国外出版或授权国内出版,正文为中西文兼有的文献,其书目记录入西文联合目录数据库。

由于在国内出版的外文图书以人民币标价,各馆多随中文图书一同购入,按照中外文采编各自归口的传统做法,这些外文书经常被"顺理成章"地送到中文编目组,于是多数图书馆将这类图书作为中文图书编目,并归入中文目录似乎已经成为一种"约定俗成"。笔者认为,中外文图书的编目归属应以内容或适用对象的优先原则划分,文献本身和读者的检索习惯应作为编目归属的决定因素。

11.4 思考与建议

11.4.1 注重采访政策的制定与编目实践相结合

制定采访政策主要是为了提高采访工作的计划性、预见性和可控性。图书采访政策作为图书采访工作的指南,也强调了其实用性,应该使其更加符合采访工作的实际,更加具有指导意义。因此,采访政策的制定应该是建立

---

[1] 沈正华,林明. 关于授权影印版西文图书的编目问题[J]. 国家图书馆学刊,2001(1):38-46.

在广泛、深入调研基础之上的。这种调研往往应涉及图书出版发行的调研，本馆馆藏的调研，本馆读者需求调研，本馆的社会地位与作用调研等方面。除此之外，从采编关系的密切程度以及现阶段采编工作的特点来看，采访政策的制定还应该涉及与编目实践工作相结合方面的调研。

立足于国家图书馆近几年图书采访工作的实践，以建设国家总书库为目标，使得国家图书馆的图书收藏范围在不断扩大，从少儿图书的入藏到重印图书的入藏，再到盲文图书的入藏等，每一次采访政策的调整无一不给编目实践工作带来某种程度的影响。入藏图书的种类与数量，往往决定了所带来影响的大小。国家图书馆同时作为国家书目中心，在图书的编目方面，要求书目数据采用详编格式，并且要求书目数据应具备很高的质量。因此，对于如何缓解、平衡采编工作的时效性与书目数据质量之间的矛盾，成了这几年来国家图书馆采编工作的重大难题之一。

针对现阶段图书采编数量的激增，笔者认为，国家图书馆对于图书采访政策的制定应该适当考虑将图书编目与加工成本的核算纳入调研的范围，新采访政策的出台应该着眼于采编事业的整体发展，而不是采访只立足于采访，编目也只立足于编目。这几年来，国家图书馆的采编工作在一定程度上也受到了业务外包的冲击，逐渐将所谓非核心的采编工作外包似乎也成为趋势。但对于需要引领业界的国家图书馆来说，尤其需要培养编目骨干人才、编目专家，而基础采编工作的实践是其人才培养的基石。因此，采编政策的制定也应该立足于此，政策的前瞻性与可操作性缺一不可。

11.4.2　减少采访环节人为因素对编目工作的影响

为了减少图书采访环节中人为因素对编目工作的影响，首先，需要采访人员重视图书记到分流工作。图书记到分流工作完成的好坏，直接影响图书的采访、编目、排架、流通等各项工作能否顺利进行。所以，图书记到分流工作是不容忽视的。采访人员除了要在主观意识层面重视起来外，还应该加强对图书记到分流工作的验收，保证记到人员对本馆馆藏体系有足够的认识与了解。其次，需要采访人员加强编目方面的学习与提高。图书馆自动化系统已使原始编目变得更加专业化,而如今部分原始编目工作已由采访人员承担,编目前移以及采访与编目工作的这种交叉,必然对采访人员提出了更高的要求,要求采访人员应该具备一定的编目能力与水平。图书采访人员应该熟悉图书的编目规则与 MARC 格式、基本的分类标引方法等。采访人员也只有掌握了这些基础的编目知识,才有可能做好记到分流工作、采访查重工作以及初始的著录工作,从而减少对后续编目工作的影响。鉴于编目工作是一项实践性很强的工作。所以,采访人员仅从理论上学习编目知识是远远不够的,还需要加强培训与实践。笔者建议,新聘的采访人员可以先在相关的编目科组从事一到两年的基础编目工作,之后再从事采访工作可能会大有益处。

面对现阶段图书记到分流、查重、原始著录等工作的不断外包,只有具备一定编目水平的采访人员才能更好地与外包人员进行沟通,及时发现外包数据存在的问题并予以反馈,从而做好外包验收工作,以尽量减少采访环节人为因素对编目工作造成的影响。

11.4.3　发挥采访环节的书目建设作用

从上述图书采访工作对编目工作多方面的影响来看,可以发现采访环节也是书目数据建设与维护的一个非常重要的环节,这个环节是书目建设的源头。现阶段采编工作的特点已经告诉我们,书目数据的共建共享是出路。因此,我们首先要从源头上积极推进书目的共建共享。

事实上,编目工作已经与采访的源头建立了联系。现今,许多书商为了推销自己的图书或者为图书馆提供增值服务,都开始采用图书馆的标准,使用 MARC 格式进行编目。许多书商的编目数据都是直接采用国家图书馆的书目数据,或者直接聘请国家图书馆的工作人员制作或指导。如果这个工作做得好,我们可以节省很多采访人员的工作。当然,我们也需要在采访环节加强对书商书目数据的质量考核,这样才能为书目的共建共享打下良好的基础,从而保证图书馆和书商之间可持续的共赢。另外,可借鉴 CALIS "采编一体化"项目经验:①在采访环节考虑与出版社无障碍对接,图书馆在第一时间获取出版社最全最新的书目数据，打破过去由于可供书目信息不畅导致的采访延时、新书滞后问题；②编目前移，让采访和编目并行处理，加快图书馆数据入库进程，并提供封面、目次的扩展信息，提高书目数据的整体质量，更加有利于各地各级联合目录建设和资源共享，为读者提供更好的服务。

国家图书馆作为国家书目中心，承担着国家书目建设标准和规则的制定以及推广职责。我国图书馆界与出版行业在书目数据制作的规范与统一方面，还存有不少分歧，而采访环节是与出版行业交流和联系最多的环节，因此从另一个侧面直接反映了采访人员须熟悉编目标准与规范的重要性。这样在与出版行业打交道的过程中，才能更好地宣传图书馆领域的标准与规范，推进书目数据的标准化与规范化，从而实质上推进跨行业间书目的共建共享。可以说，如今国家书目的建设单靠编目人员显然是不够的，采访人员必然也是国家书目建设的主力者之一。采访人员只有更多地了解与掌握编目工作，理清采编之间的利益关系，才能更好地从全局上把握采访工作，从而推动采编事业的共同发展。

第 12 章

多卷书编目

多卷书是一种常见出版物,在著录方法上有按整套集中著录与按分卷分散著录之分。多卷书编目历来是编目工作中的难点问题之一,为便于编目人员理解,指导对不同类型的多卷书采用合理的编目方式,充分揭示多卷书的内容和特征,并兼顾排架体系,满足读者的检索要求。本章从多卷书的定义和特征出发,对多卷书的著录方式进行分析,对比分析其采用集中著录和分散著录的优缺点,并列举实例加以说明,希望能对编目人员有所启发。

12.1 多卷书的特征和类型

12.1.1 多卷书的特征

多卷书是指同一著作分若干卷(册)出版的图书,可以分卷、册、辑逐次或一次性出版。多卷书是一种多层次出版物,其基本特点是内容上围绕一个中心主题,具有一个总题名(也称为共同题名)。各分卷之间联系紧密,构成一个有机整体,有时会存在分卷题名,总题名与分卷题名在逻辑上通常存在从属关系或分辑关系。

12.1.2 多卷书的类型

多卷书的出版形式比较多样,有的预先有明确的撰写和出版计划,有的则没有;有的依卷册顺序一次性出齐,出版社与出版年均相同;有的则陆续出版,各卷出版年不同;有的不依各卷册顺序,由不同的出版社分为若干年陆续出版;同一套书有的卷册首次出版,有的卷册则反复修订。

多卷书是否存在分卷题名、分卷题名是否可以独立、分卷ISBN相同与否、分卷责任者是否相同、是否一次性出齐,这些是直接或间接决定多卷书著录方式的因素。因此,常见的多卷书从出版形式上可划分为以下十类:①只有分卷标识,无分卷题名;②有分卷题名,但分卷题名脱离总题名不能独立表明意义;③有分卷题名,但分卷题名脱离总题名能够独立识别;④存在多层分卷关系;⑤各卷共用一个ISBN;⑥各卷的ISBN不相同;⑦各分卷责任者相同;⑧各分卷责任者不同;⑨各卷出版年相同;⑩各卷出版年不同。

12.2 多卷书的著录

12.2.1 多卷书的著录方式

多卷书属于多部分资源,其著录方式主要包括集中著录和分散著录两种。这两种方式在管理上孰优孰劣,可谓见仁见智。编目机构在选择时,可将本身的人力状况以及编目传统作为参考基准之一。但如纯粹就省事、省力来看,集中著录未尝不是一种较好的选择。国内外编目机构对多卷书多不采用分析著录,国内只有国家图书馆会对少数丛书化处理的多卷书采取分析著录。

12.2.1.1 集中著录

集中著录是对多卷书进行整体描述，以整套书为单位进行著录，记录其共同的书目信息和总卷册数，即一套书只制作一条书目数据，以各部分的共同题名作为正题名，如果存在分卷题名、分卷责任者等信息，一般将这些信息以一定的结构化形式著录于内容附注。在著录多卷书时，应首先考虑能否采用集中著录，如果能集中著录，就应该尽量采用集中著录。对于无分卷题名的多卷书，应尽量集中著录。

集中著录的优点在于：一是减少编目数据量，书目记录数量与图书种数对应相对准确。二是一条书目记录就可集中反映整套多卷书各分卷的内容及本馆的收藏情况，保证了多卷书内容上的完整性和排架上的集中性，使用户在检索时只需通过一次检索就能了解整套书的全部书目信息。三是便于提高记到分流的效率，一套多卷书只需做一个订单，一张发票，一条数据。集中著录的缺点是不能对分卷的内容、形式特征等做更细致的描述，书目记录的主要著录项目和检索点自始至终反映的是整套多卷书的信息，分卷信息只能在附注字段看到。

例1：

  010##$a978-7-5117-2972-9$b 线装$dCNY4998.00（全 30 册）

  2001#$a 史记

  205##a 影印本

  210##$a 北京$c 中央编译出版社$d2016

  215##$a30 册$d20cm

  3271#$a 第一册—第五册 本纪

    $a 第六册—第九册 表

    $a 第十册—第十二册 书

    $a 第十三册—第十八册 世家

    $a 第十九册—第三十册 列传

（注：30 册分四函装。信息源出现在最后一册，分辑题名出现在开口位置。）

例2：

  010##$a978-7-5013-5875-5$b 线装$dCNY96000.00（全 100 册）

2001#$a 中国社会科学院近代史研究所藏"满铁剪报"类编$h 第一辑
　　$f 中国社会科学院近代史研究所编
205##$a[影印本]
210##$a 北京$c 国家图书馆出版社$d2016
215##$a100 册$d37cm

（注：这套多卷书 100 册无分卷题名，各分卷也无法进一步作内容附注，宜集中著录。）

12.2.1.2 分散著录

分散著录是以各分卷册为对象和著录单元，对多卷书的组成部分进行独立描述，记录各分卷册的特定信息，即一套书制作多条书目数据。分散著录的优点在于可以更详细地描述每卷图书的特征，将分卷题名、卷次、分卷责任者、内容提要、页码等信息揭示得更清楚。但分散著录又面临效率较低、工作量较大的缺点。

分散著录适用于各分卷内容联系相对紧密或松散的多卷书，尤其是分卷题名比共同题名更有检索意义。当多卷书分卷题名的重要性明显高于共同题名，而各分卷有其独立的检索意义时，应尽量采取分散著录。对于内容庞杂、卷册数较多的多卷书以及多层级分卷或分卷特征和出版情况比较复杂的多卷书，也宜采用分散著录。

当多卷书存在分卷题名时，分散著录又分为两种著录方式：第一种，当各分卷题名有独立识别意义时，将分卷题名著录为正题名，多卷书的总题名著录于丛编项；第二种，无论分卷题名能否独立，都按照共同题名+分卷题名的组合方式构成正题名。这两种著录方式的相同点：一是二者形成的书目记录的数量同著录实体的数量相一致；二是利用多卷书的共同题名或丛书题名检索，都可以将整套多卷书或整套丛书的信息全部提取出来。

例 1：

010##$a978-7-5450-3786-9$dCNY49.00
2001#$a 中国共产党强国战略的历史演进$i 社会卷$f 李学林主编

210##$a 西安$c 陕西人民教育出版社$d2015

215##$a342 页$d26cm

010##$a978-7-5450-3795-1$dCNY40.00

2001#$a 中国共产党强国战略的历史演进$i 文化卷$f 曾敏主编

210##$a 西安$c 陕西人民教育出版社$d2015

215##$a287 页$d26cm

例 2：

2001#$a 钱宾四先生全集$h1$i 国学概论

2001#$a 钱宾四先生全集$h2 四书释义 论语文解

2001#$a 钱宾四先生全集$h3$i 论语新解

…………

2001#$a 钱宾四先生全集$h11—15$i 朱子新学案

2001#$a 钱宾四先生全集$h16—17$i 中国近三百年学术史

…………

2001#$a 钱宾四先生全集$h53$i 素书楼余渖

2001#$a 钱宾四先生全集$h54$i 总目（总序目、总目次、索引）

（注：《钱宾四先生全集》，有甲、乙、丙三编 50 种 54 册，每编各有几十册子目，每册有单独题名，如采用集中著录，全部建立于一条书目记录中反而查找起来不易。建议可以每种一编，清楚又容易检索。）

12.2.2 多卷书的著录格式

多卷书采用不同的著录方式，其著录格式也会有所不同。同样采用 CNMARC 格式，不同的编目机构使用的字段、子字段也可能有所不同。本节以国家图书馆和 CALIS 两家编目机构为代表，介绍多卷书的著录格式。

在采取集中著录时，国家图书馆和 CALIS 的著录格式都是 200$a 共同题名$f 共同责任说明。若有分卷题名、分卷责任者，可著录在内容附注 327$a。当各分卷的 ISBN 不同时，一般采用重复 010 字段的方式进行著录。在著录 7××字段设置检索点时，除以整套书的共同责任者为检索点外，还应为各卷的责任者设置检索点，即在 7×1、7×2 字段分别著录共同责任者和分卷责任者。

如果采取分散著录，分为下列三种情况。

一是当分卷题名不能独立识别时，两家编目机构在著录格式上存在明显的差异。国家图书馆的著录格式是：200$a 共同题名$i 分卷题名$f 共同责任说明$g 分卷责任说明，7×1、7×2 字段分别著录共同责任者和分卷责任者。CALIS 的著录格式是：200$a 共同题名$f 共同责任说明$i 分卷题名$f 分卷责任说明，共同责任者和分卷责任者都著录在 7×1 字段。即在 200 字段，国家图书馆将整套责任说明与分卷责任说明集中著录于分卷题名之后，分别用$f 与$g 标识，在无共同责任者的情况下，200$f 只著录分卷责任说明。CALIS 则将共同责任说明与分卷责任说明分别著录于各自题名之后，且均用$f 子字段标识。

CALIS 规定："每一责任说明应著录在与其相关联的正题名的组成部分之后。只有责任说明适合于整个正题名时，才著录在整个正题名之后。"并且认为，分散著录时，书目数据重点反映的是某一分卷的著录信息，分卷责任者应对该分卷的内容负有主要知识责任，所以分卷责任说明应该作为主要责任说明处理。CALIS 的做法符合 ISBD "如果正题名由共同题名和从属题名组成，责任说明应著录在其所涉及的正题名的有关部分之后"的规定。而国家图书馆则是采用相对简化的处理方式，在 200 字段只区分第一责任说明和其他责任说明，在 7×× 字段才区分主次责任，且认为第一种情况的共同责任者才是多卷书的主要责任者。

二是当分卷题名可以独立识别时，两家编目机构的著录格式都是：200$a 分卷题名$f 分卷责任说明，225$a 共同题名$f 共同责任说明。当多卷书分散著录时，除以各卷的责任者为检索点外，还可选取整套书的责任者为检索点。对于这种结构，两家机构都会将分卷责任者著录在 7×1 字段作检索点，共同责任者通常著录在 7×2 字段或丛书记录的 7×1 字段作为检索点。

三是当多卷书包含多层分卷关系时，则将分卷标识、分卷题名逐级记录在 200$h、$i 子字段。而两家编目机构对责任说明的著录差异，则同第一种情况。

在 MARC21 中，如果采取综合著录，245$a 著录总题名、$c 著录总责任者，分卷题名、分卷责任者著录于 505 字段（格式化内容附注），分卷册题名著录在 740 字段（非控分析题名），提供检索。如果采取分散著录，分卷标识、分卷题名分别著录在 245 的$n、$p。多卷书著录常用字段、子字段如表 8 所示。

表 8 多卷书著录常用字段、子字段

CNMARC	MARC21	著录内容
200$a	245$a	正题名/共同题名
200$h	245$n	分卷标识
200$i	245$p	分卷题名
200$f	245$c	第一责任说明
200$g		其他责任说明
327$a	505$a	格式化内容附注

12.3 多卷书的标引

对多卷书的主题标引，我国《文献主题标引规则》GB/T 3860—2009 规定多卷书是采取综合标引还是分析标引，抑或两者同时采用，应与其采用的著录方式一致。在分类标引方面，中国图书馆分类法使用手册规定多卷书一般应依全书的整体内容集中归类，如分卷是按专题编辑并有分卷题名的，还应按各分卷的专题再作分析分类。

集中著录对应的是综合标引，即主题标引和分类标引都是以整套书的学科属性内容进行集中。综合标引能确保同一套多卷书按分类组织目录和藏书时能够集中在一处，便于将多卷书进行集中排列与揭示，提供整体特征的检索途径。分散著录的标引方式主要取决于多卷书正题名的构成方式，对应的可能是分析标引、也有可能是综合标引和分析标引二者兼有。如果多卷书的正题名由共同题名和分卷题名构成，通常采用的是综合标引和分析标引二者皆有，即先以整套书学科属性内容进行综合标引，再按分卷的学科属性内容进行分析标引。如果将具有独立检索意义的分卷题名直接作为正题名处理时,对单卷记录而言,对应的就是分析标引,这时也称为分散标引。分析标引可以较为充分地揭示多卷书各个分卷的主题内容,提高分类标引的专指度。

在实践中,多卷书的标引方式除了受著录方式的影响之外,有时还受各馆标引实施细则的影响。比如,约定主题标引只采用分析标引,但要求分类标引同时采用综合标引和分析标引,也就是只给分主题,但分别给总的类号和分的类号。再比如,规定多卷书的分类标引只按照分卷册的内容进行归类。例如:

010##$a978-7-5326-4353-0$dCNY30.00

2001#$a中国历史悬疑系列$i先秦卷$f俞钢,范荧主编

6060#$a中国历史$j通俗读物

6060#$a先秦时代$x历史$j通俗读物

690##$aK209$v5

690##$aK220.9$v5

010##$a978-7-5326-4522-0$dCNY30.00

2001#$a中国历史悬疑系列$i秦汉魏晋南北朝卷$f俞钢,范荧主编

6060#$a中国历史$j通俗读物

6060#$a秦汉时代$x历史$j通俗读物

6060#$a魏晋南北朝时代$x历史$j通俗读物

690##$aK209$v5

690##$aK232.09$v5

010##$a978-7-5326-4587-9$dCNY30.00

2001#$a中国历史悬疑系列$i隋唐五代卷$f俞钢,范荧主编

6060#$a中国历史$j通俗读物

6060#$a隋唐时代$x历史$j通俗读物

6060#$a五代十国时期$x历史$j通俗读物

690##$aK209$v5

690##$aK240.9$v5

010##$a978-7-5326-4419-3$dCNY30.00

2001#$a 中国历史悬疑系列 $i 宋元卷 $f 俞钢，范荧主编

6060#$a 中国历史 $j 通俗读物

6060#$a 宋元时期 $x 历史 $j 通俗读物

690##$aK209$v5

690##$aK244.09$v5

010##$a978-7-5326-4567-1$dCNY30.00

2001#$a 中国历史悬疑系列 $i 明清卷 $f 俞钢，范荧主编

6060#$a 中国历史 $j 通俗读物

6060#$a 明清时代 $x 历史 $j 通俗读物

690##$aK209$v5

690##$aK248.09$v5

12.4 多卷书编目现状调研

由于多卷书出版形式的多样性、复杂性，以及编目员对编目规则的理解存在差异，国内外图书馆对多卷书的编目实践差异较大。即使在同一图书馆范围内，对多卷书的处理也可能大相径庭。下文笔者重点选择国内外的几家图书馆或编目机构为代表，对多卷书的编目现状进行调研分析。

12.4.1 以集中著录为主的编目实践

对多卷书采用集中著录为主的机构，境外以美国国会图书馆为代表，包括台港澳地区的图书馆，境内以 CALIS 为代表。集中著录的原则是能集中的尽量集中，满足下列条件之一即可采用集中著录：①无分卷题名，无论各卷的 ISBN 是否相同；②虽有分卷题名，但各分卷共用一个 ISBN；③分卷题名无独立识别和检索意义，各分卷的内容主题相似，且只有总的责任者；④有分卷题名，但分卷题名出现在非主要信息源上；⑤具有连续出版物特性的多

卷书，如年鉴等。

在标引方面，总主题必备且置于首位，分主题则视标引的深度决定，分类号只给一个总的类号。集中著录的多卷书全部集中排架，各分卷标识位列于索书号的最后予以描述。

12.4.2　以分散著录为主的编目实践

对多卷书采用以分散著录为主的机构，境外以日本国会图书馆为代表，境内中小型图书馆多采用这种著录模式。如采取分散著录，又分为两种著录方式，一种是不判断分卷题名是否能够独立，统一采用共同题名+分卷题名构成正题名；另一种是判断分卷题名如果能够独立识别、独立地表达一个主题概念时，将多卷书按照丛书处理，即分卷题名著录为正题名、共同题名作为丛编题名。日本国会图书馆采取第一种分散著录方式。❶

主题标引方面，当多卷书正题名由共同题名和分卷题名组成时，应同时标引整套图书和单卷书的主题，需要给总主题和分主题。分类标引，以多卷书全书内容的学科属性集中归类，给一个总的类号，若其分卷为全书的一个专题，并有独立题名，增加分析分类。当多卷书按丛书著录时，则参照丛书的分类方法标引。与国内做法略有不同的是，日本国会图书馆认为分散著录时，分主题是必备的，总主题是有则必备，通常情况下只给一个总的类号，但也会依具体情况判断是否只给一个分主题的类号。比如，当各分卷的主题相距甚远，总的类号没法统一时，就按照分卷的主题作分析分类；而在没有总主题的情况下或总主题缺乏实际检索意义，就只能根据分主题给一个分类号。

12.4.3　以集中著录和分散著录并用的编目实践

国家图书馆对于不同语言文字或地区的多卷书采用了不同的编目方式，具体如下。

---

❶ 采用第二种分散著录方式的有国家图书馆、CALIS 等，但这些机构多卷书著录总体上并不是以分散著录为主。

对西文多卷书的编目处理方式基本同美国国会图书馆，以集中著录为主。因为国家图书馆的西文编目以套录为主，主要从美国国会图书馆下载数据，参照数据来源馆的做法会比较方便一些。只有少数多卷书因历史数据采用了分散著录就延续下来分散，或者是多卷书的索引、目录等特殊形式，可以采用分散著录。

对中文多卷书以分散著录为主。但同样是对中文多卷书，不同科组之间的处理方式也存在或多或少的差异。对于大陆出版的多卷书，如果满足存在分卷题名、分卷责任者不同、分卷 ISBN 不同条件之一，就采取分散著录。对于只有分卷标识且各分卷 ISBN 相同的多卷书，一般情况下采取集中著录，但在分卷册过多且有必要为各分卷做内容附注时，则可以采取分散著录。对于台港澳地区出版的中文多卷书、日文多卷书，则全部采取分散著录。其做法主要有两个方面的原因：一是与其编目体量有关，因为总体编目量较少，所以多卷书会倾向采取分散著录；二是基于采访角度的考量，一套台港澳地区出版的多卷书可能由不同的书商提供，造成一套多卷书经常不能集中到馆，分散著录更便于单册管理。

需要指出的是，上文以集中著录为主的机构，亦可根据具体情况酌情采取分散著录。比如，CALIS 规定如果分卷题名没有独立检索意义，没有总的责任者，但各分卷有独立的 ISBN 及各自的责任者，也可以采取分散著录。采用分散著录时，如果分卷题名能够独立，国内主要采取后一种将多卷书丛书化的著录方式。另外，在标引方面有所不同的是，台港澳地区对于分散著录，则全部依据分卷的内容标引主题词和分类号，不集中排架。

12.5　思考与建议

12.5.1　制定以用户为导向的编目细则

纵观多卷书的编目现状，有的馆以集中著录为主，有的馆虽以分散著录为主但兼顾集中，有的则是一刀切全部分散著录。至于采用集中著录还是分散著录，笔者认为各有利弊，很难一概而论。也正是因为两种著录方式各有利弊，所以当前对多卷书的处理分歧较大。比如，有的图书馆为了达成编目的量化指标，把没有必要拆分的多卷书全部采取分散著录；有的馆则为了保证图书不积压、快速上架，把一些有必要采用分散著录的多卷书都采用集中著录；有的直接以 ISBN 作为多卷书集中或分散处理的唯一依据。有的甚至根据编目员的喜好，随意地采用著录方式。多卷书著录混乱、数据不一致的现象，一方面影响书目的标准化、规范化建设；另一方面造成编目人力、成本的重复投入。

笔者认为，规范和统一多卷书的编目，首先，要从规则层面明确多卷书著录的原则及适用范围，即在什么条件下使用分散著录或集中著录，做到有章可循。规则的制定一方面要考虑实际工作的便利性，各馆可酌情根据本馆的馆藏情况、读者使用情况以及编目传统，决定多卷书使用什么样的著录方式以及具体的著录细则；另一方面须避免模棱两可的规则，对规则的特殊情况应该给予示例说明，原则上以前端便于读者使用、后端便于编目员的标准化处理，建立以用户为导向的编目标准。

其次，多卷书是采用集中著录还是分散著录，这个问题也是编目员判断的问题。编目员应站在有利于使用者的角度去衡量套书适合集中著录或分散著录，而不能只考虑自己处理上的方便。决定集中或分散的重要因素是多卷书发行的方式及呈现的样貌：看看该套书是否已出版完备？套书的单册数量？套书是否有显著的共同题名？是多个作者的汇编，还是单个作者的合集？情况不同处理方式也不同。譬如，多卷书单册过多，就必须考虑集中著录时读者查找起来是否方便。因 327 字段内容附注有长度限制，10 个以上的内容附注可能就不是很优质的状况。此外，也要考虑一条记录的 ISO 总长度限制。无论采用哪种方式，最重要的是，编目员必须考量单个作品的检索点，是否因集中在一条记录内而检索不到了。

最后，细则的制定还牵涉图书馆系统索引是怎么设计的，MARC 是怎么显示查询著录项等问题。比如，有的图书馆系统不支持 327 内容附注字段的检索，即使编目员将分卷题名著录在附注字段，读者也不能检索到，因此分卷题名还要在 517 字段设置检索点。在此，无法一一详列每种情况，建议从实际检索体验，决定哪种情况、哪种著录方式是最恰当的。若时间与人力许可，最理想的编目方式是单条编目又可汇集于套编书目记录之下。

12.5.2 多卷书和丛书处理的界限

首先，多卷书与丛书的概念不一样。多卷书只是想把作者要写的内容分开出版，各分卷在本质上共同构成一"种"图书。丛书则是强调由多种单独著作汇集而成的一套图书。但在实践操作中，由于多卷书与丛书都有总的题名，有时直接从概念角度区分两者有难度。在这种情况下，笔者建议，可以参考CALIS的做法，即同时参考出版情况，结合题名的字体大小、排列方式、在主要信息源上所处的位置等考虑，是按照多卷书还是丛书处理。CALIS规定当多卷书有共同题名与分卷题名，而且均有独立检索意义时，如果分卷题名在题名页版式上明显突出，则将分卷题名作为正题名、共同题名作为丛编题名处理；如果共同题名和分卷题名在版式上字体大小相差无几，可以由共同题名和分卷题名共同组成正题名。

在多卷书的分卷题名与总题名都有独立检索意义时，国内目前的做法是将多卷书作为丛书进行处理。笔者认为，如果从概念上能够判断为多卷书，不管分卷题名是否能够独立，都不应该按照丛书处理。比如，多卷书《崔玉涛图解家庭育儿·直面小儿发热》《崔玉涛图解家庭育儿·母乳与配方奶喂养》《崔玉涛图解家庭育儿·直面小儿肠道健康》，再比如，《收集德国好时光·认识德国骨子里的气质》《收集德国好时光·小镇生活风物记》，这两个示例中的分卷题名，从字面判断虽然都具有独立检索意义，但实质上各分卷之间存在不可分割的内在联系，理应按照多卷书而不是丛书进行处理。此外，由于不同编目员的认知差异会导致分卷题名的独立性判断存在差别，因此在分散著录时建议尽量不将多卷书的共同题名作为丛编题名处理，可以参考美国国会图书馆和日本国会图书馆的做法，多卷书分散著录时正题名统一由共同题名和分卷题名组成。

12.5.3 多卷书的归类只应适当兼顾排架

多卷书的分类标引涉及馆藏排架体系。在国内，多卷书的归类原则一直是以集中为主，即多卷书无论是采取集中著录还是分散著录，都偏重集中归类，其目的是希望一套书尽量集中有序地排在一起。集中排架的优点是一目了然，美观方便。笔者认为多卷书的归类可以适当兼顾排架，但不应一味迁就集中排架，应以方便读者检索与利用为出发点，具体问题具体分析。如果多卷书的各分卷内容接近，或者总主题较大较全、能够涵盖分主题，宜集中归类。但有的多卷书总题名并没有表达出实际的主题概念或论述的重点是分主题，比如，《白领就业指南·我与AuoCAD一起飞翔》《白领就业指南·网页设计师之路》《白领就业指南·出版物排版制作案例教学》，建议可以按照分卷归类排架，也就是真实按照各分卷所阐述的内容来归入最符合的有关各类，便于读者从特定学科、专业角度查找图书。

概括而言，单分单编，即根据单本图书的特征和内容进行分散著录，不考虑整套图书的集中排架问题，适用于多卷书各部分都有明确的单册书名和作者，整套书主题各自不同、横跨多个类号时。套分单编，适用于一套书有明确的主题，但每本书的题名、作者、载体形态等信息不同。

另外，图书分类排架的索书号一般是先按分类号，再按种次号或著者号排列。多卷书要做到集中排架，不仅分类号要统一，还需要各分卷的种次号或著者号相同。如果依种次号排架，有的多卷书没有集中到馆或到馆后没有集中进行统一处理，即使分类号相同，因种次号不同或种次号的编号不连续，也无法做到集中排架。如果依著者号排架，对于无总的责任者且分卷责任者不同的多卷书，即使分类号相同也很难做到集中排架。

总体而言，笔者认同多卷书既可集中处理又可分散处理的原则，编目人员可结合在编多卷书的特点、综合考虑多卷书整体与各分卷之间的内在联系，建立具有指导性的编目规则，决定其编目方式。具体而言，能集中处理的尽量不要分散处理，同一种多卷书的处理方法应该保持前后一致。

第 13 章

FRBR 化与文献编目

FRBR 模型的核心理念在于：将实体的属性和关系同用户在查询书目记录时的期望结果建立联系。传统的书目记录不注重记录书目实体之间的关系，故对图书馆而言重新编目是不可能的，唯有通过一种新的理念更为合理地利用现有的书目记录是可能的。于是，以贯彻 FRBR 的核心理念并兼顾编目工作实际情况的 FRBR 化应用研究在国际图书界开展起来。美国、澳大利亚、英国、西班牙等国家都已在 FRBR 化应用方面取得了一定的成就。中国图书馆界也正在推进这一工作。鉴于此，本章将重点就当前 FRBR 化的应用现状及问题，探索在编目环节实现 FRBR 化的对策。

13.1　FRBR 的内涵

载体是著录的基础。这种观念在为传统文献编目时是行之有效的，因为一种著作一般只有一种载体，书目记录之间的关联性较小。但是随着技术的发展，新的信息载体不断问世，一种著作可能有多种载体。当一种著作有多种载体形态时，就会有多条单独的记录，而现有的基于手头文献的编目规则就无法系统地揭示这些书目记录之间的关系，这种书目结构很难满足用户对检索系统性和全面性的需求，因为用户检索的关注点是著作的内容，而不是其载体形态。为此，国际图联成立了专门的研究小组，就"书目记录的功能需求"展开调查研究，以期用明确的语言界定书目记录相对于各种载体、各种应用、各种用户需求所履行的功能，并于 1998 年正式颁布了 FRBR 研究报告。FRBR 概念模型是基于书目实体的关系制定的，提供了一个使书目记录中的数据与用户需求之间产生关联的结构化框架。这个框架定义了书目记录用户所关心的实体、每个实体的属性、实体间发生的各类关系。

FRBR 将书目记录的实体分为三组。第一组包括作品、内容表达、载体表现和单件，是书目记录描述的知识或艺术创作的产品，属于资源。第二组包括个人、团体和家族，是对知识或艺术内容负责的实体，属于责任者。第三组作为知识或艺术创作的主题，包括概念、实物、事件和地点。其中，作品是独特的知识或艺术创作。内容表达是作品的知识或艺术创作得以实现的方式，可以通过字母—数字、文字、声音、图像、音符、动作、物体等形式或这些形式的组合实现。载体表现是作品的一个内容表达的物理体现。单件是载体表现的一个样例或实例。一部作品可以通过一个或多个内容表达实现，一个内容表达可以体现于一个或多个载体表现，一个载体表现又可以以一个或多个单件为代表。

FRBR 将以往孤立存在的书目记录构建成以作品为核心，相互关联的一组书目记录。FRBR 所关注的实体与属性关系是书目记录产生关联的基础，将目录推向另一种精细化的层次，在查找、识别、选择、获取以外，还能发挥"知识导引"的作用。它能够在书目数据库中建立顺序，借助实体间关系，将线性的书目数据库变为书目记录之间的纵横关系网，能够为用户提供更多相关信息，帮助用户更好地理解书目世界，让用户依需求航行在书目世界中。

13.2 FRBR 化的缘起与内涵

书目是目录应用的基础。书目的架构和书目记录的内容会影响目录查询的效益。传统的目录查询以"点"到"点"的模式为主，查询效率低，难以为用户提供有价值的关联书目信息。图书馆以其独特的 MARC 格式承载了大量的书目记录,在搜索引擎技术不断改变目录用户查找习惯之际,MARC 因其严谨扁平的架构而难以在网络环境呈现复杂的语义及书目实体的多层次关系。[1]书目记录内容主要针对载体表现层面的描述,欠缺作品和内容表达层面的描述。在资源的内容、形式、载体等日趋多元化的今天,书目记录不仅要揭示资源,更要考虑如何描述书目之间的关系,从而找到一种更易于用户查找和浏览资源的方式。目录检索系统也不应局限于查询的孤立端点,而需要将书目记录与网络环境下更多的资源整合在一起。FRBR 模型提供了一种对书目记录的当下理解。它突破了传统编目中书目记录概念的单一性和平面性,将书目记录之间、书目记录中各元素之间可以相互关联,能够整合同一作品的不同内容表达和载体表现,以更好地满足用户的查询需要。

受限于现有的书目标准和系统,在当前的编目实践中完全采用基于实体关系结构的 FRBR 模型是相当有难度的。首先,对图书馆而言,面对传统文献的客观揭示需要和已经积累的书目量级,将现有的数量可观的 MARC 记录,通过将 FRBR 引入编目规则,重新编目、直接制作 FRBR 原型的书目记录,几乎是不可能的。其次,若要尝试将 FRBR 模型直接套用于书目制作的流程中,不仅有赖于对编目规则的重新修订,还有赖于图书馆是否拥有能实现 FRBR 实体关系的连接与显示功能的系统。截至目前,尚无成熟的、可操作的系统支撑开展 FRBR 编目实践。最后,MARC 格式不能直接表达 FRBR。MARC 书目记录关注的主要是载体表现实体,难以从架构上直接呈现书目实体之间的关系。

但是,以 FRBR 的理念更为合理地利用我们现有的书目记录是完全可能的。FRBR 从用户需求的角度对面向未来的目录功能及其实现提出了完整的构想。MARC 书目记录虽然关注的主要是载体表现实体,但也包含 FRBR 模型其他实体的信息以及实体之间的关系。MARC 的某些数据字段包含 FRBR 模型的其他实体的信息,并且实体之间的关系经常源自 MARC 记录文本和一些编码字段。与此同时,现行 MARC 记录的价值并未因诸多批评而被完全抹灭,图书馆界努力地进行 MARC 延伸运用,对 MARC 格式不断加以修订,

---

[1] 严鼎忠,许静芬. 融合处理多元媒体的书目系统 [C]. 第 77 届国际图联大会论文集,2011.

尝试将 FRBR 架构套用 MARC 书目记录，试图以 MARC 呈现作品的连接。基于这一背景，OCLC 提出了一个新的理念"FRBR 化"（FRBRization），即以现有书目记录为基础实现 FRBR 的核心理念，也就是从现有的书目数据中提取 FRBR 概念。

在这种背景下，为实现书目的集中展示和体现 FRBR 理念的 FRBR 化兴起。将一组书目记录转化成符合 FRBR 需求的过程，通常被称为 FRBR 化。❶ 所谓 FRBR 化，也是指利用实体的属性和关系特征，从现有的基于载体表现的书目记录中查找和提取 FRBR 实体的过程。❷利用以前的编目记录查找和提取 FRBR 实体的过程，意味着从现有的基于 MARC 的书目记录中抽取实体及实体的属性和实体之间的关系，通过对传统书目记录进行比对，把相同或规范化过的数据进行聚类，以提前进行索引计算的方式把书目记录整合在一起，集中展示书目记录。任何 FRBR 化尝试的出发点都是识别代表一部作品的全部书目记录，然后识别这组作品内的潜在的内容表达和载体表现。实施 FRBR 化的最终目的是帮助用户获取所有相关资源，这些资源按照作品聚合的形式呈现，使用户能够在海量数据中易于识别和选择。研究人员已验证了将 MARC 记录转换为 FRBR 概念模型结构的可能性。

FRBR 和 FRBR 化之间的本质区别在于，FRBR 模型中的数据是以关系的方式建立连接的，数据中的各项关联已事先建立好，系统中可以直接展开的调用只是统计一下关联的个数，在用户检索时，系统直接调用这些关联关系，检索结果会以整个 FRBR 的框架展示。FRBR 化则是在事先没有关联的数据中，通过对相关字段建立索引，预先统计出所有需要关联的数据，在用户检索时进行展示。

如果 FRBR 最终可以成为图书馆书目记录应用的主流模型，那么 FRBR 化就是在 FRBR 成为主流之前的一种用户体验的增强。图书馆的 OPAC 是图书馆书目记录和馆藏内容的展现平台，也是检视书目记录是否达到其目标的依据。自 FRBR 推出以来，有不少图书馆已计划采用该模型定义其元数据格

---

❶ 陈琦.FRBR 及其在国内应用的障碍[J].图书馆杂志，2006，25（10）：16-18.
❷ Trond Aalberg, Maja Zumer.The Value of MARC Data, or, Challenges of Frbrisation[J]. Journal of Documentation, 2013, 69（6）: 851-872.

式，也有不少图书馆或编目机构将传统的书目记录转化为 FRBR 模型的目录。国外多个成功的 FRBR 化项目已验证了图书馆通过改善系统设计以实现 FRBR 化 OPAC 显示和索引的可能性。FRBR 化的项目集中体现在图书馆目录的 FRBR 化的应用上，以提升图书馆的书目查询、检索及呈现方式，加强既存目录的书目关系。

13.3 书目 FRBR 化的应用现状

13.3.1 国外 FRBR 化现状

国外 FRBR 化应用项目主要分为两类：第一类是基于 FRBR 框架重建目录数据库的试验性应用项目。这类试验性项目的主要目标是希望能更好地理解书目记录和其所代表的书目对象之间的关系，研究判断出书目记录中的信息是否足够可靠地识别 FRBR 实体，并期望开发可用于评估 FRBR 化算法的数据集。第二类是实现书目显示和索引 FRBR 化的规模化应用项目。这类项目旨在提升用户的查询体验，注重的是在图书馆目录的基础上藉由编目工作及系统的索引功能，依据用户的查询习惯，止于在同一平面切换各种查询结果的范围，实现引导用户从立体化的实体关系的关联呈现中，获得各种层次的资源和信息需求。下面分别对这两类项目进行分析说明。

13.3.1.1 试验性应用项目

OCLC 是 FRBR 化最早的研究者，也是通过 FRBR 化提高用户查询体验的先驱。它一方面尝试将已有资源聚合成为"作品"，参照 FRBR 思想分层次地表现相关作品；另一方面尝试将所有与某一特殊文献、某一文献的多种表示形式、基于同一文本的不同版本以及特殊的单项相关的记录集合组织在一起，希望向书目使用者展示作品、内容表达、载体表现或单件之间的关系，使同一个作品与其相连接的内容表达、载体表现和单件之间的层次关系清晰可见。WorldCat Work Pages 是 OCLC 推出的一个涵盖 1000 部作品的 FRBR 化研究项目。该项目应用 FRBR 模型的原则汇集载体表现层以上的书目信息，利用算法将书目记录聚合为作品，将书目记录的数据元素在作品层面汇集，形成了比单条书目记录更为丰富和更为完整的资源描述，揭示同一个作品与其相连接的内容表达、载体表现之间的层次关系。

欧洲图书馆（The European Library）FRBR 化项目尝试将不同图书馆使用的 MARC21 和 UNIMARC 记录 FRBR 化，以整合 48 所图书馆 35 种语言的书目资料，以提供通用的馆藏检索点。测试集由描述诺贝尔文学奖的作品组成，处理过程是大量使用规范文档的记录，分解与第一组实体相关的个人、团体关系种类的责任说明，然后利用技术手段提取 FRBR 实体。该研究方法是假设所有记录都是针对简单的载体表现，即所有的载体表现仅仅具体表现为一个内容表达，但即使这样，结果呈现的仍然是一个相当低质量的作品识别。

希腊的爱奥尼亚大学开展了一个利用 UNIMARC 连接字段识别作品的 FRBR 化项目，这个项目使用古希腊作家的样本记录作为测试集，这个测试集的主要特征是拥有多语种数据、没有共同的规范文档，并且执行的是各自不同的编目政策。选择古希腊作家的作品是因为经典作家的作品拥有许多的内容表达和载体表现，能够较好地测试 FRBR 化的成效。为了避免有争议的结果，样本记录人工排除了所有描述作品片段或多作品装订在一册的记录。但该项目的执行效果依然不佳，主要原因之一是缺乏识别作品的统一题名。

13.3.1.2 规模化应用项目

国外在 FRBR 化应用方面的实践不仅停留在试验阶段，还存在大量规模化应用的案例。最早展示 FRBR 化应用的是美国研究图书馆集团的"红绿灯"（Red Light Green，RLG）联合目录。RLG 是一个 FRBR 化的大型 Web 书目数据库，它将 FRBR 第一组实体的四个层次简化为"作品和版本（这里指载体表现）"两个层次，其目录搜索结果显示的是作品，而不是一般 OPAC 的载体表现。为此，美国国会图书馆开发了一套将 MARC 记录以 FRBR 形式显示的工具。FRBR 显示工具利用 FRBR 模型来分类和排列书目记录，将书目记录归入作品、内容表达、载体表现三个实体层次，其最终目的是帮助用户从图书馆馆藏中选择单件。

OCLC推出了基于FRBR的原型系统Fiction Finder以及FRBR化的应用项目xISBN、作品集聚类算法等。具体来看，Fiction Finder是将WorldCat中290万条小说文学类书目记录以纸本图书、电子图书、有声资料等分类方式提供浏览和检索。xISBN是一项以ISBN聚合同一作品不同版本的Web服务，将WorldCat中经处理的同一作品的ISBN聚合在一起，只要查到其中任何一个ISBN，就会把其他ISBN对应的图书一起呈现。作品集聚类算法是OCLC尝试大规模FRBR化的项目之一，是将FRBR作品概念应用于WorldCat，尝试预估WorldCat中作品的数量，并从抽取的作品了解作品的重要特质。通过选择适当的题名和名称的结合，并且利用匹配技术克服数据中的句法差异和其他的差异，尝试查找属于同一作品的载体表现记录集。该算法已被WorldCat使用，用于帮助提高WorldCat.org和WorldCat Local的检索性能。总体来看，OCLC在第一组实体上的算法不仅仅非常成熟，而且还在其网站上直接公布了算法的全部内容，供其他机构参考使用，目前为止OCLC提出的算法应该是FRBR化的主流算法。

澳大利亚国家图书馆和八所大学图书馆合作建设的澳大利亚文献信息门户（The Australian Literature Gateway，AustLit）项目，不是简单复制一个澳大利亚国家图书馆的藏书记录数据库系统，而是构建一个更丰富、更能体现澳大利亚文学领域脉络内容的数据库。AustLit在文学领域建立起针对三组实体进行扩展应用的数据库系统。它运用FRBR模型扩展了对于作品、作品间关系、创作者和一般主题的描述，提供了关于作者生平、职业方面的翔实资料，以及与该作品相关的其他作品信息。

西班牙国家图书馆创建的datas.bne.es是最接近FRBR核心理念的扩展性应用。该网站是一个以FRBR作为参考模型的关联数据服务网站，提供了一个不同于传统OPAC查找和显示书目数据的方法。网站能够以FRBR框架自上而下地展开数据，充分整合了西班牙国家图书馆的资源，并且利用外部资源丰富本地数据，从而提供了一个全新的书目导航体验。

国家书目因为具备相对完整的覆盖面，通常拥有数量庞大的作品，这些作品通常都有多个内容表达和载体表现,且目录体系更加完整,拥有较高水平的编目质量和相对较高的一致性数据,引入 FRBR 概念的优势显而易见。❶英国、澳大利亚、斯洛文尼亚等国家书目已经支持 FRBR 化的展示应用,尝试将书目之间的关系以易于用户查找和浏览的聚合检索方式呈现。

13.3.2 国内现状

FRBR 自出版以来,围绕如何在书目中实践 FRBR、如何构建新一代 FRBR 化 OPAC,逐渐成为中国编目领域研究的热点。以下分别对大陆和台湾的 FRBR 化应用情况进行介绍。

大陆实施的 FRBR 化应用,初衷基本是以"作品"这一实体集中书目记录。一类试验性研究项目以国家图书馆开展的"国家书目中 FRBR 化展示的应用研究"和"数字资源整合"项目为代表。前者通过抽取全国图书馆联合编目中心中外文数据库中关于《红楼梦》各种题名形式的书目数据,以实现两个试验目的:一是根据对《红楼梦》这部作品标注的实践,结合 FRBR 中给定的作品和内容表达的定义和属性,给出界定作品和内容表达边界的标准;二是总结现有数据在进行 FRBR 化改造和处理时存在的问题,以便日后制定更优化和更完善的数据制作规则。后者以关汉卿、莫言、哈代等中外名人的作品作为试点实现 FRBR 化的展示效果。其采用方法是依靠编目员对作品及相关书目数据进行渊源考辨和关系梳理,再通过建立必要的作品和内容表达层的规范记录,并与书目记录实现有效连接。

另一类则是采用相对成熟的资源发现系统,将图书馆的大量元数据采取系统默认的 FRBR 化算法集中发布。如中国国家书目门户网站、上海交通大学图书馆的"思源探索"、清华大学图书馆的"水木搜索"。这三个项目都是在以色列艾利贝斯有限公司(ExLibris)的 Primo 资源发现系统的基础上引入 FRBR 理念,分层次地表现相关作品。这些项目开展的一般步骤是:首先分析数据经过规范化处理之后,质量情况是否满足 FRBR 需求,并在此基础上

---

❶ Jan Pisanski, Maja Zumer, Trond Aalberg. Frbrisation Towards a Bright New Future for National Bibliographies[J]. KBC,2010,39(1):3-6.

进行 FRBR 建模，经过反复验证最终设定匹配规则，并将规则编写成 Primo 程序。然后系统根据匹配规则对各类元数据进行匹配，最后系统根据对不同元数据的匹配进行数据聚合或去重。这类项目确切地说是类 FRBR 化项目，主要是采用借鉴 FRBR 理念的资源发现系统来整合图书馆的元数据。

台湾地区编目理念的发展趋势则是以 FRBR 的架构建立书目关系、建立书目与规范间的关联。这种趋势在实际操作层面则表现为台湾地区以 FRBR 的理念构建了一个融合处理多元媒体的书目系统"台湾书目整合查询系统（SMRT）"（http://metadata.ncl.edu.tw）。该系统建置之初就存在两个目标：一是既要能处理书目间整体与部分的纵向关系，也要能处理书目彼此间衍生的横向关系；二是建立作品与作品、作品与作者间的关联，形成用户一般书目检索或延伸查询的资源。

台湾地区认为书目彼此间的横向关系是建立汇集、聚合作品的重要指引，因此在进行 SMRT 书目系统建置时，将书目的横向关系分析成三个面向：①关联作品面：由一个作品所衍生出来的内容表达或载体表现的各种单件。类型有载体（如电子书、各式档案等）、体裁（漫画、电影、舞台剧等）、适读对象（儿童、视障等）、版本（内容修订、变异）、语种（各种不同语种的翻译版本）等。②内容加值面：是就特定作品的内容进行演绎、解说所产生的单件作品，或是对该作品的推荐或剖析性质的各种单件。类型有白话、注解，荐赏、导读，文选、语汇，书评、评论，推广简介文宣，电视专辑节目等。③作品影响面：是指特定作品与其他作品的关系，或是受到他人的推荐与肯定，所散发出来的影响力。类型有引文、被引、作品获奖纪录、列为某一阅读书单、阅读心得或竞赛、征奖的制定作品等。

13.4 书目 FRBR 化开展过程中的问题

从国内外 FRBR 化项目的应用实践来看，在其取得各类成果的同时还面临着诸多的问题和挑战，具体包括：作品与内容表达识别的问题，即如何发现现有记录中的作品和内容表达以及如何发现体现于一个载体表现的所有内容表达和作品；关系的揭示和呈现问题，即如何发现其他的关系，如作品的整体与部分关系、描述关系、连续关系、伴随关系等。此外，书目数据结构化和规范化方面也存在问题。下面进行详细分析。

13.4.1 作品与内容表达的识别问题

作品是与内容有关的一个抽象概念。载体表现是对作品的具体体现，是目录中所描述的具体的实体。将现有的基于载体表现的书目记录转化为FRBR化的书目记录，最基本的问题是如何识别作品和内容表达这两个实体。在对书目记录进行数据挖掘和实体提取时，难点之一也是作品和内容表达的界定问题。属于同一作品的不同内容表达还是属于一部新的作品，两者之间的界线有时非常模糊。

FRBR对作品的界定给出了两个判断标准：第一，当一部作品的知识或艺术内容与另一部作品有显著不同，以至于成为一部独立的作品；第二，当一部作品的改编涉及显著程度的独立的知识或艺术创作，被看作新的作品。但在实践过程中，对于是什么构成了一部作品，以及一部作品与另一部作品之间的分界线在哪里，不同文化、不同机构、不同人员之间的看法可能大相径庭。正如FRBR所述，作品的概念是抽象的，所以很难确定这个实体的准确界线。比如对改编作品与原作品之间改编程度的界定、多卷书是否算作同一作品等相关问题。具体表现在下列几个方面。

一是作品的改编改写。理论上的划分标准是不改变原作品性质的少量改编属于同一作品的不同内容表达，改编程度显著时被视为新的作品。但改编程度的界定，在数据制作之初，或是因为编目员对作品内容不够熟悉而难以判断，或是编目员只按照文献信息源上责任者排列的先后顺序来确定主次责任者，许多书目数据库一贯不包含实现一个内容表达的个人或团体的准确信息，从而降低了实际界定的准确度。

除此之外，在我国当前的编目实践中，对作者与贡献者、主要责任者与次要责任者的判断缺乏合理的依据，通常只是按照文献信息源上客观著录的顺序划分主次责任者。而且，我国文献信息源上多样化的责任方式，并且责任方式的著录也缺乏统一的标准，从而进一步增加了作品界定的难度。这是在未来编目过程中应着重改进的方面之一。

二是许多载体表现包含多个内容表达/作品。对于如全集、选集、文选、作品三部曲、合订作品等集合作品而言，这些所有描述作品的片段或多作品装订在一册的书目记录，是FRBR化项目很少探究的一个主题，通常会在数据处理环节作选择性的过滤。

三是忽略内容表达层的识别。由于有些内容表达的差异很难在基于载体表现的数据中反映出来，只有通过对内容表达进行更为详细的分析和比较才能发现，所以许多FRBR化项目选择忽略掉这类内容表达的识别，仅处理基于语言或形式变化的内容表达的识别。

13.4.2 关系的揭示和呈现问题

关系是描述一个实体和其他实体之间连接的表达工具。因而，FRBR的关系功能可以协助用户来识别查询结果的实体间关系。FRBR的相关研究和实践表明，书目关系越复杂的作品更能体现和验证FRBR模型的有效性。❶ 无论是国外的还是国内的FRBR化项目，都会优先选择那些关系复杂的作品作为试验数据集，如OCLC选择《时间简史》等经典代表作，欧洲选择诺贝尔文学奖作品，中国选择四大名著等经典作为试验作品。因为这些经典作品通常拥有许多的内容表达和载体表现，并且会产生许多的衍生作品。由这些作品的书目记录组成的数据集，能够测试FRBR化算法的成效，能够验证相关作品之间、相关内容表达之间、载体表现和单件之间等起作用的关系。

但是，FRBR化的试验和展示效果呈现，除了在一部作品范围内对各类关系的揭示相对完整外，鲜有对作品与作品之间相关关系的揭示和呈现。这个结论并不意味着在书目记录中就一定缺少对这些关系的说明，比如，UNIMARC的款目连接块4××字段。该模块中记录的数据元素的性质适用于揭示关系，尤其是揭示作品与作品、作品与内容表达的关系。由于在数据制

---

❶ Jeong-Hyen Kim, Ji-HyunMoon. Korean books and FRBR: an investigation[J]. Program: electronic library and information systems, 2010, 44 (3): 215-228.

作的编目环节缺少对这些连接字段的著录、对关系揭示的不够清晰明确以及 MARC 格式本身的结构缺陷等因素存在，造成在 FRBR 化处理时，系统无法进行有效的数据挖掘和关系识别。

13.4.3 书目数据的结构化问题

FRBR 化的结构和效果不甚理想，除了有理论标准在实践过程中执行困难的原因，还主要源于现有的书目数据及其记录方式。FRBR 中描述的一些实体信息没有以结构化的方式记录在书目记录或规范记录中。同时，MARC 记录的某些字段或子字段可能呈现多个实体的属性（如 UNIMARC 的 200$b 子字段一般资料标识）导致歧义，因此很难明确对应至一个实体或一组实体，给实体识别增加难度。如果书目数据按照一个更加结构化、更加一致的方式记录下来，在做 FRBR 化处理时就会减少很多不能识别的问题。美国国会图书馆总结影响 FRBR 显示工具结果有效性的重要因素之一就是书目数据的一致性问题。另外，MARC 记录的附注块通常不适用于作品和内容表达的自动识别，但用于识别作品和内容表达的一些重要属性和关系却往往被记录在附注字段。因此，数据的结构化处理，不仅是未来书目格式标准应着重解决的问题，在编目规则中也应给予足够重视。

13.4.4 数据的规范化问题

国内的 FRBR 化展示效果普遍略逊一筹，数据的规范化程度较低是原因之一。数据的规范化主要体现在两个方面：一是数据是否具备较高的质量和一致性；二是书目记录的重要检索点和索引点是否进行了规范控制。国内的书目记录普遍未采用名称规范文档，规范工作不普及，编目中缺乏足以信赖的规范文档。我国大多数编目机构采用的责任者名称通常是照录文献信息源上的形式，书目记录中普遍缺少可用于识别作品的统一题名字段，致使责任者、题名等重要字段信息不受控。对可用来识别作品或内容表达实体的责任方式缺乏规范化处理。另外，在书目编制过程中，数据的一致性问题也常因编目规则、细则、格式的变化，以及数据制作人员的理解与判断不同而一直存在。

13.5 编目环节实现 FRBR 化的对策

在现有 MARC 元数据的编目框架下实现 FRBR 化，除了有赖于能提供各种实体关系的连接和显示功能的系统外，还需要我们重新思考现行的编目规则、标准规范、数据制作流程等各个环节。通过完善书目信息的表达体系和书目数据的制作方式，建立书目和信息间、书目家族实体间的关联，才能促进 FRBR 化的实现，对传统编目在未来的发展和完善也有所启发和借鉴。

13.5.1 转变书目编制理念：从详尽到关联

在今日的编目工作中，书目的编制依然被认为越详细越完整越好，简略的书目被视为不好的、质量不高的书目。然而随着文献资源量不断地呈倍数增长，书目的编制已很难再局限由特定的少数人来负责完成，除了图书馆以外，出版社、书商、外包公司都已加入编制书目的队伍。书目不再是某个编目员的一次性成果，而是书目贡献者集体努力的结果。一个载体表现或单件有多条不同来源的书目记录更是普遍现象。但就目前而言，包括编目员在内的大多数数据制作人员，对一条书目记录的制作，关注的依然是对载体表现和单件层面信息的详尽描述，对书目实体间关联信息的描述关注甚少。

在考虑到编目人员数量有限的情况下，可以通过吸引外部社会力量实现工作重点向关联信息描述这一附加值更高的方向转变。编目业务外包这一管理模式，通过社会化运作，是对传统编目业务流程的丰富与发展。编目社会化的发展进一步促使套录在编目工作中所占比重日益增加，由书商或者外包商提供的基础数据质量有所提高，可以将专业编目人员从重复、烦琐的数据录入等非核心业务中解放出来，有更多的时间和精力投入于对文献信息的深度揭示、规范控制等技术性较强、有相对高附加值的工作中去。与此同时，在定量管理和外包管理方式下，书目编制工作应拥有容错思维。所谓容错思维是指绝对的精准不再是追求的主要目标，允许适当忽略微观层面上的精确度，容许一定程度的错误与混杂。❶由于编目的最终结果以MARC记录形式出现，造成编目员对MARC格式过度关注，常常忽视格式背后的规则，这对于编目质量而言已存在先天缺陷。不少编目员也只关注编目条款，很少考虑制订规则所想要达到的目的。编目时如果存有这种意识，即如何让读者通过目录查找到所需要的文献，如何最大限度地发挥在编文献的作用，才能提高编目质量。

新的编目规则RDA将相关性视为其重要原则之一，即描述资源的数据应说明所描述的资源与其他资源的重要关系；描述与资源相关的实体的数据应反映该实体与其他同类实体之间所有重要的书目关系。书目数据不仅需要体现一种多维的书目实体关系，还应该可以根据用户的需求同时反映单个资源和特定层面的全部资源，而且这种资源也不再限于印刷出版物，而是囊括了所有已知的文献类型。

而传统的编目工作，专注于采集与作品的概念和其物理表现有关的信息，因此有学者批评说："是图书馆给自己砌了一堵墙，在围城之内拥抱自己的书目数据，逐渐切断了与外界的沟通。如今，书目数据走向开放关联的努力正是为了打破这堵墙，让图书馆以开放、包容的姿态走向数据网络，这对图书馆的书目数据和图书馆人均是一个巨大的挑战。"❷在未来书目编制的过程中，书目记录应着重记录FRBR中所定义的作品、内容表达、载体表现和单件这些实体之间的内在关系，包括作品和使作品得以实现的内容表达之间的关系、作品的内容表达和使内容表达具体化的载体表现之间的关系、载体表现和使载体表现得以例证的单件之间的关系。这些关系的揭示，才能帮助用户查找体现特定作品或特定内容表达的所有资源，查找例证载体表现的所有单件。在这些基础工作之上，更多地关注资源之间的关系揭示和资源内容之

---

❶ 李广建，江信昱. 论计算型情报分析[J]. 中国图书馆学报，2018（2）：4-16.
❷ 建中读书. 图书馆目录从门户向平台转型[EB/OL]. http://blog.sina.com.cn/s/blog_53586b810102vh3m.html.

间的关联性，以便知识组织的应用。❶

另外，书目增值是改善目录的途径之一，即在图书馆目录提供的制式书目信息之外，增加额外的相关信息，如目次、摘要、封面等，协助用户辨识与选择所需资源。RDA 已增加了一些字段和子字段来反映文献与文献不同表现形式及载体、以及创作者与文献之间的各种关系。图书馆若要满足 FRBR 用户任务的需求，应以建立核心级书目为目标，重点把控书目品质、规范控制及主题分析，重视主题编目的重要性，重视书目增值的重要性，关注与掌握编目的发展与最新趋势。未来编目是以数据为主要对象，强调描述信息的准确性和及时性，需要智能化的操作，加强对资源的整合与揭示，提高用户对目录服务的期待。

编目数据的整合关联必然会对图书馆的编目工作、对文献编目规则的制订工作提出更严峻的挑战。所以我们要更加重视信息组织理论研究与实践创新，在统一的标准和体系下，扩大编目范畴，为各类资源整合提供元数据基础，全面实现一站式资源发现和获取；转变编目理念，以用户需求为导向，引入规范控制，建立各种元数据之间的关联关系，扩大图书馆元数据的应用范围。

13.5.2　在记录中适当体现作品与内容表达的分层

首先，应在编目过程中执行作品与内容表达已明确界定清楚的标准。比如，当改编作品被视为新作品时，应将改编者视为创作者；如果改编程度未达到新作品的标准时，应将原作品的作者视为创作者，改编者只能作为贡献者。但为了在实践中更具有可操作性，编目机构有时可不严格执行 FRBR 模型的标准，重新定义两者的界限，甚至忽略内容表达层。比如，多卷书的各卷册是算作不同作品，还是同一作品的不同内容表达。FRBR 认为多卷书的整体与其各卷册之间的关系属于作品与作品之间关系的一种——整体与部分关系。但从用户角度来看，多卷书的书目若能够聚合在一起，是利于其浏览、

---

❶ 廖永霞. 中国国家书目的 FRBR 化实践与思考［J］. 图书情报工作，2013，57（17）：102-107.

选择并获取相关资源,尤其是各卷册之间聚合在一起才具有完整的逻辑性(如《资本论》),或时间上有较强的承继性(如年鉴类)。因此,从操作层面来看,将多卷书的各卷册视为同一作品的不同内容表达,则更方便系统做书目的聚合处理。

其次,只有当一部作品存在多个内容表达时,内容表达的分层才更有意义。当有些内容表达的差异对用户而言不重要,或者当书目记录中的信息不足以将作品划分为很多的内容表达时,即一部作品只有一个或少数几个内容表达时,内容表达的分层意义就相对弱化。对于这样的作品,在做编目处理时,可省略对内容表达层的描述。

英国国家书目在对跨文献、多载体类型的书目聚合处理上,选择忽略了内容表达形式上的差别,而只针对相同内容表达形式的不同载体表现的书目予以聚合。在对多版本、多印次的聚合处理上,忽略了同一形式但内容文本上存在的差异,也不在内容表达层进行聚合处理。只有在对多语种的书目处理时,做了基于不同语种的内容表达层的聚合。未来在实施中国国家书目FRBR化时,我们可借鉴英国国家书目对内容表达的处理策略,不必将内容表达层的聚合作为重点,仅需考虑基于语言或形式的内容表达的聚合。目前,编目工作对语种的著录和检索处理已非常规范化,所以基于语言的内容表达的聚合已能够实现。但对内容表达形式的描述和检索还缺乏统一规范化的处理,这是未来编目过程中需要着重突破的部分。

现行的书目记录体系,编目规则和格式标准主要都针对载体表现层资源,通常是为每一个编目对象建立相应的书目记录,同一作品的一组书目记录体现的主要是载体表现层实体属性的微观差异,缺少作品和内容表达层实体属性和关系的宏观揭示。而以FRBR为基础框架的RDA、UNIMARC和MARC21的新增字段,已经为书目关系较为复杂的作品,在作品和内容表达的分层以及其实体属性和关系的揭示上提供了先决条件。

具体体现在:第一,RDA中大量描述了与作品和内容表达实体相关的数据元素,如作品的首选题名、作品标识符、内容表达标识符、内容类型、内容表达的语言等。第二,UNIMARC书目格式新增了506首选题名检索点(作品)、507首选题名检索点(内容表达),UNIMARC规范格式(第二版)新增了 231 题名（作品）规范检索点、232 题名（内容表达）规范检索点等字段，用于与 FRBR 模型兼容的目录。第三，MARC21 书目格式增加了 336 内容类型、337 媒体类型、338 载体类型三个字段以取代 245$h 一般资料标识的著录，规范格式新增 336 内容类型、373 关系、377 相关语言等字段。

13.5.3　重视规范文档的建立

在记录中的关联信息非常有限的情况下，系统无法完全从直接信息建立关联，就可以间接通过各种实体的规范控制，来实现书目与书目、书目与各种实体之间的关联。规范文档可用于建立著者与资源之间的书目关系。当不同载体表现以不同题名出现时，规范文档可用以汇集体现一部作品所有资源的著录；当作品为人所知的题名与所描述资源的正题名不同时，可用以识别作品，也可用于区分具有相同题名的不同作品。

建立规范记录是编目过程的一部分，规范记录是在对一部作品的载体表现进行编目时产生的。在 MARC 环境下，载体表现可创建和维护书目数据，作品和内容表达则可能更多地需要依赖规范记录予以实现。《国际编目原则声明》明确要求"一般而言，应为每一载体表现创建一条独立的书目著录"，同时规定"书目描述通常以作为载体表现为代表的单件为基础，并可包括属于被体现的作品和内容表达的属性"。

国外普遍采用规范文档，规范控制范围涉及个人、团体、题名、主题。引入规范文档，可以辨识在文献中以不同名称形式和不同语种出现的责任者和题名，为聚合同一作品的书目记录创造良好的条件。国外书目聚合的技术路径也表明，统一题名对于作品的识别非常重要。但是要确认是否属于同一作品，单靠题名信息是显然不够的，还需要责任者名称。因此，为保证书目聚合在技术上具有可行性，需要改进现有规范工作，扩大规范控制范围。为 FRBR 化创造良好的条件，建议对文学名著、国学典籍、译著等类型的作品进行题名规范，这些类型作品的书目记录中需著录统一题名字段。以译著为例，题名规范可用于汇集不同语种形式、不同译名形式的同一作品的所有相关书目记录，进而帮助用户在阅读翻译作品时快速查询原著或其他译本的表达方式，以便更好地理解文献内容。

13.5.4 建立清晰的且利于计算机提取的实体关系

许多关联信息只能通过建立明确的关系，才能在不同的书目实体间便捷地获取。在现有的书目记录中，关联信息往往是按照人容易理解的方式而不是按照计算机容易理解的方式记录，或至少没有按一种容易被计算机处理的一致性的格式记录。书目应该提供更多关于文献资源的结构化信息，形成可被机器处理的数据。在编目过程中，应该尽量利用关系代码或受控词汇的方式来描述清晰的关系属性。比如，相同的责任方式可能会有多种表达形式，采用责任方式代码或者是受控词汇，无论是在准确性还是连续性上，都会比自然语言的表述更有用。如此在书目整合和 FRBR 化中，才能有效利用计算机辅助手段，尽量避免后期过程的人工干预处理，为资源的整合服务提供良好基础。

数据在利用的过程中，与更多不同领域的资源产生可被机器理解和处理的关联关系，才能达到不断增值的目的。在未来应开发出更多以 FRBR 为基础的自动化系统，可扩展或拆解文献，很清楚地展示相关资源或实体间的关系，依用户的选用及需求程度提供相关的资源。目前 OCLC 的 WorldCat、VTLS 的 Virtua 系统、Ex Libris 的新一代系统 Alma 都是以 FRBR 为基础的系统。

过去我们已习惯使用 MARC 格式，传统的图书馆目录基于 MARC 格式存储于图书馆自动化系统中，但因其封闭性，尽管图书馆书目包含海量结构化、高质量的数据，然而这些数据通常无法应用于语义万维网。但随着信息组织工具日趋成熟，编目工作也将面临变革。检讨现行编目工作的目的并不在于终结 MARC，而在于如何让数量可观的 MARC 记录，通过重建元数据的基础架构，将 MARC 导入更宽广多元的工具、标准或协定中进行再利用。

参考文献

[1] 国际图联编目组常设委员会. 国际标准书目著录：2011年统一版[M]. 顾犇, 译. 北京：国家图书馆出版社, 2012.

[2] RDA发展联合指导委员会. 资源描述与检索（RDA）[M]. RDA翻译工作组, 译. 北京：国家图书馆出版社, 2014.

[3] 国际图联书目记录的功能需求研究组（王绍平等译）. 书目记录的功能需求[R/OL]. [2019-05-13]. http://www.ifla.org/files/assets/cataloguing/frbr/frbr-zh.pdf.

[4] 国际图书馆协会和机构联合会（IFLA）. 规范数据的功能需求[R/OL]. [2019-10-15]. http://www.ifla.org/files/cataloguing/frad/frad_2009-zh.pdf.

[5] 国家图书馆《中国文献编目规则》修订组. 中国文献编目规则：第二版[M]. 北京：北京图书馆出版社, 2005.

[6] 傅椿徵. 图书馆文献编目[M]. 北京：国家图书馆出版社, 2014.

[7] 国家图书馆. 新版中国机读目录格式使用手册[M]. 北京：北京图书馆出版社, 2004.

[8] 国家图书馆《中国图书馆分类法》编辑委员会. 《中国图书馆分类法》第五版使用手册[M]. 北京：国家图书馆出版社, 2012.

[9] 国家图书馆《中国图书馆分类法》编辑委员会. 中国图书馆分类法：第五版[M]. 北京：国家图书馆出版社, 2010.

[10] 刘国钧. 刘国钧图书馆学论文选集[M]. 北京：书目文献出版社, 1983.

[11] 刘湘生, 汪东波. 文献标引工作[M]. 北京：北京图书馆出版社, 2001.

[12] 马张华, 巩雪芹. 中小学图书馆文献分类与主题标引[M]. 北京：北京图书馆出版社, 1998.

[13] 罗伯特·H.伯格. 图书编目规范工作[M]. 熊光莹, 译. 北京：商务印书馆, 1993.

[14] 编目精灵. 编目的未来[M]. 北京：国家图书馆出版社, 2010.

[15] 毛雅君. 国家图书馆业务规范[M]. 北京：国家图书馆出版社, 2017.

[16] 万爱雯. 中文图书机读编目规则与实践[M]. 北京：知识出版社, 2012.

［17］吴丽坤，殷洁．文献编目理论研究［M］．北京：中央编译出版社，2013．

［18］国家图书馆，北京大学图书馆．中国机读书目格式：GB/T 33286—2016［S］．北京：中国标准出版社，2016．

［19］国家图书馆．信息资源的内容形式和媒体类型标识：GB/T 3469—2013［S］．北京：中国标准出版社，2014．